CORRESPONDANCE INÉDITE

DE

VICTOR JACQUEMONT

II

CALMANN LÉVY, ÉDITEUR

DU MÊME AUTEUR:

Format grand in-18

CORRESPONDANCE AVEC SA FAMILLE ET SES AMIS pendant son
voyage dans l'Inde, avec Étude par M. Cuvillier-Fleury . 2 vol.

F. Aureau. — Imprimerie de Laguy.

CORRESPONDANCE INÉDITE

DE

VICTOR JACQUEMONT

AVEC SA FAMILLE ET SES AMIS

1824 — 1832

PRÉCÉDÉE D'UNE NOTICE BIOGRAPHIQUE PAR V. JACQUEMONT NEVEU

ET D'UNE INTRODUCTION

PAR

PROSPER MÉRIMÉE

De l'Académie française

TOME DEUXIÈME

DEUXIÈME ÉDITION

PARIS

CALMANN LÉVY, ÉDITEUR

ANCIENNE MAISON MICHEL LÉVY FRÈRES

RUE AUBER, 3, ET BOULEVARD DES ITALIENS, 15

A LA LIBRAIRIE NOUVELLE

—

1877

CORRESPONDANCE INÉDITE

DE

VICTOR JACQUEMONT

LXI

A M. JOSEPH DE HEZETA, A CALCUTTA.

> Camp près d'un village X et d'un autre appelé Ghuyoumœul, Guimul, piès (*id est* huit ou dix milles) Mighœul, Tassa, Tsara, etc., etc., sur une pelouse des plus maigres, à seize mille pieds au-dessus de la mer, dans le petit pays de Spiti. qui m'a tout l'air de se passer de roi en propre, mais paye un petit tribut de chevaux et de couvertures au radjah de Bissahir, au radjah de Koullou, au soi-disant indépendant (les géographes au coin du feu sont des bêtes) radjah ou khan de Ladak, et enfin au grand lamah à Teshoo-Lomboo. Latit. 32° 10ᵐ ou 15′, long. 78° et les minutes qu'il vous plaira. — › septembre 1830.

Chacun à son tour, mon ami : vous m'avez adressé les reproches les plus pathétiques sur mon long silence, en me promettant une lettre tous les mois. S'il y avait des huissiers en Tartarie, je vous en dépêcherais un à l'instant, pour vous faire souvenir de vos promesses. A défaut d'homme noir, je vais vous faire un petit discours simple et touchant.

Vous avez vu, comme moi, la prison de Philadelphie, bâtie pour tenir les prisonniers au secret, et vous avez été sans doute fort ennuyé, comme moi, de la polémique engagée sur les effets probables du *solitary confinement*. La démence devait en être la conséquence, aux yeux des grands raisonneurs. Or, mon cher Hezeta, depuis le mois de juin que j'ai quitté Simlah, je puis dire que je vis en *solitary confinement*. Car, ici, c'est l'adjectif qui fait tout, de même que c'est la sauce qui souvent fait le poisson. *Solitary confinement* ou *solitary wandering*, c'est tout un, et j'éprouve que les raisonneurs américains avaient raison. Je ne suis pas encore tout à fait fou ni même maniaque ; mais, quand ma pensée se met à voyager et à faire des visites aux gens que j'aime, arrivé devant leur porte, la crainte de les trouver morts, ou malades, ou ruinés, etc., etc., me prend, et je reviens au plus vite en Tartarie, sans oser seulement m'informer d'eux auprès de leurs gens. Comme je suis grand, pâle et maigre, comme mon pouls bat lentement, je suis plutôt disposé à peindre en noir qu'en rose ce qui est au delà de mon horizon. C'est pourquoi vous devez, mon ami, m'en indiquer la véritable couleur. Ce n'est pas tant que je craigne que vous ne mouriez, cet accident ne me semble pas devoir être plus à votre usage qu'au mien dans l'Inde ; passe pour des Anglais qui traduisent « Honni soit qui mal y pense » par « La mort plutôt qu'un lavement, » de se laisser mourir comme un chien, plutôt que d'avaler une tasse d'eau tiède par le *wrong side*. Mais l'indigo, voilà la grande affaire ! Vous craigniez d'en avoir trop ; maintenant, peut-être trouvez-vous que vous en avez fait trop peu; et comment se vendra-t-il ? Toutes les fois qu'il m'est parvenu des journaux, j'ai lu avec avidité les *indigo prospects*; mais c'est de vous seul que je dois savoir, mon ami, le résultat de votre campagne, quel qu'il soit.

La mienne, au nord de l'Himalaya, a été des plus heureuses : je ne suis pas mort de faim, et, quoique le froid dans les hautes régions ralentisse singulièrement mes esprits animaux, le thermomètre peut baisser encore d'une dizaine de degrés, j'ai à lui opposer une réserve de trois couvertures par-dessus les cinq dont je suis déjà enveloppé.

J'ai recueilli un grand nombre de plantes nouvelles, mais surtout j'ai fait une quantité d'observations géologiques qui me paraîtraient encore singulièrement intéressantes, si un autre que moi les eût faites. Elles conduisent forcément à une conclusion bien différente de celles qui ont été tirées par les monstrueusement aveugles *surveyors* ou *geological superintendent of the H. C.*, aux appointements de deux ou trois mille roupies par mois, pour ne pas voir ce qui eût crevé les yeux de tout élève ingénieur des mines parisien à quinze cents francs par an, ou quarante roupies par mois. Confiant dans la cécité de ceux qui visiteront encore les lieux après moi, j'ai renoncé à adresser tout de suite un mémoire à l'Institut pour prendre au moins mon rang de priorité. Je me rappelle avoir entendu dire à lord William Bentinck qu'il n'y avait pas de gouvernement européen qui eût fait autant de dépenses que celui de

la Compagnie pour des travaux scientifiques. Il a, ma
foi, eu grand'raison de casser aux gages ses savants.

Mes recherches géologiques m'ont entraîné deux fois
sur le territoire chinois. La première, par un hasard
des plus heureux, la population tout entière du village
de la frontière était occupée à des processions dans un
lieu de pèlerinage assez distant, et je me trouvai campé
avec tous mes gens — soixante et dix — sous Bekkiah,
même avant qu'on eût avis de mon approche. Je trans-
formai en accusé le misérable officier chinois, qui vint
le lendemain pour se plaindre, et, quand je l'eus épuisé
de questions, sans souffrir qu'il ouvrît la bouche que
pour répondre, ayant complété ma reconnaissance, je
remontai à cheval et repris la route du Kannawar en
chantant : *Oum manni panni oum* [1], et donnant aux lamahs des lieux une forte charge de tabac, ce qui rendit
nos adieux tout à fait amicaux. J'ai eu, dans cette petite
expédition, à passer quatre fois des cols élevés de
18,300 pieds et à camper une nuit à 17,000 pieds. —
Cinq jours de marche, sans un lieu habité ni ha-
bitable ; mais des phénomènes de superposition et
d'alternances de roches en quantité et qualité suffi-
santes pour *m'indemniser magnifiquement* de ces misères, sans parler de cent vingt plantes nouvelles
qui en sont aussi la récompense. Depuis, j'ai quitté la
vallée du Sutledge, où je n'avais plus rien à faire, et
j'ai attaqué celle du Spiti, sa branche septentrionale,

---

[1] Ce sont les mots sacramentels de la prière des lamahs thibétains.

qui descend du pays de Ladak et de Koullou. Le bas
de cette vallée appartient au radjah de Bissahir, tributaire et très-humble serviteur des Anglais ; mais ensuite,
plus haut, j'ai dû encore passer sur les terres, ou plutôt
sur les pierres de Sa Majesté Très-Théifique. Ses fidèles
sujets, cette fois, étaient à leur poste, sur le bord du
torrent qui sépare les deux États. Ils me dirent :
حکم نیمن [1], à quoi je leur répondis en français que
j'étais charmé de les voir, et, tout en riant de leur mauvaise humeur, je poussai mon cheval dans le torrent
et marchai vers eux, en chantant : *Oum manni panni
oum.* On leur expliqua que je ne continuais pas ma
route en Tartarie chinoise, mais que je voulais passer en
Ladak par l'occasion du premier pont, et, joyeux alors,
ils voulurent me servir de guides pour m'y conduire.
Les trésors de ma générosité s'ouvrirent pour eux, et,
dans leurs pipes de fer, ils fumèrent avec mon tabac le
calumet de l'amitié. Ici, les montagnards n'ont pas la
plus légère objection contre ma marche ; mais ce sont
des fripons qui me vendent leur farine à un prix exor-
bitant.

Demain, au reste, j'achèverai l'extrication difficile
des terrains d'alentour et reprendrai la route du Kannawar, dont j'atteindrai le premier village au bout de
sept ou huit marches. Dans quinze jours, je mangerai
des raisins ; dans vingt-cinq jours, je traverserai la
chaîne méridionale de l'Himalaya et visiterai sur les

[1] Il n'y a pas de permission.

pentes indiennes quelques lieux qui me restent à voir;
je gagnerai Simlah, où le capitaine Kennedy me promet quatre pâtés de foies gras de Périgord. De là, je
vous écrirai.

Ces pâtés de Périgord, prosaïque et vile circonstance s'il en fut jamais, me rappellent néanmoins la
semaine que je passai avec vous à Barrackpoor, car il
y en avait un, au tiffin, contre lequel mes résolutions
d'abstinence échouaient toujours, lorsque je m'exposais
au péril de la tentation. Je n'oublierai jamais, mon cher
Hezeta, ces jours où j'eus le bonheur de vivre sous le
même toit que vous. J'étais triste alors, ou du moins
désagréablement préoccupé. J'étais effrayé de la loi
rapide suivant laquelle les roupies me semblaient devoir
s'écouler, et, quand je songeais à la modicité de mes
ressources, je craignais qu'elles ne me permissent pas
de voyager selon mes besoins; j'ai, depuis, découvert la possibilité de le faire avec une stricte économie,
et, malgré les dépenses extraordinaires auxquelles m'a
entraîné mon voyage dans les montagnes, avec mon
attirail de physicien, mes finances, lorsque je redes-
cendrai dans les plaines et substituerai une couple de
chameaux aux quarante, et cinquante, et soixante porteurs dont j'ai besoin ici, seront plus brillantes que je
n'avais calculé. Toutefois, cet état est relatif à mes habitudes simples et modestes, et il n'y a pas d'Anglais
de notre condition qui ne les trouvât des plus ternes.

Depuis que j'ai passé au nord de l'Himalaya, les
lettres m'ont plu d'Europe, d'Amérique, d'Afrique et

d'Asie. J'ai su par lady Ryan, à laquelle je suis rede-
vable d'une immense et charmante lettre (qu'elle n'eût
écrite certainement à aucun de ses amis anglais), que
vous n'étiez pas mort et que le capitaine Troyer conti-
nuait d'être en vie. Mademoiselle Pearson m'a écrit du
Cap qu'elle était en bonne voie de guérison. Aux lettres
qu'il me fait parvenir ainsi au bout du monde, le capitaine Kennedy a toujours l'amabilité de joindre les
journaux, et les derniers que j'ai reçus à Lari, le premier village de Tartarie, m'ont appris la courte mais
significative session du parlement français. M. Gautier,
le rédacteur de l'adresse, est un négociant de Bordeaux,
très-riche et très-considéré, royaliste sincère qui aida
de sa bourse les Bourbons en 1814 et 1815. C'est un
homme qui aurait abondé constamment dans le sens
de leur gouvernement s'il n'avait été que mauvais;
mais du Polignac et du Bourmont, pour un honnête
homme, aussi, c'est par trop fort! Au reste, je pense
que vous aurez trouvé l'adresse excessivement modérée
et constitutionnelle, et, si elle me déplaît en quelque
manière, c'est par son monarchisme.

J'ai ri de tout mon cœur en lisant les paroles royales :
« J'aime mieux monter à cheval qu'en charrette, » si
gravement commentées par les journalistes anglais.
Charles X à cheval ne me paraît pas un objet fort im-
posant, si ce n'est contre les lièvres et les faisans des
parcs royaux. A Lyon, en 1815, il monta à cheval quand
Bonaparte était à Grenoble (trente lieues de Lyon),
mais c'était pour revenir plus vite à Paris. Vous pouvez

assurer à mylord et à milady William qu'au train dont
vont les choses en France, leurs amis d'*Orléans* peuvent compter avec certitude sur un brillant avance-
ment. Dites-leur que M. le duc de Broglie est l'ami, le
compagnon d'études des avocats distingués, des jeunes
gens très-riches, des députés, des jeunes pairs qui ré-
digent *le Globe* (journal condamné dernièrement), et
qu'il est lui-même un de ses écrivains. M. le duc de
Broglie sera garde des sceaux si le duc d'Orléans est roi.

Maintenant, ceci sera-t-il une comédie ou une tra-
gédie, et combien d'actes? Mais il est à craindre que
Charles X, fort poltron de sa nature (il l'était à vingt
ans quand il refusa de se battre avec son cousin le
duc de Bourbon), ne recule à propos et que nous ne
goûtions encore les délices de la légitimité. Adieu, mon
ami; comme personne ne nous voit, je vous embrasse
de cœur. Je ne puis vous dire combien me paraîtrait
ridicule de moi à vous ou de vous à moi le *yours truly*,
voire même le *yours sincerely*.

P.-S. 1er. — Les papetiers sont prodigieusement
rares en Tartarie, voilà mon excuse pour la forme et
l'espèce de ce papier.

P.-S. 2e. — Deux mots de plus. Ce lieu est plus haut
que le mont Blanc. Or, Saussure dit qu'à 15,000 pieds
(la hauteur du mont Blanc), la respiration est difficile et qu'on éprouve des maux de tête et d'oreilles
intolérables, prostration complète de l'appétit; et les
voyageurs anglais dans l'Himalaya : *an uncommon de-
pression of spirits*. Or, je vous demande si c'est le cas

pour moi; mais le fait est que les spiritueux, en très-petite quantité même, produisent ici les symptômes attribués à la raréfaction de l'air. Je bois de l'eau, quoique j'aie bonne provision d'eau-de-vie, et me défends du froid à force de couvertures. — Bonsoir. — Ah! que mon lit est froid! Et mes pauvres diables de domestiques à la belle étoile! Plains-toi, si tu l'oses!

LXII

TO SIR ALEXANDER JOHNSTON, LONDON [1].

Camp, under the fort of Dankar in Ladak,
the 5d of september 1830.

My dear sir,

I rely on your kindness to excuse my long silence since the time that I left Benares, where I had the pleasure to acquaint you with the successful beginning of my overland journey. Now after a long interval of 8 months, I avail myself of an opportunity for India, to draw you shortly, as impending business obliges me to do it, my journey fom the Holy City.

Camp, sous le fort de Dankar en Ladak,
le 5 septembre 1830.

Mon cher monsieur

Je compte sur votre bonté pour excuser mon long silence depuis le temps que j'ai quitté Bénarès, où j'ai eu le plaisir de vous faire part es heureux débuts de mon voyage. Maintenant, après un long interdvalle de huit mois, je profite d'une occasion que j'ai pour l'Inde, pour vous esquisser brièvement, ainsi que me permet seulement de le faire lo travail qui me presse, mon voyage depuis la ville sainte.

I went to Delhi by the circuitous road I had pointed out to you; making a very long turn to the S. W. almost till the Bank of the Nerbudda, over the table land and across the hilly tract of Bundelkund, a country lately visited by captain S. Franklin and geologically described by him in the *Asiatic Researches;* — and I was fortunate enough to meet in several places with phænomena of superposition that had escaped him in his survey, and will enable me to lay down another exposition of the geological structure of it.

From Delhi, I went to the westward, through the protected syk country, to the banks of the Gaggur, an inconsiderable stream which vanishes in the sandy desert of Bikaneer, before it reaches the Sutledje. I was then engaged in a grand hunting party, which I expected, would have been fruitful to my zoological collections; but proved only interesting to me as sho-

---

J'arrivai à Delhi par les circuits que je vous avais indiqués, faisant un très-long détour au sud-ouest, allant presque jusqu'au bord de la Nerbudda, au delà du plateau en traversant les hauteurs du Bundelkund, pays visité dernièrement par le capitaine S. Franklin, et décrit, sous le rapport géologique, dans les *Recherches asiatiques.* Et j'ai été assez heureux pour voir en plusieurs endroits des phénomènes de superposition qui avaient échappé à son examen, et qui me permettent de refaire une nouvelle description de la structure géologique du pays.

A partir de Delhi, je m'avançai à l'ouest, à travers le pays syke protégé, sur les bords du Gaggur, cours d'eau peu important qui se perd dans les sables du désert de Bikaneer avant d'atteindre le Sutledje. — J'assistai alors à une grande chasse que j'avais espéré être profitable à mes collections géologiques; mais elle me parut seulement intéres-

wing to me more of eastern display and asiatic manners in a fortnight, than I had seen yet in a year.

The hot winds were at that time threatening to invade the plains every next day. I repaired to the hills and entered them by the valley of Dheyra. During two months about, I travelled from the sources of the Ganges and of the Jumnah to the north-western limits of the british dominions, on the bank of the Sutledje; taking about, if I may be permitted that expression, from the snowy barrier of the Himalaya to its lower branches. I arrived at Semlah in the middle of june.

It would have been impossible to experience a greater degree of hospitality than I had been welcome to from your countrymen, during my long march from Calcutta to the latter place. The numerous letters of introduction that lord William Bentinck had given to me when my departure from Bengal, left him no other

santé en ce qu'elle me fit plus voir, en quinze jours, de luxe et de mœurs asiatiques, que je ne l'avais déjà fait en un an.

Les vents chauds menaçaient d'envahir la plaine à chaque instant. Je me retirai alors vers les montagnes et j'y entrai par la vallée de Dheïra. Pendant deux mois environ, je voyageai des sources du Gange et de la Jumna aux limites nord-ouest des possessions anglaises, sur les bords du Sutledje, *louvoyant*, si je puis me servir de cette expression, de la barrière neigeuse de l'Himalaya jusqu'à ses branches les plus basses. J'arrivai à Simlah vers le milieu de juin.

Il serait impossible de rencontrer une plus cordiale hospitalité que celle qu'il m'a été donné de trouver chez vos compatriotes pendant ma longue course de Calcutta jusqu'a Simlah. Les nombreuses lettres d'introduction que lord William Bentinck m'avait données à mon départ du Bengale, moment où il ne lui restait plus que ce moyen

way of evincing to me his extreme kindness. — Those which I was indebted for to many of my acquaintance in the indian metropolis, and over all to a gentleman with whom I had become a friend, colonel C. Fagan, the adjudant general of the army, all those — I could have lost them all, and yet, I am sure, be entitled the same to eulogise on english hospitality. Moreover, the last european stage that I reached (Simlah), is perhaps like the first of my journey, like Calcutta, amongst the most hospitable, the very one that I shall ever remember the most gratefully. Whilst I was soon forgetting at captain Kennedy's (the political agent at Sabathoo) the privations and fatigues of my first journey in the hills, he was busily employed in preparing, and I dare to say in ensuring the success of my voyage over the Himalaya, by the means that his situation afforded him.

de me montrer son excessive bonté pour moi ; celles que je devais à mes nombreuses connaissances qui habitent la métropole indienne, et, en particulier, à un gentleman avec lequel j'ai fait amitié, le colonel C. Fagan, adjudant général de l'armée : j'aurais pu perdre toutes ces lettres, et, j'en suis sûr, j'aurais encore à me louer de l'hospitalité anglaise. Cependant, la station européenne où je suis parvenu en dernier lieu (Simlah) est, peut-être, comme mon point de départ, comme Calcutta, le lieu dont je garderai le souvenir le plus reconnaissant parmi les plus hospitaliers. Pendant que j'oubliais rapidement chez le capitaine Kennedy (agent politique à Sabathoo) les privations et les fatigues de mon premier voyage dans les montagnes, il s'occupait avec activité de préparer et, j'ose le dire, d'assurer le succès de mon voyage dans l'Himalaya, par tous les moyens dont sa position lui permettait de disposer.

It is now upwards of two months since I am travelling to the northward of the southern or indian range of the Himalaya. I am no more within the limits of british influence : however I am but two days march distant from the Lataki village where I will close my reconnaitrings to the northward, as it would prove very difficult, if not dangerous, to go farther. Informations that I got from the natives give me to hope that I shall find there some strata swarming with organic remains, which will afford me the means of determining the geological age of that immensely developed limestone formation that constitutes the mighty tartar ranges, superior in height to the granitic peaks of the southern Himalaya.

Lately engaged in a similar research on the frontiers of chinese Tartary, I had the good luck to meet with its very object, and also to find in fault chinese

---

Voilà maintenant plus de deux mois que je voyage vers le nord de la partie méridionale ou indienne de l'Himalaya. J'ai quitté les terres soumises à la domination anglaise. Néanmoins, je ne suis plus qu'a deux jours de marche de Lataki, village où je bornerai mes reconnaissances au nord; car il serait extrêmement difficile, sinon dangereux, d'aller plus loin. Des informations prises auprès des indigènes me font espérer que je trouverai là des *strata* fourmillant de débris organiques, qui me permettront de déterminer l'âge géologique de cet immense amas de calcaire dont sont formées les puissantes chaînes tartares, lesquelles surpassent en hauteur les pics de granit des branches méridionales de l'Himalaya.

Dernièrement, je me suis livré à une recherche analogue sur les frontières de la Tartarie chinoise; j'eus l'heureuse chance de rencontrer l'objet cherché et de mettre en défaut la vigilance chinoise au

watchfulness, insomuch that no obstacle was thrown in my way. I had then to cross twice two passes that were both upwards 18,000 feet high whereas the highest passes of the outer Himalaya scarcely average 16,000 feet.

My observations on the skirts of the Himalaya along the plains of Hindostan are quite confirmatory of my friend Mr Élie de Beaumont's views on the late epoch when that mighty range sprung forth from the earth. As to the geological age of its granitic basis (a question wholly distinct from the consideration of its rising up), I think that my observations in the upper part of the valley of the Sutledje particularly will prove also to a certainty, contrary to the former and still prevailing opinion, that it belongs to one of the latest primitive formations.

My dear sir, it is not without regret that I feel obliged

point de ne rencontrer aucun obstacle sur mon chemin. J'eus à ce moment à franchir deux cols de montagne, dont chacun a plus de 18,000 pieds d'élévation, tandis que, dans l'Himalaya, les plus hauts cols atteignent à peine une hauteur de 16,000 pieds.

Mes observations sur les flancs de l'Himalaya qui bordent les plaines de l'Indoustan, confirment entièrement celles de mon ami M. Élie de Beaumont, comme aperçu sur l'époque reculée où ces hautes montagnes sortirent du sol. Quant à l'âge géologique de la base granitique (question entièrement distincte de celle de la partie qui s'est élevée dessus), je pense que mes observations, dans la partie supérieure de la vallée du Sutledje surtout, prouveront jusqu'à l'évidence, contrairement à l'opinion qui prévaut jusqu'a présent, que cette base appartient à une époque de formation primitive des plus reculées.

Mon cher monsieur, ce n'est pas sans regret que je me vois obligé

to close here these few lines. I hope to reenter in ten
days the Hangarary-Pergunnah submitted to british influence, and before two months hence, arrive at Simlah.

I shall then, without any delay, proceed down to
the plains and resume the prosecution of my journey
towards Bombay. I am in perfectly good health and
suffered nothing from six months exposure to the sun
during my circuitous voyage from Calcutta to the
hills. India is not the first tropical country where I have
travelled. I had visited formerly Santo-Domingo, and
there exposed myself to chances, that would have proved fatal to Englishmen. Your countrymen, in regard
to their diet, take the climate in no consideration, and
most of them fall victims to it.

Do I need to say you, my dear sir, what gratification
it would have been to me to hear from you. If I remai-
ned so long a time without writing to you, it was be-

de clore ici ces quelques lignes. J'espère dans dix jours rentrer dans le
Hangarary-Pergunnah, soumis à la domination anglaise, et être, avant
deux jours, de retour à Simlah.

Je descendrai alors sans aucun délai dans les plaines et je reprendrai mon voyage vers Bombay, Je suis en excellente santé et je n'ai
nullement souffert d'avoir été, six mois durant, exposé au soleil pendant mon voyage en zigzag vers les montagnes. L'Inde n'est pas, du
reste, le premier pays tropical dans lequel je voyage. J'ai visité autrefois Saint-Domingue, et je me suis exposé à des variations de température qui eussent été fatales à un Anglais. Vos compatriotes n'ont
aucun égard au climat dans leur régime, et beaucoup sont victimes de
cela.

Ai-je besoin de vous dire le plaisir que m'eussent causé les nouvelles que j'aurais reçues de vous? Si je suis resté un temps aussi long
sans vous donner de mes nouvelles, c'est parce que j'attendais toujours

cause I expected always an answer to my letter from
Calcutta. But I was lately apprised that my family
had not yet, on the last month of february, received any
intelligence from me; and I fear that my letter to you
together with those for my family, under the cover of
baron Seguier, has been misled if not lost in the way.
In this unpleasant incertitude, I will commit this to
the friendly care of sir Edward Ryan. Bombay is the
place where I will look forward hoping for an answer.
I flatter myself that the intimacy existing betwen my
friend M. Sutton-Sharpe and M. Dewar lately pro-
moted to the bench in the Western presidency will be
for me a claim on his hospitality during my passage
in Bombay, and it is to his care that I beg you will
recommend your letters. Having no time, at present,
to write to M. Sutton Sharpe, I would be very obliged
to you for pointing out to him the same channel of
correspondence.

une réponse à ma lettre de Calcutta. Mais j'ai appris dernièrement que
ma famille n'avait pas encore, au mois de février dernier, reçu de nouvelles de moi, et je crains que ma lettre pour vous, ainsi que celles de
ma famille sous le couvert du baron Séguier, ne se soit égarée, sinon perdue, dans le chemin. Dans cette incertitude, je veux confier
celle-ci aux bons soins de mon ami sir Edward Ryan. Bombay est la
ville où j'espère trouver une réponse. Je me flatte que l'intimité existant
entre mon ami M. Sutton-Sharpe et M. Dewar, récemment élevé au fauteuil de la présidence de l'Ouest, sera pour moi un droit à son hospitalité pendant mon séjour à Bombay, et c'est a ses soins que je vous
prie de recommander votre lettre. N'ayant pas pour le moment le temps
d'écrire a M. Sutton-Sharpe, je vous serai obligé de lui indiquer le
même moyen de correspondance.

When I think of all my obligation to you, I cannot look *but with some dissatisfaction at the slow rate of travelling of this letter to convey to you a fresh assurance of my grateful feelings and of the great regard with which I will ever remain, my dear sir, yours most sincerely.

P.-S. — I beg your indulgence for my egotism in the precedent pages, and will add a few lines on a subject acceptable, I presume, to your warm interest in the East.

You have no doubt heard of M. Alexander Csomo de Korös, a hungarian enthusiastic for eastern knowledge, philology chiefly, and who has travelled through many parts of Asia for the last ten years. I saw him at Kanum, where he lives since 4 years supported by a small pension of the Calcutta government, to enable him to prosecute his investigations of the thi-

Quand je me rappelle toutes mes obligations à votre égard, ce n'est qu'avec déplaisir que je songe à la lenteur avec laquelle cette lettre ira vous donner une nouvelle assurance de mes sentiments reconnaissants et du respect avec lequel je suis, mon cher monsieur, votre tout dévoué.

P.-S. — Je vous demande d'être indulgent pour mon égoïsme dans les pages précédentes, et je veux ajouter quelques lignes qui vous seront agréables, je pense, à cause du chaleureux intérêt que vous portez a l'Orient.

Vous avez sans aucun doute entendu parler de M. Alexandre Csomo de Koros, un Hongrois enthousiaste de connaissances asiatiques, particulièrement de philologie, et qui a voyagé dans beaucoup de parties de l'Asie pendant ces dix dernières années. Je l'ai vu à Kanum, où il vit depuis quatre ans à l'aide d'une petite pension que lui fait le gouvernement de Calcutta pour l'aider à poursuivre ses recherches sur la

betian language. M. Csomo has performed his task and
is just about to leave Thibet, and to proceed to Calcutta. His energetic exertions, and his depressed fortune inspired me with a great interest for him, and I fear
that disappointment awaits him in Calcutta, the government under the present circumstances being likely in
the impossibility of granting to him any pecuniary re-
muneration.

M. Csomo will carry to Calcutta the result of his
long labours, consisting of two bulky and neat ma-
nuscripts, quite ready for the press. One is a grammar,
the other a vocabulary of the thibetian language ; both
written in english. The kind of information to be de-
rived through those new instruments of investigation
is not likely of a nature to make them useful to the
indian government; and on the other hand, I do not
believe that the circumstances of the Asiatic Society
of Calcutta will enable them to undertake the publica-

langue du Thibet. M. Csomo a achevé sa tâche, et est sur le point de
quitter le Thibet pour se rendre à Calcutta. Son énergie, sa fortune com-
promises, m'ont inspiré pour lui un vif intérêt, et je crains que le dés-
appointement ne l'attende à Calcutta, le gouvernement étant en ce
moment dans l'impossibilité totale de lui accorder une rémunération
pécuniaire.

M. Csomo portera à Calcutta le produit de ses longs travaux, consistant en deux manuscrits épais et propres, tout prêts pour l'impression : l'un est une grammaire, l'autre un vocabulaire de la langue
thibétaine, tous deux écrits en anglais. L'espèce d'instruction à tirer
de ces deux nouveaux instruments de recherches n'est pas entièrement
de nature à les rendre utiles au gouvernement indien, et, d'un autre
côté, je ne pense pas que les ressources de la Société asiatique de
Calcutta, lui permettent d'entreprendre la publication des œuvres de

tion of M. Csomo's works. I have spoken to him of the
illustrious society in which you take so eminent a
concern, as being in my opinion the public body whose
learned patronage is more probably to become the
promoter of his labours. How M. Csomo has performed
his task, no body in the world can decide, for he is
the only man proficient in the thibetian language.
But a guess might be, and a most favourable one;
M. Csomo has never been in England, he had never
any opportunity of speaking english, yet he is most
thoroughly acquainted with your language, most of
european tongues seem to be equally familiar to him,
although he had no opportunity of practical acquaintance with them. He is since ten years travelling in
Asia in the character of a poor native, wholly destitute
of books. He has spent four years in reading with a
learned lamah from Ladak hundreds and hundreds
of thibetian books preserved in the temple of Kanum.

M. Csomo. Je lui ai parlé de l'illustre Société dans laquelle vous
tenez une place si éminente, comme étant, dans mon opinion, le seul
corps public dont le savant patronage soit destiné à être le promoteur
de ses œuvres. Comment M. Csomo a-t-il accompli sa tâche, personne dans l'univers ne saurait le juger, car il est le seul qui sache
le thibétain. Mais on peut en avoir une présomption et des plus favorables. M. Csomo n'a jamais été en Angleterre, il n'a jamais eu l'occasion de parler anglais, et cependant il est extrêmement familier avec
votre langue, et il paraît connaître aussi bien plusieurs autres langues
européennes, quoiqu'il n'ait eu aucune occasion d'appliquer pratiquement ces langues. Depuis dix ans, il voyage en Asie, équipé comme
un indigène sans fortune, privé de livres. Il a passé quatre années
à lire, avec un lamah de Ladak, des centaines de livres thibétains con-

The medium of communication between the teacher and his disciple was the vernacular jargon used in that country.

I beg to add that I believe M. Csomo's pretentions to a reward, exceedingly humble, and the Royal Asiatic Society having done me the honor of enlisting my name amongst their foreign-members, I think it a duty of my thankfulness towards them to have expatiated to that length my dear sir, on M. Csomo's subject.

If you think it proper to acquaint the Royal Asiatic Society with these details, I hope, my dear sir, you will seize that opportunity of assuring them how much I regret that my unremittent occupations in my journey have not yet allowed me to submit to their learned examination some accounts of my researches in India.

Believe me again, my dear sir, yours most sincerely.

servés dans le temple de Kanum. Le moyen de communication entre le maître et l'élève était le jargon local usité dans cette région.

Je vous prie d'ajouter que les prétentions de M. Csomo à une récompense sont extrêmement humbles, et, la Société royale asiatique m'ayant fait l'honneur de m'inscrire au nombre de ses membres étrangers, je pense qu'il était de mon devoir, devoir imposé par la gratitud' envers elle, de m'étendre autant sur M. Csomo.

Si vous jugez convenable de communiquer ces détails à la Société royale asiatique, j'espère, mon cher monsieur, que vous saisirez cette occasion pour lui témoigner combien je regrette de n'avoir pas encore pu soumettre au savant examen de cette compagnie quelques détails de mes recherches dans l'Inde.

Croyez-moi toujours, mon cher monsieur, tout à vous sincèrement.

LXIII

A M. JOSEPH DE HEZETA, A CALCUTTA.

Soonjnum en Kannawar, 17 sepcmbre 1830.

Ne voilà-t-il pas, mon ami, que j'allais vous écrire
en anglais, commençant par « The fellow that I had
sent down with my letters, seeing the grapes in perfection at Soonjnum, thought it convenient to stop in their
company, etc. [1] » Ce qui fait qu'avant-hier, en arrivant
ici, j'ai trouvé mon courrier embourbé. Quant à ce qui
vous concerne, mon cher Hezeta, je ne m'en suis pas
trop fâché, car je crains que le *Foolbariah*, près de
Jessore, de ma précédente adresse, n'ait pas réussi à
vous trouver ; et, puisqu'il m'est donné de rattraper
cette lettre-ci, je l'envoie à M. Packenham, avec prière
de la guider convenablement dans les derniers milles
qu'elle aura à parcourir avant de vous arriver.

J'ai entendu souvent parler des raisins de Motril à
mon tendre ami Victor de Tracy, qui y régnait il y a
une vingtaine d'années, avec le bataillon d'infanterie
qu'il commandait alors. Quand vous étiez roi de Gre-
nade, vous n'aurez pas manqué sûrement de les connaître. Sont-ils dignes d'une si grande réputation ?
Ceux de quelques villages voisins de Soonjnum sont

---

[1] « L'individu que j'avais chargé de porter mes lettres, trouvant à
Soonjnum les raisins en parfaite maturité, a jugé à propos de s'arrêter
en leur compagnie, etc. »

délicieux, et, si j'avais été à la place du drôle chargé de filer jusqu'à Simlah, j'aurais fait comme lui.

J'ai eu bien froid avant-hier pour passer un col qui n'est pourtant pas élevé tout à fait de 15,000 pieds. Il y en a un semblable pour aller d'ici à Kanum, le prochain village vers le sud-ouest; puis viendra le Boo-rendopass, où vous apprendrez vraisemblablement que je suis mort gelé le 1er octobre qui vient.

Vous verrez l'hiver prochain, à Calcutta, le roi des originaux, M. Alexandre Csomo de Coros, زومن حرص, comme il s'appelle ici. C'est l'homme qui sait le thibétain, ou patois sacré des moines crasseux de Ladak, Teshoo-Lomboo et autres lieux circonvoisins. Nul doute que ce ne soit un homme capable et qu'il ne sache très-bien le susdit patois; mais je doute qu'il fasse fortune près des Anglais à Calcutta.

Envoyez-moi votre adresse très-circonstanciée. J'ai peur que ma dernière lettre ne se soit égarée faute de suscription convenable.

Il me semble, mon ami, que les journaux français que reçoit lord William, après qu'un chacun les a lus, ont une fin peu littéraire..., mais champêtre... Là-dessus, j'ai imaginé de prier M. Packenham, si la chose est la plus facile du monde, de m'en envoyer un paquet à Delhi. La politique intérieure de mon pays est si intéressante par le temps qui court, que les détails écourtés et choisis sans critique pour remplir les blancs du *Government Gazette*, *John Bull*, *Hurkarah*, *East India Gazette*, etc., ne m'apportent que de la vexation

par leur insuffisance. Appuyez ma prière près de
M. Packenham, si vous ne la croyez pas indiscrète.

Voudrez-vous aussi, mon bon ami, vous joindre à
lui pour dire à lady William que je garderai toujours
des bontés qu'elle m'a témoignées un souvenir plein
d'agrément et de reconnaissance.

Bonsoir. — Je suis dans le débrouillement de mes
pierres, occupé par-dessus la tête. Que n'êtes-vous là,
cher Hezeta ! J'enverrais pour le reste de la soirée la
besogne au diable, je vous donnerais à boire une philo-
sophique infusion de feuilles d'oranger en manière de
thé, mais en vous fournissant de quoi l'élever à la dignité de punch, et nous causerions doucement de ce
monde et de l'autre, et minuit viendrait bien vite. Nous
reverrons-nous jamais ? Ce *jamais* est un mot affreux :
Più no mai, — *mai più*, — *never no more never*. En
espagnol, comment dites-vous cela ? Nous ne sommes
morts au jour d'hier qu'autant que le jour de demain ne
saurait nous rendre les mêmes impressions, les mêmes
plaisirs. Le voyageur qui parcourt une multitude de
lieux qu'il sait devoir ne jamais revoir, éprouve chaque
jour la justesse de cette théorie de nos sentiments. Ainsi,
si une maîtresse adorée vient à mourir, ou si elle vous
plante là, vous sentez sa mort dans le passé de votre
vie. Ce qui a été a cessé d'être encore. — Mais vous
n'aimez pas la métaphysique; aussi je me hâte de finir
le bavardage qui y tend.

Un de vos compatriotes, qui avait suivi dans votre
première révolution une ligne opposée à la vôtre, —

c'était alors un préfet *josefino,* — M. Valenciana, et qui, réfugié en France et manquant de pain, s'était mis courageusement, à trente-deux ans, à étudier la médecine et la chirurgie, un homme de rare capacité, qui en peu d'années devint l'élève le plus savant de l'Ecole de Paris, et, après avoir pris ses degrés, alla exercer sa nouvelle profession à Mexico, vient d'en revenir, m'écrit mon père, avec une petite fortune amassée en cinq ans, trente-cinq mille piastres. Quoique très-connu et très-considéré à Mexico, il ne sortait jamais qu'avec une paire de pistolets dans sa poche, pour aller voir ses malades. Il faut un roi à Mexico, un à Buénos-Ayres, Venezuela, Bogota, Lima, etc., etc., un roi avec des gendarmes. Les gendarmes sont la base de l'ordre social dans les sociétés médiocrement éclairées. Avant tout, il faut de la police. La liberté viendra ensuite si elle peut : elle n'est pas si nécessaire que la sûreté de la vie et de la propriété.

Il y a plus de police et d'ordre public dans la république nègre de Saint-Domingue que dans aucune des ex-vice-royautés espagnoles du continent voisin. C'est que l'homme qu'on y appelle le président est de fait roi absolu. Il a le pouvoir de fusiller un village où un brigandage se serait commis. Il faut cela au commencement. Or, toutes vos jeunes républiques américaines espagnoles n'en sont encore qu'à ce commencement. Les Grecs n'en sont que là. Ils ont grand besoin de gendarmes, beaucoup plus que de deux Chambres. —
Adieu, mon ami.

LXIV

AU MÊME.

Simlah, 19 octobre 1830.

Me voici enfin rentré en Europe, mon cher ami. Il
y a huit jours que je suis de retour à Simlah, où j'ai
eu la satisfaction de trouver, sous le toit hospitalier du
captain Kennedy, les vastes collections que j'ai successivement dirigées sur ce point durant mon voyage au
delà de l'Himalaya. Examinant maintenant ces objets
à loisir, j'y trouve une quantité de nouveautés qui me
dédommagent des privations sociales de mon expédition. — Indépendamment de mes herbes et de mes
pierres, j'ai trouvé ici deux monstrueux paquets de
lettres d'Europe, toutes selon mes vœux, et quelques-
unes de l'Inde qui, sans être aussi satisfaisantes, me
sont douces néanmoins par les témoignages d'amitié
qu'elles renferment. — La vôtre, acheminée par M. Packenham, réunit malheureusement la première de ces
conditions à la seconde : elle me laisse dans une pénible incertitude sur votre sort. Mais pourrai-je vous
exprimer, mon ami, combien me touche la confiance
fraternelle avec laquelle vous m'entretenez de ce que
votre situation a d'attristant?... Les Anglais, quand
ils ont une bonté réelle, sont étrangers à cette tendresse, à cet abandon si doux, auquel nous devons
tant de plaisirs ou de consolations, nous autres conti-

nentaux. — Leur réserve donne, assurément, à leur vie domestique une dignité que nous oublions dans la nôtre ; mais c'est au prix de bien des jouissances du cœur qu'ils achètent ce semblant : gardons notre bonhomie et ne nous façonnons jamais à cette apparence empruntée de sentiments peu aimables. Restons de notre pays à cet égard : nous ne pourrions que perdre à l'oublier.

Les gazettes m'avaient instruit sommairement des troubles graves et des violences dont les indigoteries sont le théâtre habituel ; et, depuis que j'en suis instruit, c'est un sujet perpétuel de surprise pour moi, que le gouvernement, possédant le droit de bannir, n'en ait pas fait, dès le début, un sévère et salutaire usage. Vous savez si je veux de la liberté ; mais la liberté sans égalité est le plus inique de tous les priviléges. De là mon opposition, en principe, à la plupart des réclamations faites par les habitants européens de ce pays. Pratiquement, j'agirais selon ces principes ; et, si j'étais à la place de lord William, je ferais une enquête confidentielle sur le personnel des indigotiers, et les caractères notés par leur violence et leur dépravation. J'en saisirais une douzaine, et les embarquerais immédiatement pour Londres, sans m'inquiéter de ruiner quelques familles. Je suis certain qu'après un exemple de ce genre, la Cour suprême de Calcutta n'aurait plus à juger *trois accusations de meurtre* dans une semaine.

Quand le crime est si commun, les moyens ordinai-

'res de répression sont absolument insuffisants. En Corse, les tribunaux français condamnent à mort trois ou quatre meurtriers chaque année. C'est beaucoup pour une population de cent cinquante mille âmes; mais c'est trop peu pour diminuer le nombre des meurtres, qui est effrayant. Un tel pays doit être mis hors la loi pendant une couple d'années et sous la juridiction de Cours militaires, qui fusilleraient peut-être quelques centaines de meurtriers avoués, qu'aucun témoin n'ose accuser. Après une terreur salutaire, rendez les tribunaux civils, avec leurs formes protectrices : ils suffiront à tenir le pays en paix. Ce moyen nous réussit jadis en Piémont : un mal passager pour un bien durable.

Les gazettes de Calcutta sont d'une bêtise inconcevable sur les affaires de France, n'ayant aucune intelligence ni des choses ni des hommes, et je désire plus vivement que jamais pouvoir lire les nôtres. Et toutes mes lettres de France ne sont remplies que des petites nouvelles de famille d'un chacun. Dunoyer, cependant, me mande ceci : « Notre plan de campagne est simple : il consiste à battre nos adversaires par des moyens légaux tant qu'on restera dans la légalité, et à refuser l'impôt si on a l'audace d'en sortir. La seule chose à craindre, c'est qu'on n'en sorte pas d'une manière nette, et qu'on ne parvienne ainsi à embarrasser les gens indécis, qui sont toujours les plus nombreux. Quelle sera la violation qui nous déliera envers le budget? Grande question, dont la solution dépendra

beaucoup du génie plus ou moins entreprenant des
contribuables. » Ailleurs, il me dit : « Les personnes
prudentes voudraient tirer de cette mêlée un auguste
personnage, qui pourrait et qui devrait se dispenser d'y
paraître, et qui s'obstine bêtement à y figurer et à servir de plastron à un parti. Nous espérons cependant
que ce grand niais ne réussira ni à sauver ses amis
prétendus ni à se compromettre lui-même. » Ne vous
ai-je pas dit que cet excellent homme Dunoyer était un
autre vous-même de figure et d'esprit? Modeste comme
vous êtes, vous le voyez cependant disposé à frapper
quelques individus. Reste à connaître les élections.
Sans fraude, elles amènent une députation plus vigoureuse encore que la dernière; avec fraude, gare les
coups de fusil de tout côté, ou, ce qui vaudrait mieux,
point d'impôt.

Je n'oublierai jamais les scènes de la nature dans
le petit coin du Thibet que j'ai aperçu, et peut-être.
si le sort me jette encore une fois sur les plages de
l'Amérique équinoxiale, parmi les merveilles de leur
végétation, aimerai-je à me rappeler la nudité des montagnes et l'aridité des déserts, ces tableaux désolés
où nulle part la vie ne se montre. Ils ont un caractère
si extraordinaire, que jamais leur image ne s'effacera de
mon souvenir. Mais leur monotonie est presque celle
de l'Océan, dont je n'ai jamais senti que faiblement la
poésie. Le ciel est sans nuages, l'air sans bruit, la terre
sans verdure; le genre d'impression que fait éprouver
une telle nature se communiquerait difficilement sur

les lieux mêmes de leur naissance, et ce n'est pas là
que j'ai regretté de voyager seul dans l'Himalaya.
C'est la plume à la main que j'essayerai peut-être quelque jour de retracer ces étranges tableaux, dont je n'ai
fait encore que des esquisses sans vie comme eux. Il y
a une chose que je redouterai extrêmement si jamais je
me fais auteur d'autre chose que d'un livre de géologie
et de botanique, c'est d'être ennuyeux; mais je ne
craindrais pas moins d'être amusant au prix de la vérité; le contraste des détails serait une source d'agré-
ments. Mais comment pourrais-je sans mentir être varié
dans la peinture de ce qui est monotone? mettre du
rouge, du bleu, du jaune et du vert là où il n'y a que
du gris et du blanc? comment pourrais-je faire un évé-
nement d'un arbre ou d'une maison après plusieurs
jours de marche sans avoir vu ni une herbe ni un
homme? Peut-être, mon cher Hezeta, me sera-t-il donné
de visiter d'autres parties de l'Himalaya, dont la
description pour plaire exigera moins de talent. Je né-
gocie maintenant pour obtenir d'aller en Cachemire.
Tandis que j'étais au fond du Kannawar, je reçus, par
Loodianah et Simlah, une lettre flatteuse de M. Allard,
officier français qui commande les troupes de Rundjet-
Singh. A cet effet, « ayant appris par le docteur Murray,
de Loodianah (que je ne connais nullement), mon
voyage dans les hautes provinces et son objet, il serait
heureux que sa position près de Rundjet-Singh pût lui
permettre de faciliter mes recherches dans le Pundjâb,
si j'avais quelque idée de les étendre au delà du Sur-

ledje. » A quoi je répondis que les plaines du Pundjâb
ne m'offraient qu'un intérêt trop faible pour me retenir
une année dans le nord de l'Inde ; mais que, s'il avait
assez de crédit pour obtenir en ma faveur la permission de visiter Cachemire et l'Himalaya occidental, soumis au radjah, je reculerais volontiers d'une année mon
voyage à Bombay. En revenant ici, j'ai trouvé la réponse
à la mienne. Elle ne contient pas la promesse formelle
que je désire, mais elle ne me laisse aucun doute sur
la bonne volonté du radjah, si je me résous à pousser
jusqu'à Lahore. Je n'avais jamais entendu prononcer le
nom de M. Allard en France ; mais ici il est bien connu
et, ce me semble, universellement considéré et respecté.
Ses deux lettres sont pleines des expressions d'une cordialité vraie qui m'a touché. Je me fie à un tel homme
et me vais livrer à lui, « car c'est vous, lui ai-je écrit,
que je considère en ce pays barbare comme ma sauve-
garde, défiant, comme je le suis, des caprices d'un
prince asiatique. » M. Allard m'a recommandé d'obtenir
du résident de Delhi, ou au moins de son substitut à
Loodianah, quelque recommandation pour Rundjet-
Singh. Comme une demande à cet effet, adressée par
moi à l'un ou à l'autre de ces officiers, serait probablement sans précédent, et les mettrait, par conséquent,
dans l'embarras, sinon dans l'impossibilité d'y satisfaire, je prends le parti de conter la chose à lord William, et, comme il laisse paisiblement voyager de Calcutta à Loodianah de jeunes officiers français qui
passent de temps en temps au service du radjah sans

faire mystère de leurs projets, je ne puis croire qu'il trouve la moindre objection à accorder la même liberté á un voyageur de mon espèce. Mais voici le diable! Depuis que M. Allard m'a écrit sa dernière lettre, un coquin de Sayd, que je voudrais voir pendu, a surpris Peshawar, et Rundjet, pour l'en chasser, fait marcher ses troupes vers Attock, et les derniers *ukbara* annoncent que MM. Allard et Ventura vont diriger cette guerre et qu'ils ont déjà passé le Ravee avec la cavalerie. Quand M. Allard reviendra-t-il à Lahore? C'est là la question. Je crains fort que cette maudite guerre ne me prive de l'occasion séduisante qui s'est offerte à moi de visiter cette contrée célèbre et devenue mystérieuse pour les Européens, par l'impossibilité où ils sont depuis longtemps d'y pénétrer. Les passe-ports de Rundjet-Singh que M. Allard se fait fort d'obtenir pour moi, un physicien anglais, à ma place, aurait bien peu d'espoir qu'on les lui accordât. Ma nationalité française est ici une circonstance précieuse dont il serait fâcheux que les événements politiques sur le haut Indus ne me permissent pas de profiter.

En attendant le dénoûment de tout ceci, je m'amollis un peu dans cette nouvelle Capoue. Après avoir couché quatre mois sous une mauvaise petite tente qu'un vent furieux et glacé menaçait souvent de renverser, je trouve admirable de dormir sous un toit, à l'abri de murs solides. Le cuisinier de mon hôte n'est pas un des moindres *blessings* de civilisation à mon gré. Je fais par régime douze milles à cheval le matin, et cinq à six

le soir, pour compenser les mauvais effets de la bonne
chère, qui, j'en suis plus convaincu que jamais, est
malsaine pour les Européens en ce pays. Dans huit
jours, je reprendrai ma vie solitaire et vagabonde et
marcherai au travers des collines qui flanquent le pied
de l'Himalaya vers Saharunpoor. Je compte y trouver
la solution de quelques grandes questions de géologie.
Ce qu'un autre y rencontrerait probablement à cette
époque de l'année, ce serait la fièvre; mais, avec un
régime approprié, je me fie beaucoup à ma fibre sèche
et filandreuse. — J'espère que vous aurez reçu bien
avant celle-ci ma lettre du Thibet fermée à Soonjnum.
Ne sachant où vous trouver maintenant, c'est par
M. Packenham que je vous adresse celle-ci.

Votre première à Delhi, *care of M. Metcalfe.*

Adieu, cher Hezeta; j'ai bien des gens à satisfaire, et
c'est pourquoi je ne vous écris pas cinq ou six feuilles
de papier. Adieu. Je vous embrasse.

LXV

A. M. DE MESLAY, A PONDICHÉRY.

Saharunpoor, 23 novembre 1830.

Cher monsieur de Meslay,

Un des hommes les plus aimables de sa nation, que
j'ai eu le bonheur singulier de rencontrer plusieurs
fois dans l'Himalaya, où il voyageait en même temps

que moi, et que j'ai connu assez pour lui être sincèrement attaché, M. Robert Ingles, est au moment de
quitter ce dernier de nos rendez-vous pour retourner
en Chine. Il me dit que peut-être il visitera la côte de
Coromandel et Ceylan dans son voyage. Je l'ai bien
prié de ne pas oublier Pondichéry. Ce n'est pas seulement mon amitié pour lui qui me dicte ces lignes destinées à lui servir d'introduction près de vous. Je vous
confesserai un petit péché d'amour-propre national. Je
tiens beaucoup à ce que M. Ingles connaisse M. de Meslay. M. Ingles réside habituellement à Canton, où il est
engagé dans les plus vastes spéculations commerciales,
et, de temps à autre, prend un congé qu'il emploie à
satisfaire son goût pour les voyages. Cette année, c'est
l'Inde qu'il visite, et pour la seconde fois. Il le fait en
homme désintéressé jusqu'ici dans les affaires de son
gouvernement, mais qui me semble destiné à y prendre
part quelque jour, et une part distinguée, soit comme
membre du parlement anglais, soit comme membre
de la cour des directeurs. En quelques heures de la
conversation la plus agréable et en apparence la plus
légère, il vous apprendra plus de choses de ce pays
singulier que tous les volumes de M. Marlès et consorts, que vous avez eu le courage de lire, et — sans
leur faire de tort — plus aussi, je pense, que vos
voisins de Madras, dont vous recevez occasionnellement
des visites.

Adieu, cher monsieur de Meslay; je me souviens trop
bien de vous pour douter un instant que M. Ingles

ne reconnaisse en vous un compatriote et un ami de son ami du Thibet. Je n'oublierai jamais les sept mois que j'ai eu le bonheur de passer dans la même prison que vous, et je regrette souvent ce temps à cause de vous.

Agréez de nouveau, cher monsieur, l'assurance de ma grande considération et de mon bien sincère attachement.

LXVI

A M. JOSEPH DE HEZETA, A CALCUTTA.

Dehli, 1er janvier 1831.

Mon cher ami, comme il n'y a personne ici pour me donner des étrennes, je me les donnerai à moi-même, et, pour commencer, je répondrai à votre lettre du 13 décembre, que j'ai reçue hier. Viendront ensuite père, frères et amis de Paris. Il y a un an, à pareil jour, j'étais à Bénarès, arrivé de la veille. Mes lettres du 1er janvier dans l'Inde sont datées de lieux célèbres. Mon ami, les touchantes protestations d'amitié que vous venez de me faire ne peuvent rien ajouter à mon affection pour vous, ni à l'intime conviction que j'ai de votre retour. Votre idée qu'après quarante ans il ne reste plus de chances d'amitiés nouvelles, est vraie en général; mais elle admet, heureusement pour moi, bien des exceptions. C'est parmi les hommes de votre âge que je trouve mes amis les plus tendres. Ils avaient trente ou

quarante ans quand j'en avais vingt. Ils m'aimèrent
alors comme un jeune frère. Depuis, chaque année a
rapproché nos âges, dont la différence est devenue
tout à fait insensible dans nos relations. N'en est-il
pas ainsi déjà entre nous? Mon cher Hezeta, il m'est
impossible de souscrire aux compliments que votre
tendresse vous a dictés. C'est à moi d'être fier de votre
amitié et de la dispense d'âge que vous m'avez accordée. J'ai grande envie de bien faire, quelle que
puisse être la sphère de mes actions, et le droit d'espérer commander par là l'estime de ceux qui me connaissent; mais je débute dans la vie, et plusieurs
actes de la vôtre ont réalisé ce que je ne fais que pro-
jeter.

Mon voyage en Cachemire ne s'annonce pas merveilleusement. Je désirais de fortes recommandations
du gouvernement anglais pour Rundjet-Singh. J'écrivis
pour les obtenir à lord William Bentinck. Sa réponse,
fort bienveillante d'ailleurs, ne me dit ni oui ni non : de
sorte que j'ai dû l'importuner de nouveau pour savoir
si c'était oui ou non. M. Toby Prinsep, en conséquence
de ma deuxième demande, a écrit au résident, qui est
l'homme dont j'ai besoin, et a donné plus de latitude à
son pouvoir de me servir. Cependant, ce pouvoir est
encore fort borné, et, par un fâcheux hasard, le résident, M. Martin, est le premier officier public que j'aie
rencontré depuis Calcutta qui n'ait montré aucun intérêt pour l'objet de mon voyage. Après tout, je peux
me passer de lui. M. Allard, l'officier français qui com-

mande la cavalerie de Rundjet-Singh, m'a envoyé des
passe-ports pour que je puisse franchir librement le
Sutledje et voyager, de là, jusqu'à Lahore. Une escorte
de cavalerie prendra charge de ma personne à Loodianah, et son chef est requis par M. Allard de me marquer
le plus grand respect. M. Allard veut m'entourer à Lahore de la plus haute considération et me ménager
avec le radjah un accueil très-distingué. C'est comme
un moyen d'assurer plus solidement le succès de ses
propres efforts en ma faveur, qu'il m'avait recommandé
de porter une introduction des autorités anglaises. Je
partirai dans une huitaine de jours pour Lahore. Adressez-moi vos lettres à l'avenir : *Care of Capt. Wade,
political agent at Loodianah.* Qu'elles soient fréquentes,
mon ami! vous avez plus de loisir que moi.

Je n'abhorre pas moins que vous, Hezeta, la double
invasion des Français en Espagne. Et je juge avec bien
plus de sévérité que vous ne faites ceux de mes compatriotes qui, libres de refuser de marcher à cette
horrible guerre, y marchèrent contre leur conscience.
Il n'y a malheureusement, parmi les militaires français,
que le vulgaire mérite du courage. Ils sont en dehors
de la cité. Ils ne comprennent pas ce que c'est que la
loi. Vous les avez vus gendarmes à Paris au 28 juillet 1830, comme en Espagne en 1823. J'espère, mon
ami, que nous vous avons vengés à Paris du mal qu'ils
vous avaient fait en Espagne. Comme je n'y étais point,
ma qualité de Parisien ne m'interdit pas d'exprimer
mon admiration pour les hommes et les événements

des derniers jours de juillet; il était impossible de faire
mieux. Une armée peut en vaincre une autre, mais une
armée ne peut rien contre une nation. L'Espagne a la
gloire de la première résistance nationale, résistance
en même temps victorieuse, à Bonaparte. Je ne suis
pas si content de la chambre des députés que de la
nation. Je crois que l'abolition de la pairie eût été
agréable à la majorité des électeurs, et cette grande
mesure ne pouvait être exécutée que pendant l'inter--
règne et la souveraineté de la chambre des députés.
Tout le monde en France veut deux Chambres; mais
je crois que mon opinion individuelle pour les avoir
toutes deux électives, à des conditions différentes d'é-
ligibilité, comme le Sénat et le Congrès aux États-Unis,
ou le Sénat à vie de Bonaparte, est d'accord avec celle
de la majorité pensante de la nation. Je n'approuve
pas également toutes les nominations faites par le duc
d'Orléans. M. de T... est un personnage qu'un roi honnête homme n'aurait pas dû recevoir. M. P... servira
volontiers d'instrument à un gouvernement libéral,
comme il en a servi à Bonaparte et à Louis XVIII.
Préfet de police sous le premier; emprisonnant, par le
devoir de sa place, quantité d'honnêtes gens, sans en
avoir légalement le droit; ouvrant les lettres à la poste,
alors que le Code punissait ce crime de peines infa-
mantes ; puis, ministre sous Louis XVIII, courant les
congrès où se tramait l'esclavage de l'Europe, M. P...
mériterait, en bonne justice, une condamnation sévère.
Cependant, je ne réclame pas contre lui la stricte

exécution de la loi ; mais, pour cet homme et tous
ceux de sa détestable école, c'eût été, je pense, assez
de générosité que de leur laisser la vie, la liberté,
leurs richesses, l'obscurité et le mépris. Quel dédain
de la loi nous avons presque toujours vu, jusqu'ici,
chez nos gouvernants! Par exemple, il n'y a pas un
ministre de la marine, depuis 1815, qui n'ait fermé
les yeux sur la traite des noirs, qui ne l'ait même
secrètement favorisée, alors que la loi punissait avec
rigueur toute participation à ce trafic. La connivence
des ministres était donc une complicité dans ce que la
loi appelle crime.

Je voudrais ne voir appeler au pouvoir que des
hommes nouveaux, ignorés, vierges de tous précédents.
Je regrette de n'être pas en France, où mes amitiés
me donneraient quelque peu d'influence. Je connais
personnellement, plus ou moins, la plupart des hommes
du gouvernement provisoire et du nouveau cabinet, et
j'appelle l'un d'eux mon ami. D'autres sont députés, et,
quoique plus vieux que moi, me font l'honneur de ne
pas tenir compte de cette différence. Je ne sais trop
comment il se fait que, physicien de mon métier, vivant d'herbes et de pierres, je me trouve engagé de la
sorte dans le monde politique. Mon vieux père, qui
est littéralement amoureux de moi, m'écrivait, dans sa
dernière lettre (22 juillet), que plusieurs de ces gens-
là, qui le visitent souvent pendant mon absence pour
avoir de mes nouvelles ou lui en donner, lui ont témoigné le désir de me voir faire autre chose que de la

botanique et de la géologie. Ils voudraient me voir
avec eux où ils sont, et disent que je suis fait pour des
succès en ces lieux. Je ne sais, mon cher Hezeta, si je
ne m'abuse étrangement sur mes aptitudes naturelles,
mais je me prends quelquefois à penser que mes amis
se trompent sur la mesure de ma capacité. Je vais
donc continuer à travailler vigoureusement ma *Géologie de l'Himalaya*, ma *Flora Thibetica*; après quoi,
nous verrons.

Je vous remercie, comme Français, de la noble santé
que vous avez portée au banquet de Calcutta. Hier, il y
en avait un à Delhi. Tous les officiers civils et militaires de cette station s'y trouvèrent, à l'exception des
deux chefs. J'étais le seul étranger et le seul invité.
L'année 1831 nous trouva encore autour de la table,
que je quittai un des premiers, à une heure et demi du
matin. Il y eut des *speeches* sans nombre, *tous* con-
cluant par un *toast*. Force me fut de m'infecter. Je
crains d'avoir dit quelques sottises, ou au moins quelques platitudes. Je ne me rappelle que ma conclusion:
England and France for the world. Il est bien stupide
à moi de ne savoir dire quatre mots en anglais.

Votre visite aux Ryan me donne à penser que lady
Ryan est encore à Calcutta. Je la croyais embarquée.
Adieu, mon ami; santé et prospérité dans votre sucre
et votre indigo. Je vous aime et vous embrasse de tout
mon cœur.

LXVII

A M. VICTOR DE TRACY, A PARIS.

Delhi, 12 janvier 1831.

C'est en descendant de l'Himalaya, au mois de novembre dernier, que j'ai appris les glorieux événements de Juillet. C'en est donc fait, mon ami, du droit divin, et de la légitimité, et de la charte octroyée, et des autres absurdités de notre vieux système politique! Que d'admiration cette victoire excite parmi nos anciens ennemis dont je suis l'hôte en ces contrées lointaines! Quelle nation a jamais excité le concert de sentiments d'enthousiasme et de reconnaissance qui s'élève de toute part pour le nom français? Quelle réhabilitation! quelle gloire!

C'est à Delhi que j'ai repris les couleurs de la liberté! Quel souvenir pour le reste de mes jours! Si ce grand drame a un développement digne de ses premières scènes, non-seulement il amènera une bienfaisante révolution politique dans la plupart des États européens, mais encore il changera entièrement les relations politiques des peuples entre eux. L'envie, la haine, en ont été la base jusqu'ici : la bienveillance, la bonne foi, devront y présider désormais.

Je viens de lire les journaux français jusqu'au 10 août; et, dans le dernier de ces journaux, j'ai vu

avec plaisir votre nom dans la commission chargée du
rapport sur les propositions de M. Bérard. Je ne comprends pas la Chambre, je l'avoue. Elle me paraît souvent, dans ses délibérations, oublier qu'une révolution
la sépare de la session dernière. C'est une belle chose
que la modération dans la victoire; mais je redoute
l'excès du bien. A voir bon nombre des nominations
faites par le lieutenant général du royaume, je pourrais
croire qu'il n'y a eu d'autre changement en France
que le renvoi de M. de Polignac et le rappel de son
prédécesseur. Était-ce donc la peine de faire une révolution pour M. de Martignac? L'exercice du pouvoir
politique a été presque toujours, depuis quarante ans,
une souillure indélébile. Il n'est pas un préfet de
l'Empire qui n'ait ordonné des arrestations arbitraires,
qui n'ait eu son cabinet noir, etc., etc. Cependant,
l'article du Code pénal contre les emprisonnements
illégaux et la violation du secret des lettres était le
même qu'aujourd'hui... Que l'exclusion des hommes
de ce temps-là, et des temps également corrompus qui
vinrent ensuite, soit donc la règle du gouvernement,
et que l'on y fasse peu d'exceptions!

J'honore la chambre des députés de novembre 1827
pour son adresse au roi; le principe de la réélection
des votants de l'Adresse, si fidèlement exécuté, fait en
quelque sorte, de la Chambre de 1830, la même assem-
blée de 1827; et, après tout, il ne faut pas s'étonner
peut-être si, aux conditions de son existence, élue sous
le double vote et le minimum d'âge de quarante ans,

elle n'est pas plus vigoureuse. Mais, enfin, elle me
semble avoir bien peu compris quel immense pouvoir
la révolution du 29 juillet a mis dans ses mains. On ne
fait pas une révolution dans les formes légales. Qu'en
aurait-il coûté à la chambre des députés pour faire raison de la pairie hérédidaire? — un simple décret! —
mais non dans les formes ordinaires, non soumis à la
sanction du trône, puisqu'il n'y avait pas de trône, ni
de la chambre des pairs existante. Comment croire
que celle-ci se suicidera? A l'exclusion des pairs de
M. de Villèle, j'aurais ajouté au moins l'abolition de
l'hérédité, gardant peut-être le nom de pairie (au lieu
de celui de sénat), en déclarant qu'à l'avenir la pairie,
toujours à vie, serait élective.

Je désire que votre position particulière donne plus
d'influence à votre opinion sur cette question dans la
commission dont vous êtes membre.

Samalkah, près de Panipat, 28 janvier.

Je n'ai pu finir cette lettre à Delhi, où j'ai été retenu
cependant bien plus longtemps que je ne pensais, mais
tellement surchargé de besogne, qu'il ne me restait
aucun loisir pour vous écrire. Je profite de ceux que
me donne ma marche au travers d'une contrée monotone et dépourvue d'intérêt.

J'ai vu, depuis le jour où je vous écrivais à Delhi, les
journaux anglais jusqu'au 24 août. Quoique toutes
leurs nouvelles de France ne me soient pas également

agréables, je ne puis cependant qu'être extrêmement
satisfait de l'ensemble. Mais à quoi bon vous parler
de ce qui sera si loin de vous après un an d'intervalle,
quand ces lignes vous parviendront? Toutefois, je
veux, mon ami, vous faire mon compliment le plus
sincère sur votre motion pour l'abolition de la peine
de mort. Je n'ai lu qu'une traduction anglaise de vos
paroles, mais elles étaient encore éloquentes; la preuve
en est que, si on l'eût mise aux voix sans délibération
et que j'eusse été là, j'aurais voté pour vous. Cependant, j'ai rarement pensé à cette grande question
au point de vue de la justice; et, sous le rapport
d'utilité et d'expédient, je partage machinalement
l'opinion du vulgaire. — Cette motion est, à mon gré,
tout ce que vous avez dit et fait de mieux; j'espère,
mon ami, que vous aurez la gloire d'avoir attaché
votre nom à la plus grande conquête de l'humanité.
Je ne connais aucun homme plus digne que vous
d'une telle gloire. Il y a du courage à motiver comme
vous l'avez fait l'urgence de cette motion. Vous avez
exposé votre popularité, enjeu le plus gros de tous
pour un homme politique; — mais vous n'êtes pas un
homme politique, vous êtes au-dessus de ce caractère.

Reste à savoir si le défaut d'éducation morale, si
commun encore parmi toutes les classes de la nation,
rend opportun, dès aujourd'hui, le changement que
vous proposez dans nos lois pénales. Il n'y a pas de
moralité dans les opinions du monde, du grand monde
surtout, d'où nous viennent les grands coupables, et où

ils retournent riches et considérés après avoir commis pendant leur pouvoir toute sorte d'infamies. N'avez-vous pas, comme moi, la triste conviction qu'il y a des hommes qui naissent malheureusement dépourvus de tout sentiment de moralité? Quelle éducation morale à donner à ceux-là? Abolissez la peine de mort, soit; mais substituez-lui la reclusion perpétuelle. — Si votre bill passe en France, je suis persuadé qu'un bill semblable ne tardera pas à être proposé en Angleterre, et l'influence que nous sommes appelés, ce me semble, à exercer sur les destinées politiques de l'Espagne et de l'Italie pourra aussi y faire adopter le même principe. Quand tous les gouvernements européens seront devenus ainsi *quakers* au dedans, la guerre paraîtra une chose étrange et bien horrible. Vous êtes encore assez jeune pour voir l'aurore de cet âge nouveau.

Gardez pour moi ce que vous écrivez. Quelque jour, je serai votre hôte à Paray. C'est là que j'aimerais à suivre le cours des événements passés dans notre pays en mon absence, et à lire l'accomplissement de ces projets dont nous nous y sommes si souvent entretenus ensemble. Quelque élégante que soit ma petite tente indienne avec ses toiles de couleur, et quelque confortable qu'elle me paraisse au milieu d'une plaine de sable aride dévorée d'un soleil brûlant, je la déserterais volontiers, je vous assure, pour aller causer sur vos tisons. — Toutefois, je n'en prends pas la route, et, de l'orientement de ma marche, vous pouvez conclure que je ne souffre pas du mal du pays. Je vais à

Lahore, à Attock, visiter les bases de l'Hindou-Kush, puis Cachemire, et c'est par Ladak, ou quelque autre province du Thibet occidental, que je compte rentrer dans l'Inde. J'ai cru qu'il y avait urgence pour moi à visiter une contrée célèbre, dont la jalousie du radjah Rundjet-Singh ferme l'entrée aux voyageurs anglais : vous savez, au contraire, quelles chances d'un accueil favorable m'y attendent. Je n'ai négligé aucun des moyens de les rendre encore plus assurées. Mon père vous le dira. Il vous dira aussi que j'ai consulté dans cette affaire plutôt le zèle que la prudence. Mes crédits du Jardin des Plantes expirent avec cette année, et ce n'est qu'au 1er novembre prochain que je puis espérer d'être revenu à Delhi. Je n'ai donc présentement aucun moyen de retour en Europe. Mais j'ai la ferme confiance que le ministre de l'intérieur me les accordera d'urgence, comme, d'urgence, j'en contracte le besoin. J'aurais regretté toute ma vie, après mon retour en Europe, d'avoir eu une occasion de visiter ces contrées célèbres et mystérieuses et de n'en avoir pas profité.

Je vais écrire un court mémoire à cet effet, et c'est à vous, mon ami, que je l'adresserai pour le faire valoir en bon lieu.

Si j'avais eu plus d'argent qu'il ne m'en faut pour oser entreprendre le voyage du Pundjâb, peut-être aurais-je fait l'imprudence de commettre sur la Jumnah et le Gange, de Delhi à Calcutta, les vastes collections que j'ai formées depuis mon départ du Bengale, et je les aurais fait embarquer à Calcutta pour un port

de France. Mais je me félicite que l'impérieuse nécessité m'ait commandé de laisser ce précieux dépôt dans
le magasin militaire de Delhi, où je le retrouverai
dans neuf mois fidèlement conservé, à moins que les
poudres et toute la ville n'aient sauté dans l'intervalle.
La navigation du Gange est trop aventureuse pour que
je lui confie le transport de mes collections, et, d'ailleurs, malgré le grand nombre de mes connaissances
à Calcutta, je ne sais personne qui pût, sût ou voulût
prendre le soin difficile de les embarquer pour l'Europe. Il va sans dire que j'ai laissé à Delhi toutes les
instructions nécessaires pour les y envoyer, si je venais à mourir dans ma campagne actuelle. Je ne devais pas oublier cette chance, puisqu'elle a été celle
du seul voyageur européen qui s'est aventuré naguère
dans ces contrées, M. Moorcroft. Quelque grande confiance que l'on ait en sa bonne étoile, il faut cependant
se rendre aux faits : la très-grande majorité de ceux qui
ont fait dans l'Inde le métier que je fais, y sont morts.
Il va sans dire que je trouve toute sorte de raisons
pour ne pas les imiter. Il y en a deux réelles : mon régime frugal et l'excessive laideur des beautés de l'O-
rient, qui me rend très-facile une vertu de la plus haute
importance pour un homme qui va souvent à pied et à
cheval tout le jour, souffre du froid et du chaud, de la
pluie et de la bise.

M. de la Fayette aura eu tant d'amis à recommander,
que je préfère vous laisser la direction suprême de mes
intérêts. Vous vous concerterez avec lui pour les ap-

puyer, et avec ceux que vous pensez me porter de l'intérêt. J'ai, vous le savez, trop peu cultivé M. de Schonen depuis que je fis connaissance avec lui à Paray;
mais je le connus alors assez pour lui porter un véritable attachement. Si vous croyez qu'il me paye de retour, appelez-le à votre aide. Si M. de Broglie est encore au ministère, il pourra, sans doute, me servir
directement. S'il ne le peut dans son département,
qu'il parle de moi à son voisin. Je lui ai déjà une obligation, celle d'une lettre de recommandation pour lord
William Bentinck qu'il voulut bien me donner à la
requête de Lascours. Je passai alors une heure à
causer avec lui. Je lui ai écrit peu de temps après
mon arrivée à Calcutta pour le remercier de la bienveillante réception que j'avais reçue du gouverneur
général et dont je faisais en grande partie honneur à
sa recommandation. Il ne peut m'avoir oublié.

Bonsoir, cher ami; j'espère vous dire encore quelques mots demain à Paniput, où j'irai camper. Je me
rappelle vous avoir écrit il y a dix mois de ce lieu célèbre. Je regarde avec satisfaction le temps qui s'est
écoulé depuis, parce que je sens qu'il a été bien employé. Adieu.

Umbalah, dans le pays des Sykes protégés, 8 février.

Je vous envoie le petit mémoire que je vous annonçais l'autre jour. J'aurais voulu le pouvoir réduire à
un moindre nombre de pages. J'ai informé le Jardin
de cette démarche sans nommer l'ami qui voudrait

bien la suivre pour moi. J'écris, en outre, à ceux de ses habitants que je sais m'être bienveillants. Il y en a un avec lequel je suis lié d'amitié : c'est M. Adrien de Jussieu, homme de mon âge et infiniment distingué. Veuillez vous entendre avec lui sur ce qu'il y a de mieux à faire pour moi.

Si M. Guizot est encore ministre, il me semble que je puis me flatter du succès. Tout dépendra de l'opinion qu'on lui fera concevoir de ma capacité.

Il y a une chose que je n'ai pas dite dans mon mémoire, parce qu'elle eût eu l'air d'une menace et aurait aliéné la bienveillance dont j'ai besoin. Mais je crois que vous devez ne pas la laisser ignorer. Si le gouvernement m'abandonne dans ce pays sans aucunes ressources, il faudra bien que je cherche à m'en créer moi-même, et le seul moyen que j'aperçoive, quoiqu'il me répugne fort, serait de traiter avec le gouvernement anglais pour tous les résultats de mon voyage qui sont encore entre mes mains.

Il n'y a pas un jour à perdre. Si je dois être payé sur les fonds du ministère de l'intérieur, veuillez vous concerter avec Adrien de Jussieu et M. Benjamin Delessert pour me faire parvenir en *duplicata*, par le plus court délai, mes nouvelles lettres de crédit sur la maison *Truttenden, Mackillop and Cᵒ*, de Calcutta, ainsi que par le passé. Mais il serait préférable que je fusse payé sur les fonds de la caisse de Chandernagor, par les raisons que j'ai dites dans mon mémoire.

Ce qui est important, c'est que la totalité des allocations que je demande me soit faite sur un seul ministère. Mendier quelques milliers de francs de l'un et de l'autre pour en compléter annuellement la somme serait le moyen de ne rien obtenir. Dites tout ce que votre opinion trop favorable de ma capacité me permettra de faire. Merveilleusement secondé comme je le suis, par la bienveillance extraordinaire que me témoignent les autorités anglaises dans l'Inde, faites de mon entreprise une affaire nationale, et le succès me semble assuré.

Adieu, cher et excellent ami ; je vous quitte plein de confiance. Je vous écrirai encore de Loodianah avant de passer le Sutledje. Adieu ; dites à monsieur votre père que je songe souvent avec tendresse à l'amitié paternelle qu'il me témoigna dans mes plus jeunes années. Rappelez-moi au souvenir de vos sœurs et de tous nos amis ; Chaper surtout, s'il est à Paris, car il y a bien longtemps que je ne lui ai pas écrit.

Adieu encore ! Je vous embrasse de tout mon cœur.

LXVIII

A MM. LES PROFESSEURS ADMINISTRATEURS
DU MUSÉUM, A PARIS.

Kurnaul, 1er février 1831.

Messieurs,

La dernière lettre que j'ai eu l'honneur de vous écrire

était datée de Tchini, en Kannawar, le 15 juillet 1830, et numérotée 7.

Je vous rendais compte sommairement de mes excursions dans l'Himalaya indien, entre la vallée du Gange et celle du Sutledje.

J'ai passé tout l'été sur le versant septentrional de l'Himalaya, tantôt sur la rive gauche, tantôt sur la rive droite du Sutledje, et j'ai remonté jusqu'à six journées de marche au nord du 32ᵉ degré de latitude la vallée du Spiti, le plus large des affluents de ce fleuve à l'est. Beckhur a été la limite de mes excursions. C'est une chétive forteresse gardée par des Thibétains soumis à l'autorité chinoise. Je n'aurais pu m'approcher davantage du lac Mansarover sans rencontrer des obstacles bientôt insurmontables. Au contraire, dans la grande vallée du Spiti, qui est un petit État sans défense et nominalement indépendant de ses voisins, j'avais une entière liberté de mouvements. Je ne trouvai de difficulté que pour pénétrer dans ses parties supérieures, dont l'entrée est fermée par quelques territoires chinois. Je passai toutefois sans molestation ni querelle.

Je partageais, avant d'avoir fait ce voyage, l'opinion généralement admise par les Anglais, que le Sutledje, après avoir coulé longtemps au nord de l'Himalaya, appuyant sa rive gauche à la base septentrionale de cette grande chaîne, passait par une énorme échancrure entre Bissahir et Koullan. Cette vue est inexacte. Cette chaîne colossale de l'Himalaya, que des neiges éternelles font apercevoir de si loin des plaines de

l'Inde, n'est elle-même qu'un objet peu remarquable
par sa hauteur, comparée aux autres systèmes de montagnes qui s'élèvent au nord derrière elle. Elle s'abaisse
graduellement vers le nord-ouest, et c'est au lieu où
elle expire que le Sutledje passe au sud dans les
plaines de l'Inde. Les montagnes de Koullau et leurs
pics neigeux, que les physiciens anglais ont décrits
comme le prolongement de cette chaîne au delà de
l'immense excavation qui donne passage au Sutledje,
ne me semblent être, au contraire, que le prolongement très-régulier d'une chaîne plus septentrionale
qui domine sans interruption la rive droite du Sutledje. Au delà de cette seconde chaîne, la contrée
tout entière continue à s'élever, et les montagnes s'en-
tassent les unes sur les autres dans une confusion
telle, qu'il est absolument impossible de découvrir
aucun ordre dans leur arrangement.

C'est au travers de ces montagnes amoncelées qu'est
creusée, du sud au nord et ensuite du sud au nord-
ouest, la vallée du Spiti. Au lieu le plus éloigné que
j'en visitai, elle était élevée de quatre mille mètres au-
dessus du niveau de la mer. J'ai trouvé des villages et
des cultures à près de mille mètres plus haut, et des
plantes phanérogames à une élévation bien plus grande
encore.

Comme toute la contrée à la fois s'élève sur une immense étendue, elle a un climat beaucoup moins rigoureux que ne le feraient supposer les circonstances réu-
nies de sa latitude et de son niveau absolu. Il y a peu

de villages dans l'Himalaya indien au-dessus de deux mille quatre cents mètres. Leur élévation moyenne en Kannawar est de trois mille mètres; elle est de quatre mille mètres dans le bassin des eaux du Spiti. La limite des cultures s'élève comme celle des habitations humaines, et la ligne inférieure des neiges permanentes demeure parallèle aux unes et aux autres, si elle ne s'en écarte pas davantage à mesure qu'on avance vers le nord.

Le climat de cette étrange contrée est d'une sécheresse extraordinaire. Malgré l'énorme différence de la température de l'air pendant le jour et pendant la nuit dans les vallées, je n'y ai jamais aperçu une trace de rosée. Il tombe peu de neige en hiver, il pleut quelquefois au printemps et bruine rarement en automne, lorsque des nuages très-bas se traînent dans les vallées.

J'ai rapporté de ce voyage un grand nombre de plantes et de semences. *Aucune* de ces espèces ne se trouve de ce côté de l'Himalaya. On conçoit aisément comment, sous des climats opposés, quoique dans des contrées si voisines, on conçoit, dis-je, aisément comment la végétation doit être absolument différente.

Mes collections minéralogiques ne sont pas moins considérables. La nudité des montagnes favorisait les observations de géologie; celles que j'en ai faites suggèrent, si je ne m'abuse, des vues fort nouvelles sur les terrains primitifs. J'aurai l'honneur de vous les présenter quand je pourrai mettre sous vos yeux la série de mes observations et les coupes nombreuses qui me paraissent appuyer bien fortement ces considérations.

Il y a parmi mes collections géologiques un grand nombre de fossiles crustacés qui se rencontrent dans diverses couches d'un terrain secondaire développé sur une étendue et avec une épaisseur immense, au nord de l'Himalaya, dans la Tartarie indépendante, le haut Kannawar-Hangarou et le Thibet chinois.

Le 3 octobre, j'ai repassé au sud de l'Himalaya indien par un de ses cols les plus bas, Bouroune-Ghanti, dont l'élévation excède à peine quinze mille pieds anglais. Descendant la vallée du Paber et passant de là dans celle du Girre, je revins à Simlah, d'où je retournai à Saharunpoor par une route sinueuse au travers des dhoons ou vallées inférieures creusées au pied des premiers gradins de l'Himalaya. Je regagnai heureusement les prairies sans fièvre.

Plusieurs voyageurs anglais ont passé le col de Bouroune, et tous se plaignent de céphalalgies et de nausées qu'ils y ont éprouvées. J'ai passé dans des lieux bien plus élevés, puisque trois fois j'ai campé au-dessus de seize mille pieds, et, pour aller à Beckhur, j'ai eu à traverser des cols élevés de plus de dix-huit mille pieds. Je n'ai jamais ressenti aucun des effets fâcheux dont se plaignent tous les voyageurs sur les hautes montagnes, et je n'en ai jamais observé les symptômes dans un seul des nombreux compagnons de mes courses. J'ai vécu sept mois dans l'Himalaya; je me suis élevé graduellement de sa base à ses sommets; lorsque, pour aller à

Beckhur, je montai quatre fois jusqu'à six mille mètres, il y avait deux mois que je n'étais presque jamais descendu au-dessous de trois mille; de là, j'étais allé camper à quatre mille mètres; après quelque séjour à cinq mille. Quand l'ascension est si graduelle, les poumons s'accoutument aisément à jouer avec liberté dans une atmosphère graduellement plus raréfiée. C'est un changement très-considérable de niveau dans un court espace de temps qui les affecte et qui produit l'oppression dont Saussure et tous ceux qui ont monté après lui sur le mont Blanc se plaignent, bien avant que d'arriver à la cime.

Tandis que j'étais en Kannawar, je reçus une lettre aussi obligeante qu'inattendue de M. Allard, officier français qui commande les armées de Rundjet-Singh, roi du Pundjâb. Il m'écrivait pour me dire qu'ayant appris mon arrivée à Simlah et l'objet de mon voyage, il espérait que sa situation dans le royaume de Lahore lui fournirait les moyens de m'être utile si j'avais l'intention de visiter le Pundjâb. Je répondis à M. Allard que les plaines du Pundjâb n'offriraient sans doute à un naturaliste qu'un médiocre intérêt; mais que, s'il pouvait, par son crédit près du radjah, m'obtenir des passe-ports pour Cachemire, je croirais devoir profiter d'une si précieuse occasion de visiter une contrée rigoureusement fermée jusqu'ici aux voyageurs anglais par la défiance jalouse de Rundjet-Singh.

J'ai été constamment, depuis ce temps-là, en commerce de lettres avec M. Allard, et, comme il m'avait conseillé d'obtenir des recommandations du gouvernement anglais, c'est-à-dire du gouverneur général de l'Inde, je dois à ce dernier, à lord William Bentinck, une marque d'estime et de bonté dont je serai toujours reconnaissant; il a fait pour moi ce qui a été invariablement refusé à tous les officiers de sa propre nation qui avaient prié le gouvernement de Calcutta d'appuyer la demande qu'ils avaient faite à Rundjet-Singh de voyager dans ses États Je serai dans vingt jours à Lahore, où l'appui de M. Allard et la recommandation amicale de lord William Bentinck m'assurent une excellente réception.

Mon projet est d'aller jusqu'à la base de l'Hindou-Kush. Qu'il me soit permis cependant, messieurs, de vous dire que l'exiguïté de vos fonds pour vos voyageurs impose malheureusement à votre bienveillance envers moi des limites si étroites, qu'il m'est matériellement impossible avec ces seules ressources de tirer tous les avantages que m'offre une position exceptionnelle pour l'accroissement des collections du Muséum.

C'est pourquoi j'ai écrit à M. le ministre de l'intérieur pour solliciter de lui ce qu'il ne vous est point possible de m'accorder. J'ai prié l'ami que j'ai chargé d'appuyer cette démarche de soumettre à votre approbation mon court mémoire au ministère, et j'ai la confiance que, si vous avez recommandé au gouvernement les propositions que je lui ai faites, il les aura déjà accueillies.

Je réponds, messieurs, par une haute reconnaissance

aux vœux que vous voulez bien m'exprimer pour ma santé, et je vous prie d'en agréer l'assurance la plus sincère et celle de la haute considération avec laquelle j'ai l'honneur d'être, messieurs,

Votre très-humble et très-obéissant serviteur.

LXIX

A LORD WILLIAM BENTINCK, A CALCUTTA.

Kurnaul, 4 février 1831, en route vers Loodianah.

Milord,

C'est par discrétion, c'est par respect pour vos rares loisirs, que j'ai différé jusqu'ici de vous accuser réception de la lettre que vous m'avez fait l'honneur de m'écrire de Keitah le 26 décembre dernier.

Je croyais, dans mon erreur, que les motifs qui avaient fait constamment refuser par votre gouvernement toute espèce d'assistance à ceux de ses officiers qui l'avaient sollicitée pour visiter le Pundjâb et ses dépendances étaient d'une tout autre nature. Je croyais que c'était la crainte de les voir maltraités au delà du Sutledje, et l'obligation nationale de ressentir leur injure, qui seules avaient fait interdire aux citoyens anglais de voyager dans les États de votre voisin Rundjet-Singh; et, conséquent à cette première erreur, je m'imaginais qu'un étranger, qui n'avait pas les mêmes droits à la protection nationale de votre gouvernement et dont le sort lui devenait tout à fait indifférent dès qu'il sortait des provinces soumises à ses lois, pouvait en recevoir, par cela même, plus d'assistance dans le cas d'une demande semblable. J'avoue, milord, que je n'aurais jamais pu supposer au gouvernement anglais dans l'Inde la crainte de voir le voyageur dont il aurait ainsi noblement favorisé les vues, reconnaître ce bienfait par l'ingratitude et la trahison, et se livrer à des intrigues dirigées contre votre pouvoir. Si le cabinet de quelque cour européenne, stupidement ignorante de la colossale structure du pouvoir anglais dans l'Inde, voulait envoyer des agents politiques secrets aux petits princes natifs vos alliés, et dans le Pundjâb particulièrement, il me semble que ces ridicules et honteuses missions sauraient trouver par la Russie et la Perse une route plus directe que par Calcutta.

Qu'il me soit permis, milord, de vous exprimer ma reconnaissance pour la faveur toute spéciale dont vous m'avez cru digne. M. Martin m'a présenté au vakil de Rundjet dans la forme que vous aviez bien voulu prescrire, et je ne doute pas que cette démarche bienveillante ne m'assure une réception favorable du radjah.

Privé comme je le suis jusqu'ici de lettres de France depuis la révolution, les journaux que vous avez la bonté de m'envoyer me sont d'un prix que ma gratitude ne peut reconnaître. Louis-Philippe justifie admirablement le magnifique éloge que vous aviez bien voulu me faire de votre ami le duc d'Orléans. Nous avions justement pressenti la haute fortune publique de M. Victor de Broglie. Son chétif ministère de l'instruction publique lui laisse tout le loisir de présider aux travaux du Conseil d'État et de prendre la plus grande part à la réforme législative dont nous avons besoin. Je ne doute pas que ce ne soit la raison qui lui ait fait donner ce mince portefeuille.

Je me hâte de finir, milord, en vous priant de vouloir bien agréer l'assurance du respect avec lequel j'ai l'honneur d'être

Votre très-humble et très-obéissant serviteur.

LXX

A M. DE MESLAY, A PONDICHÉRY.

Camp à Kunnah, 12 février 1831.

Cher monsieur,

D'abord, pour vous dire où est Kunnah sans latitude ni longitude, si je vous eusse écrit hier, c'eût été de Sirhind et cette lettre vous sera expédiée de Loodianah, où j'arriverai après-demain. Me voici donc sur la frontière du Sutledje et tout près de la passer; dans huit jours, je serai à Lahore, et, dans deux ou trois mois, à Cachemire, après avoir visité l'Hindou-Kush, qui sépare l'Himalaya du Caucase de Khorassan. Au bout du monde où vous êtes, vous ne pouvez cependant ignorer que le radjah du Pundjâb, si jaloux des

Anglais, ne permettrait pas à un homme de mon métier de visiter ses États, s'il était de leur nation. Ma nationalité française m'est ici d'un grand secours; car déjà Rundjet-Singh, comme le pacha d'Égypte, a plusieurs officiers français dans ses armées, et l'un d'eux, dont on s'accorde à dire beaucoup de bien de ce côté du Sutledje, est son généralissime. Il s'appelle monsieur, ou le chevalier Allard. Il m'écrivit au Thibet l'été dernier, ayant entendu parler de moi, m'offrit toute sorte d'assistance si je me décidais à faire une excursion au delà du Sutledje, depuis six mois, nous avons été constamment en -correspondance, et cette correspondance me fait penser de lui tout le bien qu'en disent les Anglais.

Lord William aussi m'a été d'un grand secours. Il a bien voulu faire pour moi ce qui a été invariablement refusé à tous les savants anglais qui lui avaient adressé, à lui ou à ses prédécesseurs, une demande semblable. Il appuya personnellement ma petite négociation avec Rundjet-Singh pour obtenir des passe-ports pour Cachemire. J'y retourne donc cent soixante ans après Bernier, sans son esprit, sans sa profonde connaissance des hommes et des choses de l'Inde, mais avec d'excellents baromètres et quelques autres instruments de physique, avec six charges de papier gris pour sécher des plantes, et enfin bien des connaissances dont manquait Bernier, qui était né trop tôt pour les posséder. J'ai le droit de me flatter que je rapporterai de cette expédition un peu aventureuse bien des cho-

ses nouvelles pour me récompenser des privations,
des fatigues et des misères auxquelles sans doute elle
m'exposera souvent. J'ai une barbe de quatre mois,
qui ne laisse pas que de me donner l'air grave qui
convient *au puits de la science et à l'abîme du savoir;*
car c'est sous ces titres modestes que, par ordre de
lord William, le résident de Dehli me présenta au ministre de Rundjet-Singh accrédité près de luï. J'ai de
plus une quantité de médecines héroïques qui tuent
leur homme ou le sauvent dans les vingt-quatre heures, et quantité d'élixirs les plus immodestes, teintures
de cantharides, qui me feront bien des amis, j'espère,
dans le Pundjâb et à Cachemire, à commencer peut-
être par le radjah, qui depuis longtemps n'en peut
mais; les pauvres diables sont punis par où ils ont péché. Rien de si commun dans les hautes classes que
l'impuissance à vingt-cinq ans. Ils viennent à vous, et,
sans vergogne, vous content leur cas piteux, persuadés
que nous avons toujours, nous autres docteurs de
l'Occident, quelques moyens de les délivrer passa-
gèrement de leur incapacité. Une pilule de cantharides
fait l'affaire. Allez et multipliez!

Avant de passer au sérieux, un mot sur une belle induction étymologique d'un docte membre de l'Institut.
Il fait venir le ver à soie de Chine en Europe par
Sirhind ou Serhind, où j'étais campé encore ce matin.
En ce temps-là, disait-il, les habitants de cette contrée, et conséquemment ceux de Kumnah, qui n'est
qu'à six lieues de Serhind, s'appelaient *Sères;* d'où

seta, *soie*, chez les Latins ! Serhind est un mot indostani qui signifie *caput Indiœ : ser* ou *sir*, tête, clef ;
hind, de l'Inde ; et, en effet, cette ville, jadis si considérable, était regardée comme la clef de l'Inde. Il n'y a,
d'ailleurs, pas un mûrier entre la Jumnah et le Sutledje.

Je connais tant bien que mal les choses de notre
pays jusqu'à la fin du mois d'août, soit par les journaux de Calcutta, soit par ceux de Paris que lord William a l'extrême bonté de me faire passer au fur et à
mesure qu'il les reçoit et les a lus. Ce que j'ai reçu
depuis trois mois de monstrueuses poignées de main
de tous ceux qui venaient me féliciter d'être un badaud de Paris, je ne le pourrais dire : peut-être autant que M. le duc d'Orléans, ou, pour mieux dire, le
roi, dans la quinzaine de son avénement. Je n'avais
jamais trouvé jusqu'ici qu'il y eût grande gloire à être
Français. Nous redevenions au dehors un peuple de
maîtres à danser, de maîtres d'armes, de perruquiers,
de filles, de faiseuses de modes... De notre gloire militaire (outre qu'en mon âme et conscience, je n'ai pas
une bien grande admiration pour cette gloire-là),
impossible d'en parler aux Anglais, qui nous ont battus
à peu près partout... Nous sommes à présent, dans
l'estimation des autres peuples, la première nation du
monde. Mais, pour notre triomphe, qu'il m'a fallu boire
et manger ! que de dîners il m'a fallu subir ! que de
speeches il m'a fallu faire ! J'y pense peu maintenant.
Un speech long d'une aune, pourvu que ce soit en anglais, ne me coûte non plus à dire qu'un verre de vin

à vider. Ce régime patriotique toutefois ne convenait guère à ma santé. Depuis que j'ai quitté Dehli, je fais pénitence avec deux bouteilles de lait par jour, vivant comme un bramine, et je suis redevenu le coriace et filandreux voyageur que j'étais dans l'Himalaya.

Le fashionable Neptune qui vous gouverne n'a qu'un trident temporaire. Nul doute que M. de Rigny ne vienne bientôt le lui enlever. Il n'est pas le neveu de M. Louis pour rien. Ensuite il a eu le bon esprit de ne pas entrer dans la bande de M. de Polignac.

Vous rappelez-vous nos conversations de *la Zélée?* Vous me condamnâtes à rester pauvre diable éternellement, attendu que je n'avais de chances de crédit que sous des ministres enragés, et enragés contre les sinécures. Voilà mes amis particllcment au pouvoir ; vous savez les relations de parenté, pour ainsi dire, de ma famille avec M. de la Fayette. Je suis très-lié avec M. de Schonen ; M. de Broglie, M. Guizot, ne me sont pas inconnus, quoique d'un cran plus dévots, plus monarchiques, etc. Mais le moyen d'émarger avec de telles gens ? Je leur écris pourtant pour leur dire le hasard heureux des circonstances qui me permettent de faire en ce pays ce qui est interdit à tout autre physicien, et je leur demande de l'argent, parce qu'il m'en faut. Je dénonce vos quatre laks de Calcutta et demande qu'on autorise l'administration de Chandernagor à en prélever vingt mille francs pour moi, pendant une couple d'années, afin que je puisse compléter un grand travail sur l'Himalaya, de l'Indus au Barrampouter. Si

le général Sébastiani est encore là quand ma lettre à
M. Guizot arrivera, M. Guizot et Victor de Tracy arran-
geront cette affaire avec lui au détriment de vos laks.
Si le successeur du général Sébastiani est de mauvaise
grâce, mon affaire restera à la charge de M. Guizot et
de M. de Broglie. Je préférerais toucher mon argent
sur la caisse de Chandernagor, parce que je le tirerais
par billets à vue sur elle, au fur et à mesure des
échéances et de mes besoins, sans perdre pour le
change avec l'Europe, que mon banquier de Calcutta
me rend très-onéreux.

Comment se fait-il, cher monsieur de Meslay, que
vous ne m'ayez pas écrit un mot depuis que j'ai quitté
Calcutta? Je sais combien de misères vous occupent;
mais pour quelques lignes de souvenir il ne faut que
quelques minutes, et il me serait si agréable de recevoir de vos nouvelles à la distance qui nous sépare!
Avant de me mettre en voyage, je vous avais écrit oi-
ficiellement pour vous donner le prétexte de faire en
ma faveur une demande de fonds supplémentaires sur
vos caisses de l'Inde. J'ignore même si vous avez reçu
cette pièce. Si vous l'avez encore, qu'elle vous serve
de considérant pour revenir à la charge, avec la différence de prétentions que la différence des temps autorise, afin que mon affaire s'arrange avec le département
de la marine, qui peut la payer plus commodément
qu'aucun autre à Chandernagor. Peste soit des poëtes
de Chandernagor! Il y a là un patriotique imbécile que
je déporterais, à votre place, pour l'énormité de ses

crimes contre le sens commun, l'orthographe, la rime,
la césure, etc., etc. Il me semble que je suis responsable pour la bêtise de mes compatriotes chanderna-
goriens. Mes amis anglais me font bien enrager en
m'envoyant ces vers incroyables qu'ils découpent dans
leurs gazettes anglaises de Calcutta, où on les imprime.
Au reste, la prose de Chandernagor ne vaut guère
mieux que ses vers, et, si jamais je deviens roi (il ne
faut désespérer de rien), M. N... peut être assuré de
ne jamais être le secrétaire de mes commandements.
Les Anglais pouffent de rire de sa *narration* du drapeau tricolore : les chefs de service allant en corps
prendre à son hôtel M. le gouverneur des établissements français dans le Bengale, la troupe sous les armes, le salut de vingt et une boîtes, faute de canons, la
bénédiction du vénérable curé, ce qui, pour le dire en
passant, est fort peu constitutionnel, attendu que la religion catholique n'est plus la religion de l'État, etc., etc.;
et je poufferais avec mes hôtes, si je n'étais Français. Cependant, si M. N... récidive, je me souviendrai
qu'un soir je sifflai *avec Rossini* la seconde repré-
sentation de son opéra de *la Donna del Lago*. Il était
révolté de l'orchestre, des chœurs : *C........!* criait-il du
fond de sa loge, *canaglia!* Ce n'était pas lui qui était
responsable de ces discordances, non plus que je ne le
suis de la rhétorique du contrôleur de Chandernagor.

J'ai vu le nom de votre procureur général d'un jour
parmi les nouveaux substituts du parquet de Paris.
J'ai entendu peu d'hommes aussi éloquents que lui, le

jour où il vous accueillit si étrangement, et, s'il entre
à la Chambre, je ne serais pas surpris qu'il s'y fît une
fortune. Victor de Tracy dit à mon père que je devrais
revenir à Paris, mais il n'y a pas moyen. J'ai été trop
loin pour reculer. Il faut que je fasse au moins mon
livre sur l'Himalaya, et il n'est pas prêt. — Adieu, cher
monsieur de Meslay; écrivez-moi. Dites à Arnoux qu'il
m'écrive aussi; vous ne savez pas ce que c'est que
d'être seul au bout du monde. Quand il vous arrive des
journaux de fraîche date, après que vous les avez lus,
si vous pouvez en disposer, que ce soit pour moi, et
tout cela sans faire le détour de Chandernagor; vous
avez le port franc pour toute l'Inde. Mon adresse est :
« Victor Jacquemont, Esq^e, care of Captain J. Wade,
political agent, at Loodianah. » Wade me fera passer
tout ce qui lui arrivera pour moi à Lahore, à Cachemire
et à Ladak, si je vais jusque-là. Ma santé est excellente; je suis vêtu comme au Thibet l'été dernier; il
fait si frais cependant le matin, que je marche une
couple d'heures avant de monter à cheval, pour me
réchauffer.

Adieu encore; recevez l'assurance de mon bien sincère attachement.

LXXI

A M. VICTOR DE TRACY, A PARIS.

Camp à Sirhind, 12 février 1831, la nuit.

Voilà, cher ami, le duplicata de la pièce dont je vous ai expédié avant-hier d'Ambalah une première copie. Je recommande à Calcutta qu'on les achemine en Europe par des vaisseaux différents : il serait bien malheureux que toutes deux s'égarassent. Je vous répéterai quelques phrases de ma dernière lettre qui accompagnait la première copie. — Voyez au Jardin des Plantes M. Adrien de Jussieu, l'un des professeurs, mon camarade et mon ami, homme bon, spirituel et aimable, dont il vous sera très-certainement agréable de faire la connaissance. Montrez-lui le mémoire. Demandez-lui de le faire appuyer par ses collègues. J'écris séparément à ceux d'entre eux que je connais assez pour cela, savoir : M. Mirbel et M. Cordier. M. Desfontaines est trop vieux, et les autres ne se soucient pas plus de moi que je ne me soucie d'eux. Je préviens Jussieu de ce que j'attends de lui. Enfin faites-vous aider de tous ceux de nos amis dont l'influence peut aider au succès : M. de la Fayette d'abord, MM. de Schonen et Lascours, M. de Broglie aussi. — Si votre ancien général est encore à la Marine, tâchez de me faire payer par lui : ce me serait bien plus commode. Si c'est affaire avec M. Guizot, que les *globistes* vous aident : M. de Rémusat, que je ne connais pas, — mais vous lui parlerez de moi ; — enfin, je compte principalement sur votre amitié et sur le crédit que vous ne pouvez manquer d'avoir. Demain, si j'ai quelque loisir après mon étape faite, j'écrirai une douzaine de lettres pour vous faire des recrues. Adieu ; il est bien tard. J'ai marché douze heures à pied ou à cheval, et j'ai besoin de me jeter sur ma couche de rotin.

Je vous embrasse de tout mon cœur.

LXXII

A MM. LES PROFESSEURS ADMINISTRATEURS DU MUSÉUM, A PARIS.

Delhi, 12 février 1831.

Messieurs,

J'espérais, en revenant à Delhi, y trouver des lettres de vous. Mon attente a été trompée. Je m'épuise en conjectures sur la cause de votre silence envers moi, et je n'en forme cependant aucune qui puisse me satisfaire. Je vous avais si instamment priés de m'écrire, que je ne puis croire que vous ne l'ayez pas fait une seule fois depuis que j'ai quitté la France. Cependant, de dix-sept paquets de lettres qui m'ont été adressées par ma famille, je n'en ai encore perdu que deux. Comment donc n'aurais-je pas reçu une seule ligne de votre correspondance ? Et je n'ai d'autres crédits en ce pays que ceux que j'ai apportés avec moi, et ils expirent avec cette année! Dans cette triste conjoncture, la prudence me commandait sans doute de m'acheminer vers le port le plus voisin et de m'y embarquer pour l'Europe. — Mais, je vous le dirai avec franchise, messieurs, il y aurait de votre part, à me laisser privé de ressources et de moyens de retour sur une rive éloignée, une indifférence trop cruelle pour que je puisse admettre cette explication de votre silence. J'aime mieux croire, malgré l'invraisemblance de cette supposition, que vos lettres, par une fatalité malheureuse, se sont toutes perdues. Je ne me laisserai pas accabler par la triste perspective de l'épuisement de mes ressources à la fin de cette année. Je prends conseil de mon zèle, bien plus que de la prudence. Une occasion unique se présente de visiter une contrée célèbre qu'aucun naturaliste encore n'a visitée, et qui semble ne se devoir offrir de longtemps à aucun autre après moi. Je le fais avec ardeur, je le fais d'urgence; mais, quand cette lettre vous parviendra, il y aura aussi urgence pour vous, messieurs, de m'envoyer les moyens de retour. Si, comme j'ai tout lieu de le craindre, vous ne pouvez les puiser dans le budget du Muséum, j'espère, du moins, que vous les obtiendrez de M. le ministre de l'intérieur par une demande spéciale faite en ma faveur.

Je n'ajouterai que quelques lignes pour vous justifier ma déviation de la route que je vous avais annoncé d'abord devoir suivre de Calcutta à Bombay. Vous ne pouvez ignorer assez le prix des choses dans l'Inde, pour n'être pas convaincus qu'avec les minces ressources qui sont à ma disposition, je ne saurais former de vastes collections zoologiques. J'ai donc naturellement dû chercher à en rassembler de plus importantes en botanique et en géologie, puisque leur conservation n'exige presque aucuns frais, et que leur transport est beaucoup moins coûteux. Or, M. Wallich a presque épuisé la flore des plaines de l'Inde et du versant indien de l'Himalaya. C'est pour cela que j'ai cru devoir aller herboriser au nord de ces montagnes, dans une contrée absolument vierge. Je vais à Cachemire maintenant, pour les mêmes raisons, afin d'éviter la concurrence des naturalistes anglais, contre laquelle il m'est impossible de lutter, à cause de l'immense inégalité de moyens d'exploration dont, eux et moi, nous disposons.

J'ai l'honneur d'être, messieurs, avec une considération très-distinguée, votre très-humble et très-obéissant serviteur.

P.-S. — Je vous avais engagé jusqu'ici à m'écrire par la voie d'Angleterre, sous le couvert de *sir Edward Ryan, à Calcutta*. Mais les lettres de ma famille, expédiées par la voie de France sous le couvert du ministère de la marine, me parviennent avec assez de régularité pour que je vous conseille désormais cette voie comme la plus sûre.

LXXIII

A M. LE GÉNÉRAL CÉSAR DE LA HARPE,
GOUVERNEUR D'ALEXANDRIE.

Loodianah, sur les bords du Sutledje, le 16 février 1831.

Cher et respectable monsieur,

Le souvenir des jours que j'ai eu le bonheur de passer avec vous me sera toujours bien cher; il vient quelquefois me visiter dans ma vie errante et solitaire; le temps et la distance, loin de l'affaiblir, lui donnent une fraîcheur plus vive. Mon excellent ami, M. de Charpentier [1], vous dira que j'ai déjà fait un long et laborieux chemin dans l'Himalaya, entre le Burrampouter et le Sutledje, tant sur les pentes indiennes que sur les penchants thibétains.

Maintenant, je suis prêt à ressortir des possessions anglaises, afin d'étendre mes recherches dans le Pundjâb, le pays de Cachemire et peut-être le petit Thibet, et j'espère être de retour à Delhi dans neuf ou dix mois.

Je me souviens que, pendant notre séjour à Londres, vous achetâtes le livre de Mill [2]. Quoique mes

---

[1] M. de Charpentier, Saxon, savant géologue, auteur de l'*Essai sur la constitution géognostique des Pyrénées*, plus tard directeur des mines du canton de Vaud.

[2] *The History of British India*, by James Mill.

études aient un tout autre objet que celui de cet ouvrage, cependant je ne puis, ni ne voudrais d'ailleurs,
fermer les yeux à des faits d'un autre ordre, et l'histoire civile de l'Inde ne peut me demeurer tout à fait
étrangère, quoique mes recherches actives soient
exclusivement dirigées vers la connaissance de son
histoire physique et naturelle.

Je me flatte de l'espoir charmant qu'après avoir heureusement terminé mon expédition, il me sera permis
quelque jour de revoir vos Alpes, qui sont bien
plus belles que l'Himalaya, et qu'en herborisant ensemble dans vos montagnes, je vous conterai en détail
bien des choses de ce pays étrange. Mais de quels
grands événements n'aurons-nous pas alors à nous
féliciter l'un et l'autre!

Je connais la révolution de France : quelle gloire!
que d'avenir dans cette victoire si pure! que d'admiration elle excite parmi toutes les nations! Je suis le
seul Français que le hasard ait conduit dans le nord
de l'Inde ; je dois à cette circonstance le bonheur de
recevoir tous les témoignages de l'enthousiasme de
nos anciens rivaux pour notre dernier triomphe. Je
rêve un avenir nouveau pour les peuples de la grande
famille européenne, un avenir de paix, de fraternité et
de liberté universelles, et j'espère vivre assez pour
voir ce rêve brillant se réaliser. Assez de crimes, assez
de bévues ont désolé l'humanité depuis trente siècles.

Votre robuste vieillesse, qui vous promet encore de
longs jours, verra l'aurore de cette ère nouvelle.

Adieu, cher monsieur; permettez-moi de vous parler naïvement selon mon cœur et de vous faire agréer l'assurance de mon respect et de mon affection filiale.

LXXIV

A M. VICTOR DE TRACY, A PARIS.

Loodianah, 22 février 1831.

Cher et excellent ami, j'ai reçu il y a deux jours la série complète des journaux français des mois de juillet et d'août, que je dois à la bonté de lord William Bentinck, et je suis encore dans un état douloureux d'irritation nerveuse après une séance de lecture de vingt heures sans désemparer. Ces journaux sont venus dans l'Inde par l'Angleterre. (Je suis encore sans lettres de France depuis le 22 juillet.) Leur lecture a détruit quelques-unes des utopies que je rêvais. Il a fallu faire la part de tous les partis. Nous recueillons soigneusement tous les débris de l'Empire, dont la gloire semble effacer toutes les fautes. A la revue de la garde nationale du 30 août, je vois le maréchal *** dans le cortége du roi. Qu'avait-il à y faire? L'honorable général X... est en avant... Je m'attends à retrouver là une autre *honorable* victime de même étoffe, que je connus en Amérique, et à voir bientôt les cendres du grand homme sous le monument de ses victimes !

J'ai lu toutes les colonnes de noms propres dont les
journaux sont remplis; mais, dans les listes de la
chambre des pairs, j'ai vainement cherché le nom de
M. de Tracy. Je ne puis m'expliquer comment il n'a
point prêté serment. Je m'alarme sur sa santé.

Est-ce vous, cher ami, qui avez fait de D... un
préfet? Je le soupçonnerais en le voyant à Moulins. En
vérité, c'est presque un mauvais office que vous lui avez
rendu, s'il en est ainsi; à moins que ce ne soit pour le
montrer aux électeurs disponibles de votre département, afin qu'ils en fassent tout de suite un député,
à la place de vos collègues du grand collège qui se sont
démis. Après tout ce que D... a écrit contre les gens
à places, voire même contre les peuples à places, il n'y
a pas moyen pour lui d'être préfet, même dans le paradis. Une chaire au Collége de France ou à l'École de
droit, un siége à la Chambre, voilà les seuls objets
permis à son ambition, et ils sont assez élevés pour
satisfaire celle de qui que ce soit.

La nomination de Chaper à un poste semblable ne
m'a point surpris; et je voudrais que tous les nouveaux
préfets lui ressemblassent.

De nos colonies à esclaves, Bourbon passait pour la
mieux administrée et la plus doucement gouvernée.
C'est la seule que je connaisse. Il n'y avait pas un seul
fonctionnaire public qui y fît son devoir en 1829; ils
formaient tous une grande conspiration contre les lois
qui prohibent la traite et règlent la condition des esclaves. L'administration de ces établissements était

confiée précédemment à des marins, que les habitudes de leur vie tout entière y rendaient bien peu propres. Ces fonctions n'exigent pas qu'une inerte fermeté de commandement, car la force seule y protégerait mal les lois ; il y faut une grande prudence, un grand esprit de conciliation. J'aimerais à lutter contre les difficultés d'une telle situation ; à Bourbon surtout, où je vois tant de bien à faire, tant de mal à prévenir !

Mais c'est une vie bien triste ou au moins bien sévère que celle d'un habitant d'une petite île livrée à des intérêts opposés, à des préjugés ennemis, à des haines héréditaires. Pour le bonheur de tous les jours, mieux vaudrait le plus humble poste dans une société uniforme et unie.

Revenons à ma position actuelle. Je suis prêt à passer le Sutledje. J'ai profité de mon séjour ici pour écrire à mes amis du Jardin, ainsi que je vous avais annoncé devoir le faire. Il m'est venu aussi dans la pensée que M. de Broglie pourrait me servir ; que peut-être il serait ministre de l'intérieur quand cette lettre vous arrivera, et je lui ai écrit. Je joins ici une copie de ma lettre. J'ai engagé un de mes camarades, qui, depuis mon départ, fait de grands pas dans la gloire géologique, Élie de Beaumont, à recruter en ma faveur des voix à l'École des mines, où il est professeur adjoint. Je désirerais que M. Brochant, notre ancien maître, lui prêtât son nom pour appuyer ma demande au ministre sur l'immense intérêt qu'ajouterait à la collection de géologie de l'École des mines une vaste collection de l'Himalaya expliquée par l'ouvrage que je ferais, à mon retour, sur cette chaîne. J'ai prié Beaumont d'aller vous voir. Recevez-le comme un camarade aussi, car il a passé par votre école quelque vingt ans après vous, et, comme vous, il en sortit le premier de la promotion.

Je joins aussi (*under this cover*, je pensais, et c'est mon excuse pour ne pas parler français) sous cette enveloppe une lettre pour D..., que vous saurez mieux que moi où trouver : près de vous peut-être, à la Chambre. Je désire que ce soit là que vous la lui remettiez. Adieu, cher ami, adieu. Je vous aime et vous embrasse de tout mon cœur.

LXXV

A M. LE DUC DE BROGLIE, A PARIS.

Loodianah, sur les bords du Sutledje, 22 février 1831.

Monsieur le duc,

J'ai eu l'honneur de vous écrire peu de temps après mon arrivée au Bengale, il y a près de deux ans, pour vous remercier de la recommandation flatteuse que vous aviez bien voulu me donner pour lord William Bentinck. C'était à elle que j'aimais à rapporter l'accueil bienveillant que j'avais reçu de lord et de lady William; et, quoique lord William Bentinck ait pu depuis me trouver des titres personnels à ses bontés, quelquefois encore il me rappelle indirectement, dans ses lettres, l'obligation que je vous dois.

Ma reconnaissance envers vous, monsieur, m'acquitte si bien de cette dette, que je prendrai la liberté de réclamer de vous un service que je saurai reconnaître également.

Un heureux concours de circonstances qui ne se sont encore offertes à aucun savant anglais, et dont le retour en faveur d'un autre voyageur semble devoir être bien éloigné, m'ouvre l'entrée du Pundjâb, de Cachemire et de cette partie presque inconnue de l'Himalaya qui s'étend du Sutledje à l'Indus. Aucune autre partie de l'Inde ne promet à mes recherches tant d'objets nouveaux. Ce serait être ingrat envers le sort que de négliger une occasion si précieuse, et je me considère comme appelé d'urgence à la saisir : demain, j'entrerai dans le Pundjâb.

Mais les crédits qui me sont alloués par le Muséum d'histoire naturelle sont insuffisants pour me défrayer des dépenses de ce voyage, et j'en rapporterai des embarras pécuniaires que mon isolement dans une contrée étrangère si lointaine me rendra plus cruels. J'ai donc adressé une demande d'indemnité à M. le ministre de l'intérieur, et j'ai chargé mon ami M. Victor de Tracy de la lui remettre et de l'appuyer. J'ai en même temps exposé brièvement au ministre le plan d'un ouvrage dont la moitié se trouvera faite à mon retour de Cachemire, et qui, je crois, ferait quelque honneur à l'esprit d'entreprise scientifique de notre nation, si le gouvernement m'accordait les moyens de le continuer. Ce serait un travail général sur l'Himalaya tout entier, depuis l'Indus jusqu'au Burrampouter, embrassant la géographie physique et l'histoire naturelle de cette chaîne colossale, sans oublier celle des races humaines qui l'habitent.

Le succès de ma demande me semble devoir dépendre entièrement de l'opinion que se formera le ministre de mon habileté à remplir avec distinction la tâche que je voudrais me voir imposée. J'ai donc prié ceux de mes amis à la voix desquels leur nom dans les sciences doit donner quelque crédit de se concerter avec M. Victor de Tracy, pour décider le ministre en ma faveur. Il en coûterait extrêmement à mon orgueil national d'être obligé, par l'abandon du gouvernement, de continuer, sous le nom et la protection d'un autre, un ouvrage déjà avancé. Puis-je espérer, monsieur, que vous ne me refuserez pas l'appui de votre influence pour m'aider à poursuivre une entreprise que j'ai commencée si favorablement sous les auspices de votre bienveillante recommandation?

Veuillez agréer, monsieur le duc, l'assurance de ma considération la plus distinguée.

LXXVI

A MADAME FANNY DE PÉRAY, A PARIS.

Loodianah, sur les bords du Sutledje, le 22 février 1831.

Il y a longtemps, ma chère Fanny, que je ne vous ai écrit ; mais, si vous saviez à combien de correspon-dants je dois faire tête, vous ne vous étonneriez pas de la rareté de mes lettres.

Lord William Bentinck vient de m'envoyer les journaux français des mois de juillet et d'août 1830. Ce sont les nouvelles d'Europe les plus récentes que j'aie reçues. J'ai été instruit par les gazettes du changement de position de quelques amis et de bien d'autres choses encore. Mais je donnerais volontiers toutes les nouvelles pour quelques lignes de Porphyre ou de mon père.

Il y a ici deux ex-majestés qui en conservent le titre et devant lesquelles je n'ai point paru sans ôter mes souliers. Châh-Zéman et Châh-Choudjah, son frère, jadis rois de Caboul, d'Afghanistan et de Cachemire. C'étaient de grands princes il y a vingt ans. Le gouvernement anglais leur envoya une ambassade magnifique et rechercha leur alliance, alors que la présence du général Gardanne à Téhéran inspirait quelque défiance au cabinet de Calcutta sur les vues habituellement peu pacifiques de votre bon ami le grand homme, comme disait Courier. L'ambassadeur anglais, M. Elphinstone, disputa pendant quinze jours avec le grand maître des cérémonies et les chambellans de Châh-Choudjah, sur l'étiquette de sa présentation au roi. Celui-ci consentit à la fin à n'exiger de M. Elphinstone que trente-neuf révérences, tandis que lui, le roi, montrerait son nez à la fenêtre, M. Elphinstone se tenant dans la cour, à trois ou quatre cents pas, avec toute sa suite.

Cette ex-majesté a la plus magnifique barbe noire que j'aie vue, et je l'ai trouvée fort débonnaire. Pensionnaire de la générosité anglaise, à laquelle, en vérité, il n'avait aucun droit. Châh-Choudjah demeure ici, libre, mais sous la surveillance de l'agent politique anglais, mon hôte pour le présent. C'est par cet officier que j'ai été conduit à l'audience privée du châh (prononcez chaûh, — ayez-en plein la bouche! — chaûh شاه), avec lequel j'ai passé une heure à causer de Cachemire, où je vais et où il a fait la guerre jadis; de son pays de Caboul, de ses montagnes, dont il parle avec une éloquence attendrissante. Vous rappelez-vous que les femmes forcèrent les portes de l'hôtel Siret pour voir le beau secrétaire de l'envoyé de Tunis? Je ne sais ce qu'elles feraient vraiment si Châh-Choudjah allait à Paris. La garde nationale ne suffirait pas à maintenir l'ordre public, tant il est beau! Le vieil empereur Châh-Zéman a les yeux crevés et passe le temps en dévotions (ce qui ne l'empêche pas d'avoir un large sérail). Il me raconta son pèlerinage

à la Mecque, qu'il fit depuis sa chute et sa cécité. Il y a
ici une colonie nombreuse de Cachemiriens qui font
des châles semblables à ceux de leur pays, mais en général fort communs. Si j'étais plus riche, je vous en
rapporterais deux ou trois, ou bien de Cachemire
même, où je serai dans deux mois; mais il n'y faut pas
penser.

Je me porte bien, très-bien. Adieu, ma chère amie.
Amitiés à M. de Péray et à tous ceux au souvenir desquels vous pensez qu'il me sera agréable d'être rappelé.

LXXVII

A MM. LES PROFESSEURS ADMINISTRATEURS DU MUSÉUM, A PARIS.

Lahore, le 17 mars 1834.

Messieurs,

Après avoir souffert si longtemps de votre silence,
je viens enfin d'avoir l'extrême plaisir de recevoir de
vos nouvelles. Je suis arrivé à Lahore le 11 de ce mois,
et, le lendemain, j'ai reçu de Calcutta votre lettre du
19 mai 1830, sous le couvert de MM. Eyriès, du Havre.

Rien ne pouvait me flatter ni m'encourager plus
vivement que l'approbation complète que vous donnez au début si contrarié de mon voyage. C'est plein
d'une ardeur nouvelle que je vais prendre immédiatement la route de Cachemire, où je séjournerai tout

d'abord l'été, et dont j'espère rapporter un assez grand nombre d'objets nouveaux pour me récompenser des fatigues d'une expédition si lointaine. Je ne pourrai déterminer que sur les lieux la route par où j'en reviendrai. Si les productions naturelles des pentes occidentales de l'extrémité de l'Himalaya sont à peu près les mêmes que celles de ses pentes indiennes, que j'ai visitées l'an dernier entre la vallée du Gange et celle du Sutledje, je m'efforcerai de revenir par le penchant oriental ou thibétain, où tout diffère de ce que les Anglais ont fait connaître jusqu'ici.

Grâce à la bienveillante intervention du gouvernement anglais en ma faveur, près du radjah Rundjet-Singh, j'ai reçu de ce prince l'accueil le plus distingué. La simple permission de voyager dans ses États eût équivalu de sa part à un refus. Mais il me donne une escorte pour veiller partout à ma sûreté, et un officier de sa maison qui doit pourvoir à mes besoins. Je ne pourrais désirer rien de mieux.

Je me détournerai de quelques jours de marche pour, en allant à Cachemire, visiter les mines de sel d'une chaîne de collines qui bordent la rive droite de l'Hydaspe, traversant tout le Pundjâb et se prolongeant au delà de l'Indus dans l'Afghanistan. Mais, dans vingt-cinq jours, je serai à Cachemire; on ne saurait y entrer par les montagnes qui séparent cette haute vallée des plaines du Pundjâb.

En vous exprimant, messieurs, mes remercîments pour le supplément annuel de deux mille francs que vous avez ajouté à mon traitement, il me reste à vous dire le regret que vous m'ayez laissé ignorer les moyens de toucher cet argent dans l'Inde, où j'en ai tant besoin.

Je ne saurais perdre de vue les intentions du Muséum, et, comme j'ai eu l'honneur de vous l'exposer souvent, c'est pour les mieux remplir, c'est afin de rassembler des collections plus nombreuses, et plus nouvelles surtout, que j'ai cru devoir sortir de l'Inde anglaise. Combien je regrette que le soin jaloux de leur conservation et le défaut d'argent m'aient obligé de laisser à Delhi tous les fruits de mon premier voyage dans l'Himalaya! Si j'avais eu les moyens d'envoyer, l'hiver dernier, à Calcutta toutes ces collections, dans deux mois elles eussent été à Paris, et je ne doute pas qu'en les examinant, vous ne m'eussiez approuvé et de ce que j'ai fait et de ce que je vais faire encore.

LXXVIII

A M. DE TRACY PÈRE, A PARIS.

Cachemire, le 27 mai 1831.

Cher monsieur,

Si je n'avais su que la plupart de mes lettres à mon père dussent être communiquées par lui à ses amis, je n'aurais pas laissé plus de deux années s'écouler, sans vous écrire. Mais, dans la vie errante et laborieuse que j'ai menée constamment depuis mon départ de l'Europe, tant de soins matériels absorbent un temps précieux pour l'étude, et tant d'objets intéressants viennent se disputer chaque jour les courtes heures de repos qui restent après une marche souvent bien longue, que j'ai toujours différé jusqu'ici de vous dire, cher monsieur, combien il m'est doux de penser, dans mon isolement actuel, à l'affection dont vous m'avez donné tant de preuves. Le souvenir des premières années de ma jeunesse vient souvent se retracer à mon esprit, et c'est toujours avec cette tendresse même que je me rappelle les soins vraiment paternels que j'eus alors le bonheur de recevoir de vous. Je les reconnaîtrai par des sentiments de fils.

Ces trois années que voilà bientôt écoulées depuis mon départ, je leur dois sans doute bien des souffrances; l'étude a été pour moi une source continuelle de plaisirs sérieux. La variété des scènes de la nature, depuis le sud de l'Inde jusqu'aux montagnes du Thibet, par delà l'Himalaya, ne pouvait manquer de produire sur moi d'autres impressions plus vives. Enfin, dans ce long voyage à travers des contrées et parmi des peuples si étranges, j'ai trouvé souvent des oasis de civilisation européenne. Si loin de l'Europe, il n'y a plus d'Anglais ni de Français, nous sommes tous du même pays, nous sommes tous Européens. Des compatriotes n'auraient pu me faire plus d'accueil que je n'en ai reçu pendant les courtes relâches que j'ai faites dans un grand nombre de stations anglaises.

Ma qualité d'étranger était le titre auquel cette hospitalité était offerte; un empressement cérémonieux, mais une amicale cordialité presque toujours réglait la forme dès le second jour. J'ai rencontré aussi une quantité de bonnes gens auxquels je me suis sérieusement attaché, et qui, je crois, se rappelleront toujours avec le même charme que moi le hasard qui nous a fait connaître mutuellement. Enfin, jusqu'à il y a six mois, j'ai toujours eu le bonheur de recevoir assez régulièrement des nouvelles de ma famille et de la vôtre, et j'ai dû plusieurs fois à ces correspondances l'agréable illusion d'un rapprochement passager de l'Europe. Voilà pour les plaisirs; mais j'ai eu aussi bien des ennuis et des soucis. L'excessive lenteur et les contrariétés continuelles de mon interminable navigation me la firent paraître d'abord plus longue encore qu'elle n'était, quoique j'eusse dû plutôt me féliciter de ces relâches prolongées, dans des pays que je n'aurai sans doute aucune occasion de revoir. J'ai pu ainsi à Rio-de-Janeiro me former une idée vraie de ce que c'est qu'un État de l'Amérique méridionale. J'ai pu admirer, au cap de Bonne-Espérance, la sagesse et l'humanité des importations coloniales anglaises, et, dans notre chétive île de Bourbon, connaître à fond l'infamie et l'absurdité des nôtres. Il me restait à en voir le ridicule et la niaiserie à Pondichéry, où je suis resté quinze jours : c'était plus qu'il ne fallait.

J'arrivai au Bengale dans la saison la plus fâcheuse, au commencement de ces chaleurs terribles qui re-

tiennent les Européens tout le jour prisonniers dans
l'intérieur de leurs maisons, et qui ne se modèrent un
peu que dans le déluge des pluies solstitiales. Je me
trouvai ainsi forcé de rester à Calcutta jusqu'à la fin
de l'automne, qui seul y met un terme. Je comprends
maintenant que ç'a été pour moi un grand bonheur
que cette nécessité de faire un aussi long séjour dans
la capitale ; mais je n'en appréciais pas alors autant les
avantages. L'étude en a rempli tous les instants qui ne
m'étaient pas dérobés par l'entretien de relations sociales assez nombreuses ; mais je ne voyais pas approcher l'époque où la connaissance de la langue indienne et la saison tempérée allaient me permettre de
commencer mon voyage, sans penser souvent avec
effroi à l'exiguïté de mes ressources pécuniaires et
aux charges qui allaient alors m'être imposées. Vous
voyez cependant, par le lieu même d'où cette lettre est
écrite, que je ne me suis pas laissé arrêter par cette
terrible différence. Mais j'ai dû faire bien des sacri-
fices ; les plus pénibles sont ceux qui ont restreint
les moyens d'investigation et les secours dont j'aurais
pu m'aider dans mes travaux pour en rendre les objets
plus nombreux. J'ai peu songé aux autres, aux privations qui m'étaient personnelles, parce que j'ai eu le
bonheur bien rare de conserver toute ma santé.

Le hasard me fit entrevoir, il y a dix mois, la possibilité de visiter Cachemire, et cette partie jusqu'ici
presque inconnue de l'Himalaya qui s'étend de l'Indus au Sutledje. Je crus qu'il était de mon devoir de

saisir une occasion si précieuse de parcourir une contrée fermée aux Européens, et, malgré la répugnance
du gouvernement anglais à seconder mes vues par
une communication à cet effet adressée au radjah de
Lahore, malgré la répugnance bien plus grande de ce
dernier à admettre dans ses États un étranger dont il
ne pouvait comprendre le caractère, non-seulement j'ai
réussi à obtenir de ce prince la permisssion de voyager
dans ses États, mais encore j'ai reçu de lui l'accueil
le plus distingué. Il me considère et me traite comme
son hôte. J'userai de sa magnifique hospitalité jusqu'à
la fin de l'automne et je repasserai à cette époque
dans les possessions anglaises.

En ces vastes contrées, la condition humaine ne me
paraît susceptible d'aucune amélioration, d'aucun
changement, tant que les idées religieuses y resteront
les mêmes, et l'indouisme paraît immuable. Le gouvernement anglais dans l'Inde, quoiqu'il appelle encore des réformes, mérite cependant bien des éloges,
et son administration est un bienfait immense pour
les provinces qui lui sont soumises, et je ne l'apprécie
à toute sa valeur que depuis mon voyage dans ce pays,
resté indépendant, et qui n'offre qu'une scène continue de violences, de brigandages et de meurtres.

La société dans tout l'Orient pèche par sa base : les
liens de famille sont presque nuls. La polygamie dans
les classes élevées, qui donnent exemple aux autres,
rend les pères indifférents pour leurs enfants et les
frères ennemis les uns des autres. La femme est un

être impur que son mari regarde à peine comme ap-
partenant à la même espèce que luï. Les enfants, en
grandissant, acquièrent bientôt cette abominable idée,
qui les éloigne de leur mère, dès qu'ils peuvent se
passer de ses soins. Il n'y a d'amitiés parmi les hommes qu'à la manière antique de Nisus et d'Euryale.

Toutes les tentatives de conversions religieuses
faites par les Anglais, au Bengale surtout, ont échoué
complétement. Le gouvernement a retiré son appui
aux missionnaires, et il a ouvert à Calcutta, à Benarès
et à Delhi des écoles gratuites, où il attire, par tous
les moyens d'influence qui sont en son pouvoir, des
enfants de la classe moyenne, pour les faire instruire
dans les langues et les sciences de l'Europe J'ai visité
ces écoles à Calcutta surtout, où elles comptent un
grand nombre d'écoliers, et, dans leurs classes supérieures, j'ai vu bien des jeunes gens que leur éducation
purement littéraire et scientifique avait tout naturellement convertis de Mahomet et de Brama à la raison.
Mais plusieurs se plaignaient que la possession de ce
trésor ne les rendît que plus misérables, en les isolant
complétement du reste de leur nation, et en leur faisant concevoir le bonheur sous des formes que leur
caste leur interdit. Cependant, s'il y a jamais quelque
espoir de civilisation, c'est assurément par ce moyen.
Le gouvernement anglais en accélérerait immensément l'action s'il substituait, dans les cours de justice
et dans toutes les transactions publiques, l'usage de
la langue anglaise à celui du persan, qu'il a conservé

comme au temps de la domination mongole. Ce changement serait facile à exécuter en moins de dix années, car les Indiens ont plus tôt appris l'anglais que le persan, et le persan ne sert à chacun que dans la routine monotone de son emploi, au lieu que l'anglais serait la clef de toutes les connaissances européennes. On m'a demandé quelquefois ce qui adviendrait de la domination anglaise dans l'Inde, lorsque les lumières de l'Europe s'y seront assez répandues pour permettre aux Indiens de se gouverner eux-mêmes. « Que vous importe? répondais-je. Vous et vos enfants, vous serez morts alors depuis longtemps, et votre domination anglaise aura cessé d'être utile à ce pays. »

J'aurais voulu, cher monsieur, pouvoir oublier le nôtre en le quittant; l'incertitude de ses destinées, depuis que je connais la révolution qu'il vient de subir, est trop souvent pour moi une source d'anxiété, d'autant plus pénible que, depuis cette époque, je n'ai reçu aucune nouvelle de ma famille ni de la vôtre. Si l'étude me laissait quelques loisirs, de tristes conjectures viendraient les occuper habituellement; je lui rends grâce de ne m'en laisser aucun.

Adieu, monsieur; permettez-moi de vous dire encore que ni le temps ni la distance n'affaibliront jamais les sentiments de mon tendre et respectueux attachement.

LXXIX

A M. VICTOR DE TRACY, A PARIS.

Cachemire, 28 mai 1831.

Je ne saurais, mon ami, laisser partir le courrier pour l'Inde sans le charger encore de quelques lignes pour vous, quoiqu'il porte déjà plusieurs lettres à votre famille. Celle pour madame Victor (où je crains fort que vous ne trouviez plus d'indostani, de pendjâbi et de persan que d'anglais) me dispense de vous parler de moi, si toutefois vous en pouvez comprendre le langage sans doute fort *babélique;* car c'est ici la confusion des langues, et je m'y perds ! je me trouve gauche à me servir même de la nôtre. Quoi qu'il en soit, j'ai reçu hier un message de Delhi : il m'apportait, avec quelques lettres d'outre-Sutledje, divers journaux des plus récents de Calcutta et de Bombay. J'étais depuis longtemps privé de toute nouvelle d'Europe, et j'ai lu avec avidité dans ces gazettes divers extraits de celles de Londres; presque tous étaient relatifs à la révolution ministérielle que l'Angleterre venait d'éprouver, et je n'y ai trouvé que bien peu de chose sur notre pays. Je regrette vraiment de ne pouvoir l'oublier.

LXXX

A MM. LES PROFESSEURS ADMINISTRATEURS
DU MUSÉUM, A PARIS.

Cachemire, le 28 mai 1831.

Messieurs,

La dernière lettre que j'ai eu l'honneur de vous écrire était datée de Lahore, le 17 mars dernier, et portait le numéro 9. J'avais à vous accuser réception de votre lettre du 19 mai qui venait seulement de me parvenir, et je vous disais les auspices favorables sous lesquels s'annonçait mon voyage hors des possessions anglaises.

Le 18 mars, Rundjet-Singh m'accorda ma dernière audience, dans laquelle il me prodigua les distinctions les plus flatteuses, et voulut bien ordonner lui-même tous les détails des précautions nécessaires à ma sûreté pendant mon voyage dans ses États et mon séjour dans la province reculée de Cachemire.

Je quittai Lahore le 26, et, traversant successivement le Râvi, le Tchinab et le Djelom, je demeurai plusieurs jours à Pindaden-Khan et dans ses environs pour visiter les mines de sel qu'on y exploite. Je regrette infiniment de n'avoir pas le loisir de copier le mémoire dont leur gisement est l'objet dans mon journal. Mais, si je ne m'abuse, les observations que j'ai faites, dans cette localité et dans plusieurs autres lieux de la même chaîne de collines, jettent quelque lumière sur

la manière dont se sont formés ces grands amas de
sel. Ils sont peut-être géologiquement beaucoup plus
indépendants qu'on ne l'a cru des terrains parmi lesquels ils se rencontrent. Le sel de Pindaden-Khan, par
ses caractères minéralogiques, ne se distingue pas de
celui de Cardoña, en Espagne. Il est associé avec le
gypse, dont la distribution dans le terrain qui leur sert
de matrice répète fidèlement tous les accidents de la
sienne. A peu de distance de là, à Djellalpoor, dans le
prolongement des mêmes couches, on voit celles-ci
disloquées comme à Pindaden-Khan et leurs matériaux
réagglutinés seulement par des gypses. Enfin, en passant de cette chaîne de collines salifères dans le véritable Himalaya, on retrouve la même direction générale des principaux accidents de terrain, une direction
analogue dans la stratification de ses couches, et enfin
dans celles-ci des dérangements locaux plus ou moins
étendus, marqués toujours par l'apparition d'amas
calcaires dolomitiques ou quartzeux, lesquels, par
toutes les circonstances de leur gisement, rappellent
d'une manière frappante celui du gypse et du sel à
Pindaden-Khan et du gypse semblable, mais non sali-
fère, de Djellalpoor.

Les aperçus suffisamment indiqués par ces rapprochements, recevront, je pense, une confirmation puissante de leur justesse par l'examen que j'espère avoir
l'occasion de faire, dans quelques mois, d'une autre
mine de sel exploitée près de Djummon, dans les premiers gradins de l'Himalaya.

Quant à la détermination géognostique des terrains stratifiés qui constituent la chaîne des collines salifères de Pindaden-Khan, elle offre des difficultés qui ne pourront être levées que par celle des fossiles très-rares, dispersés et comme *fondus*, dans quelques-unes de leurs couches. J'espère y arriver plus facilement par des inductions dont je pourrai sans doute trouver l'occasion sur la chaîne, en retournant de Cachemire dans l'Himalaya d'outre-Sutledje, où j'ai aperçu, l'an passé, des terrains que je crois semblables à ceux-ci et qui sont moins pauvres en débris organiques.

Les accidents que paraissent avoir éprouvés les terrains cristallisés et sédimentaires de l'Himalaya affectent tellement et leur stratification et les caractères minéralogiques de leurs roches, que la nature plastique ou cristalline de celles-ci devient souvent très-énergique et rend également incertaine la limite de l'Himalaya, que je viens de traverser pour venir à Cachemire; mais elle s'applique également à d'autres parties de cette chaîne, surtout entre le Sutledje et la Jumnah.

Je n'avais rencontré aucune espèce de difficulté dans mon voyage au travers des plaines du Pundjâb, et, confiant dans la protection du prince, je n'appréhendais aucun obstacle dans les montagnes. Rundjet-Singh avait ordonné que les nouveaux moyens de transport nécessaires à ma caravane fussent prêts d'avance à Mirpoor, afin que je n'éprouvasse aucun délai dans ma marche. A Prounteh, un équipage de porteurs devait être aussi rassemblé à l'avance pour le passage du Pir-Puntchâl. Cependant, quand j'arrivai à Mirpoor, rien ne se trouva prêt, et je compris bientôt que j'entrais dans un pays où l'obéissance au prince était fort précaire et dont l'état constant d'anarchie me susciterait peut-être bien des embarras. Il m'a fallu, en effet, quelque persévérance pour ne pas m'être laissé arrêter par les difficultés que j'ai rencontrées. Ma liberté fut une fois compromise par l'audace d'un chef appelé Nhéal-Singh, qui me fit prisonnier avec mon escorte et tous mes gens près de la forteresse de Toloutchi, qu'il occupait. Cette aventure pouvait avoir une issue funeste. Mais, avec de la fermeté, de la prudence et je crois aussi quelque adresse, je réussis à racheter ma liberté moyennant une rançon de cinq cents roupies (douze cents francs). Échappé des mains de ce misérable, j'écrivis sur-le-champ à Rundjet-Singh pour réclamer justice, et le radjah vient aussitôt de m'indemniser de mon avance et de mettre à ma disposition la vie de Nhéal-Singh. Le soin de ma sûreté dans le reste de mon voyage ne me permet pas la clémence. J'ai demandé au radjah que le coupable reçût une correction corporelle qui le dégradât, et qu'il fût enfermé jusqu'à mon retour dans les possessions anglaises. Après cet exemple public de l'empressement de Rundjet-Singh à punir l'outrage qui m'avait été fait, je crois n'en avoir aucun à craindre dans ses États, et mon aventure de Toloutchi, loin d'être une mésaventure, devient la garantie la plus puissante de ma sûreté ultérieure.

Il y a vingt jours que je suis arrivé à Cachemire.

Le col par où j'y ai pénétré est à peine élevé de deux mille cinq cents mètres ; c'est la moitié de la hauteur moyenne des passages de l'Himalaya entre le Gange et le Sutledje.

Le niveau de la vallée, dont la forme est celle d'un bassin ovale, est, comme je l'avais conjecturé d'après les renseignements que j'avais recueillis sur son climat et ses productions végétales, d'environ seize cents à dix-sept cents mètres.

Je m'occupe activement de recherches géologiques.

Ma position en même temps est plus favorable qu'elle n'a encore été en aucun autre lieu à la formation de collections zoologiques. Je suis campé dans un jardin qui appartient au radjah, et où j'ai trouvé un pavillon qui me sert de demeure. C'est la première fois que, depuis mon arrivée dans l'Inde, je me trouve *chez moi*, ailleurs que sous une tente. Les présents que j'ai reçus de Rundjet me permettent de m'entourer de moyens dont le secours m'avait été interdit jusqu'ici par insuffisance de ressources pécuniaires, et qui vont rendre mes excursions bien plus fructueuses. Ce lieu en restera le centre jusqu'au mois de septembre, époque à laquelle je reprendrai la route de l'Inde anglaise. Il y aurait de l'imprudence à tenter d'y retourner par les revers thibétains de l'Himalaya, en dehors des possessions de Rundjet, et, quand je quitterai Cachemire, j'en emporterai un bagage trop lourd et trop précieux pour le risquer dans les déserts de Ladak, où, sans parler des

rencontres fâcheuses que je pourrais faire, la désertion
de quelques-uns de mes gens suffirait à me causer les
plus grands embarras par la difficulté d'y rencontrer
des moyens de transport. Je tournerai donc sans doute
par la route de Bhimber, mais en la quittant à Ra-
djaori pour descendre de là à Djummon et remonter
ensuite dans le pays de Koullou, au travers duquel
j'arriverai sur les bords du Sutledje, en face de Be-
laspoor ou de Rampoor, en Bissahir. Ces lieux sont
fort voisins de Simlah, où j'ai passé l'an dernier et où
je retrouverai cette année le gouverneur général, à qui
j'ai déjà et puis avoir encore tant d'obligations pour
mon entreprise.

Je crois pouvoir vous assurer que, par les moyens
dont je dispose, je rapporterai tous les poissons des
deux lacs de Cachemire et de son fleuve. J'ai fait,
d'ailleurs, confectionner des vaisseaux dans lesquels
je les rapporterai. Il me fut, l'an passé, impossible,
en Kannawar, de m'en procurer aucun, non plus que
la liqueur spiritueuse nécessaire à leur conservation.
En repassant à Rampoor, je compte m'arrêter sur les
bords du Sutledje pour réparer, au moins en partie,
la perte de l'occasion que je ne pus saisir alors.

Mes herbiers, depuis mon départ de Lahore, ne se
sont que médiocrement augmentés. Dans le voisinage
immédiat de Cachemire, dans sa vallée humide, le plus
grand nombre des plantes appartient spécifiquement à
la flore européenne , surtout parmi les espèces herba-
cées. Mais je compte faire des récoltes botaniques plus

intéressantes dans les excursions plus lointaines que
je vais faire successivement autour de ce lieu.

Me sera-t-il permis d'ajouter, messieurs, que le séjour de Cachemire serait bien peu agréable à celui qui
n'y aurait pas dans la diversité des travaux qui m'y occupent une source continuelle d'occupation. Des voyageurs européens n'eussent jamais fait à ce pays une réputation de beauté qu'il doit seulement, et par une raison
que je m'explique aisément, aux visites qu'y faisaient
jadis les empereurs de l'Inde. La cour mogole résidait
habituellement dans les murs brûlants d'Agra ou de
Dehli, les deux villes de l'Inde où les chaleurs de
l'été sont peut-être les plus grandes, et dont la campagne, desséchée par les vents du désert de Bikanir,
est d'une aridité excessive. Ici, il y a partout de l'eau
et de la verdure au plus fort de l'été. La brise de la
nuit qui descend des montagnes est toujours fraîche,
et la cour mogole donna à Cachemire le nom de paradis terrestre.

Les lacs sont sans profondeur, et les montagnes qui
enferment de toutes parts cette singulière vallée, n'ont
pour elles que leur élévation et la grandeur des lignes
de leurs contours. Au dedans de ces lignes, l'œil cherche vainement des détails de beauté pittoresque, noble
ou gracieuse, dont la nature est si prodigue dans les
Alpes et généralement si avare dans l'Himalaya.

La ville elle-même, presque entièrement bâtie en
bois, est fort grande; mais son aspect est le plus misérable du monde, et ce n'est pas une vaine apparence.

Nulle part dans l'Inde la masse de la population n'est aussi pauvre, aussi dénuée qu'à Cachemire. C'est le seul pays où le prix du travail soit réellement aussi bas que nous le croyons, par erreur, être généralement dans toute l'Inde.

Ma santé a souffert dans mon voyage de Mirpoor ici au travers des montagnes. Mais c'était par suite de fatigues excessives et non par l'état du climat de l'Inde. Je suis parfaitement rétabli.

Il me reste à vous réitérer, messieurs, mes remercîments les plus sincères pour les expressions de bienveillance dont votre première lettre était pleine, et à vous dire combien je désire vivement recevoir prochainement de vous une nouvelle assurance de votre intérêt et de votre satisfaction.

Veuillez agréer, messieurs, celle de la haute considération avec laquelle j'ai l'honneur d'être

Votre très-humble et très-obéissant serviteur.

LXXXI

A M. HENRI BEYLE, A PARIS.

Cachemire, le 6 juin 185 .

Vous me négligez fort, mon cher ami, dans mon éloignement. Je n'ai encore reçu qu'une ligne et demie de votre élégante et illisible écriture. Malheur aux absents ! Il est vrai que, moi-même, je ne vous en ai pas écrit autant. Mais vous devez prendre en considération ma besogne grande, et trouver tout naturel que je n'écrive guère qu'à ceux de ma famille. Votre ligne et demie était une recommandation de ne pas mentir. Cela sera difficile; il m'en coûtera de ne dire que le vrai. Je vous vois déjà vous écriant : « N'est-ce que cela? Pourquoi donc êtes-vous allé au diable? » L'Inde, en effet, pour un chasseur du gibier que vous aimez à poursuivre, est un pays bien stérile. *Manners, none; customs, beastly* [1]; voilà ce que se propose de dire, à son retour en Angleterre, un aimable Anglais avec lequel je me suis lié à Delhi, qui, depuis douze ans, habite le pays, et qui y est placé de manière à le bien connaître. Je pense comme lui, en général; et, si je ne donne pas à ma pensée le même laconisme d'expression, vous direz : « Mais quelles stupides histoires nous faites-vous là? » Sera-ce ma faute à moi? Parce que, allant de Naples à Rome dans une mauvaise barque, vous avez été obligé par le mauvais temps d'entrer dans quelque trou de pêcheurs, vous avez aux tempêtes une foi dont je me promettais de sourire. Attendez-vous à un redoublement d'incrédulité de ma part. L'ouragan du 10 février 1829, à Bourbon (qui engloutit vingt-quatre vaisseaux sur cinquante-six), ne m'a point converti. Aux aventures je ne crois guère davantage. Je me trouvai, un soir, en beau chemin d'en avoir une: mais mon brigand fit *fiasco* et me relâcha pour cinquante louis.

---

[1] Mœurs, néant; coutumes, bestiales.

L'an passé, au Thibet, des Tartares à cheval vinrent m'ennuyer, comme je cherchais des coquilles fossiles dans les montagnes du Céleste Empire. Je pris le chef par la queue et le jetai à bas de son cheval. Je crois que je le gratifiai en outre de quelques coups de pied au … quand il se releva. Ce féroce Tartare court encore. Le lac de Cachemire n'est qu'une espèce de grand marécage qui ferait honte aux Alpes, s'il croupissait dans une de leurs vallées. Les roses de Cachemire ont peu de parfum, les fruits peu de saveur; les danseuses sont laides et changent rarement de chemise. L'immense majorité n'en change jamais.

Excusez le roseau de Cathay, le papier de Cachemire, l'encre si noire de l'Orient et les fautes de l'auteur.

Adieu, mon cher Beyle.

LXXXII

A M. VICTOR DE TRACY, A PARIS.

Cachemire, le 17 juin 1831.

Je vous ai écrit il y a quinze jours, cher ami, et prends encore la plume aujourd'hui, parce que j'ai une occasion très-sûre pour l'Inde, et que celles de tous les jours ne le sont pas également. J'ai, d'ailleurs, à vous mander une nouvelle qui m'est infiniment agréable et qui ne vous sera pas indifférente. J'ai reçu une

lettre du Jardin des Plantes qui m'annonce que le
ministre de l'intérieur vient de le consulter (24 octobre 1830) sur la convenance de m'accorder un traitement supplémentaire, et le Jardin regarde comme
certaine la détermination du ministre. Cela vient bien
tard et m'eût été bien nécessaire plus tôt ; j'aurais pu
faire bien davantage si, dès le commencement de mon
voyage, j'avais pu m'entourer de tous les secours qui
m'étaient refusés alors par l'exiguïté de mes ressources. Pour le moment, Dieu merci, je ne manque
de rien. Rundjet-Singh a fait crédit au ministre, et j'espère que les allocations en question viendront relever
à temps les magnificences du radjah, dont le terme
sera mon départ de ses possessions. — Est-ce vous
seul que j'ai à remercier de la bienveillante initiative
du ministre de l'intérieur? Si d'autres ont appuyé
vos démarches pour moi, laissez-moi les connaître afin
que je leur en témoigne ma reconnaissance.

La lettre du Jardin des Plantes est venue toute seule
d'Europe, et j'ignore par quelle voie. C'est le gouverneur général qui me l'a envoyée ici. Il avait eu la bonté
d'y joindre *le Constitutionnel* et le *Galignani's Mes-
senger* de septembre, octobre, novembre et commencement de décembre, avec des gazettes anglaises qui
vont jusqu'au 20 janvier.

J'ai interrompu tout travail pendant deux jours pour
dévorer cette proie à mon apaisement, et j'en ai les
yeux perdus. Je vous ai suivi de près dans cette pé-
riode. Eh bien, on vous a blâmé d'avoir fait une pro-

position inopportune [1] ; mais il résulte de là que, pour tous ceux du moins qui approuvaient le principe, et qui pourtant ont écarté votre motion, la justice est une affaire de convenance, d'*expediency*, comme disent les Anglais. Quelle absurdité ! Vous avez, comme je le prévoyais, compromis par là votre popularité, celle du jour, ou de la semaine; mais, en dépit de l'*inopportunité*, vous avez commandé l'estime et le respect, et vous vous êtes acquis, ce me semble, des titres assurés à une popularité qui viendra plus tard, quand l'opinion populaire sera plus éclairée et plus honnête. J'ai une autre félicitation à vous faire, mais d'un ordre fort secondaire, quoique l'objet en soit très-essentiel. Je reconnais à vos discours que vous n'écrivez pas avant de parler. Vous devez à cette circonstance de ne jamais parler hors de la question, et de parler avec le charme et le coloris de la vérité, du sentiment présent et intime de la conviction...

Adieu, cher ami; je pars demain avec toute ma caravane pour une expédition sur les plus hautes montagnes de ce pays, et j'ai mille préparatifs à terminer et deux lettres encore à écrire. Le roi du petit Thibet s'est figuré que j'étais un Anglais venu à Cachemire pour tout autre chose que des herbes, des pierres et des bêtes. Il m'a écrit dans cette erreur. Le radjah de Lahore, de son côté, bien persuadé de la vérité, me demande une dissertation encore plus étendue sur

[1] Pour l'abolition de la peine de mort.

l'air, la terre et les eaux de Cachemire, et il me donne de tels compliments, sans parler de marques de son amitié beaucoup plus solides, que je ne puis me dispenser d'une longue épître. Tout cela se passe en persan, que je comprends très-imparfaitement, mêlé d'arabe comme il le faut dans des lettres à d'aussi grands seigneurs. Rundjet-Singh m'appelle *Aflatoun ul Zeman*. *Aflatoun*, c'est-à-dire Platon, le Platon de Cousin, qui passe, dans le Pundjâb et dans l'Inde (où on lit fort peu sa méthaphysique), pour le type de la sagesse. Rundjet quelquefois me donne aussi de l'*Aristotelis;* mais je vous assure que cela ne me rend pas fier; je me laisse faire et même me *fais* faire, parce que, si Rundjet n'avait de moi cette haute opinion et cessait de me témoigner la grande considération qu'il me montre, de marteau je deviendrais enclume. Ce n'est pas qu'il me plaise d'être marteau; mais, en ce pays, il n'y a pas de milieu : de deux maux, je choisis le moindre, et, pour ce, fais passablement le roi à Cachemier. Adieu; je ne puis croire que vous ayez laissé un an s'écouler sans m'écrire, et j'espère qu'une ou plusieurs lettres de vous cheminent maintenant vers l'Inde, et peut-être dans l'Inde vers Cachemire. Ma santé est excellente.

Adieu encore, cher ami; je vous aime et vous embrasse de toute mon âme.

LXXXIII

A MM. LES PROFESSEURS ADMINISTRATEURS
DU MUSÉUM, A PARIS.

Cachemire, le 17 juin 1831.

Messieurs,

J'ai eu l'honneur de vous écrire, le 28 du mois dernier, une longue lettre, numérotée 10, dans laquelle je vous informais de mon voyage de Lahore à Cachemire et des travaux dont je m'occupais ici. J'ai tout lieu de croire très-sûre la voie dont je me sers pour vous faire parvenir mes lettres. Je ne reviendrai donc pas sur les objets dont je vous entretenais dans ma dernière.

Il y a deux jours qu'un courrier de l'Inde m'a apporté celle que vous m'avez fait l'honneur de m'écrire le 24 octobre 1830 ; elle m'est transmise obligeamment par le gouverneur général de l'Inde, sous le couvert duquel elle avait voyagé jusqu'à Simlah. Vous m'annoncez dans cette lettre réception de la mienne, écrite de Samalkah, le 16 mars 1830, et me confirmez que le ministre de l'intérieur a donné sa sanction à l'augmentation que vous avez bien voulu faire à mon traitement. L'approbation du ministre donnée à votre décision n'était, je crois, qu'une affaire de forme, et c'est à vous, messieurs, qu'est acquise toute ma reconnaissance.

Je ne vous en dois pas moins pour la réponse favorable que vous avez bien voulu faire à la proposition
que le successeur du même ministre vous adresse en
ma faveur.

J'espère fermement, cette fois, que votre recommandation aura décidé le ministre à m'accorder, sur ses
propres fonds, une allocation extraordinaire. Vous savez aussi bien que moi, messieurs, combien elle m'est
nécessaire.

D'autres voyageurs sont venus dans l'Inde avant
moi, envoyés aussi par vous, et vous n'ignorez pas qu'il
n'est aucun d'eux qui ait pu y subsister par les seules
ressources qu'il vous était permis de leur accorder.

Vous ne me donnez aucune information sur les
moyens de toucher dans l'Inde votre crédit supplémentaire. L'un de vos membres administrateurs, M. de
Jussieu, avait bien voulu me promettre que, le cas
échéant, il réglerait la chose avec M. Benjamin Delessert, lequel augmentait d'autant le crédit qu'il m'a
ouvert sur son banquier à Calcutta. Au 1er mai dernier, ce banquier n'avait reçu aucun avis de M. Delessert à cet effet ; car le même courrier qui m'a apporté votre lettre m'a remis aussi de lui son règlement de compte annuel, daté du 1er mai. Heureux
pour moi, après cette conjoncture, que la magnifique
hospitalité du radjah Rundjet-Singh me dispense pour
le présent de tirer de l'argent sur Calcutta !

Votre lettre, messieurs, me laisse un autre regret :
mon crédit imaginaire de six mille francs par an expire

lui-même cette année, dont voici la moitié écoulée. Vous me laissez ignorer entièrement quelles ressources me resteront après le 31 décembre 1831. Sans doute vous y aurez pourvu à temps; mais voyez combien de mois mettent vos lettres à me parvenir! Si vous n'avez réglé mon traitement de 1832 que dans le courant de cette année-ci, quelques mois ne pourront-ils pas s'écouler pour moi dans l'incertitude la plus pénible et la privation de tous moyens pécuniaires.

Je ne puis qu'être flatté des espérances que le conseil du Muséum conçoit de mon voyage, et ce que je vous assure, messieurs, c'est que je n'ai rien épargné jusqu'ici pour les remplir. Je continuerai toujours à faire tous les efforts possibles pour arriver à ce but, que je considère comme le premier de mes devoirs.

J'étais arrivé à Cachemire fort affaibli. Mes forces et ma santé sont revenues; j'en vais faire usage pour commencer demain une série d'excursions sur les cimes des montagnes d'alentour. Je n'irai pas au petit Thibet; il est préférable, à tous égards, que je me renferme dans le bassin de Cachemire sans m'éloigner beaucoup de ce centre; mais j'espère obtenir de ce pays-là quelques richesses zoologiques que celui-ci ne saurait me fournir. Il y a au petit Thibet plusieurs espèces de ruminants, dont le poil de dessous, soyeux comme celui des chèvres improprement dites de Cachemire, sert également à la fabrication, mais très-restreinte, d'étoffes assez semblables; l'une doit être une chèvre, une autre est certainement une brebis.

Enfin, par les rapports des natifs de Misapoor, il y a quatre espèces d'animaux distincts dont le poil a ses usages; aucun d'eux ne se trouve à Cachemire. Le chétif roi du petit Thibet, Ahmed-Châb, m'a écrit quand il a su mon arrivée ici; il me faisait mille offres de service. Je l'ai prié de me procurer ces animaux et de me les envoyer ici- vivants, mâle et femelle, et en double s'il se pouvait. Son messager est reparti avec ma réponse, il y a quelques jours, et ne doit pas être loin de Secunderabad, la résidence d'Ahmed-Châb.

Veuillez agréer, messieurs, etc.

LXXXIV

A SIR H. HADOW, A POONAH [1].

Juillet 1831.

My dear sir,

I would not trust to my memory for the interesting heads of the opium trade which you were so kind as to explain to me sunday last. So I beg leave to ask

[1] A M. H. HADOW, A POONAH.

Juillet 1831.

Mon cher monsieur,

Je crains d'oublier les détails rélatifs au commerce si intéressant de l'opium que vous avez eu la bonté de me fournir dimanche dernier;

them by writing, leaving only to you the numbers in blank to fill up.

A chest of opium in Bengal and in Malwa is of the same weight, 140 pounds. In Bengal poppy cannot be cultivated but by a license of the Government.

The government does not *sell* such licenses, but adjuges to itself the monopoly of the opium produced, and makes its price to the productor thereof.

What is the average price given by the Bengal government for a chest to the undertakers of the poppy cultivation, either Saokars or other money men who have advanced to the poor cottagers the necessary money to cultivate the poppy, or the wealthy zemindar who has chosen going to the trouble of promoting and superintending it among his tenants?

Whatever may be the fluctuations of the price paid by the Bengal Government for a chest to the opium

---

c'est pourquoi je crois prudent de les écrire. Je laisserai, toutefois, les nombres en blanc, en vous priant de vouloir bien les remplir.

Une caisse d'opium, au Bengale, a le même poids que dans le Malwa, cent quarante livres. Au Bengale, le pavot ne peut être cultivé qu'avec une patente du gouvernement. Le gouvernement ne vend pas, d'ailleurs, cette patente; mais il se réserve le monopole de l'opium produit, et impose les prix aux producteurs.

Quelle est, en moyenne, la somme allouée par le gouvernement du Bengale pour une caisse d'opium aux cultivateurs d'opium, soit aux *saokars*, soit aux autres riches propriétaires qui ont avancé aux paysans les fonds nécessaires pour la culture de l'opium, soit enfin aux opulents *zemindars*, qui préfèrent se donner la peine de surveiller cette culture chez leurs fermiers?

Quelles que soient les variations des prix alloués aux producteurs

productor, does it not sell it always at the fixed price of 1500 rupies?

What is the quantity of the last 3 years sold by the Bengal Government?

Now let us come to Malwa.

Under the former or originary system, when the Bombay Government, in spite of the channels opened to smuggling through the Djaodpoor desert, the Run and Demann, attempted also a monopoly of the opium produced in that province, and had made treaties with its many independent chiefs to aid it in the repression of smuggling, what quantity of opium lastly used to be bought by the Indor resident and travel to Bombay for the company? What price was given generally by the Bombay Government for a chest? And at what price was it resold by Government to the traders with China? What quantity lastly found its way to Demann?

par le gouvernement, celui-ci ne vend-il pas toujours l'opium au cours fixe de quinze cents roupies?

Quelle est la quantité vendue par le gouvernement pendant les trois dernières années?

Maintenant, passons au Malwa.

Dans le système primitif, bien que les routes fussent ouvertes à la contrebande à travers le désert de Djaodpoor et le Demann, le gouvernement de Bombay avait essayé de s'attribuer le monopole de l'opium produit dans cette province, et avait fait avec les chefs indigènes des traités pour essayer de réprimer la contrebande.

Quelle quantité d'opium achetait alors le résident pour l'envoyer à Bombay?

Quel prix le gouvernement payait-il généralement une caisse? A quel prix la revendait-il aux commerçants qui expédient l'opium en Chine? Quelle quantité envoyait-on au Demann?

Since the new regulations for the Malwa opium, does not the whole of what is produced go to Bombay and did not that quantity amount last year to 13,000 chests?

Bought at what price by the Government, either by the Indor resident either by the opium agent in Bombay itself?

Resold at what price per chest by the Bombay Government for exportation in China?

You will oblige me exceedingly by writing the wanting numbers in the body of this paper, while reading it and returning it to me, that will make me comfortable until I go to Bombay, where I shall ask for some official returns from the opium authorities.

Whith many apologies for the trouble I give you, believe me, my dear sir, yours very truly.

Depuis le nouveau règlement sur l'opium du Malwa, n'expédie-t-on pas à Bombay tout celui qui s'y récolte, et l'exportation ne s'est-elle pas élevée, l'année dernière, à treize mille caisses?

A quel prix l'opium était-il acheté au nom du gouvernement, soit par le résident, soit à Bombay par l'agent qui surveille le commerce de l'opium ?

Vous m'obligerez beaucoup en remplissant les nombres laissés en blanc dans cette lettre, que vous pourrez me renvoyer après l'avoir lue. Cela me suffira jusqu'à ce que je me rende à Bombay, où je demanderai des renseignements officiels aux autorités chargées du commerce de l'opium.

Recevez mes excuses pour toute la peine que je vous donne, et croyez-moi, cher monsieur, votre tout dévoué.

LXXXV

A M. DE MESLAY, A PONDICHÉRY.

Cachemire, le 28 juillet 1831.

Cher monsieur,

Il y a bien longtemps que je ne vous ai écrit; mais il y a bien plus longtemps encore que je n'ai reçu de vous signe de vie. Vraiment, je ne puis vous le pardonner, car je ne saurais admettre que les soins de votre empire ne vous laissent pas le temps de m'écrire quelques lignes. Milord William Bentinck a apparemment beaucoup moins à faire avec ses quatre-vingts millions d'Indiens que vous avec vos deux cent mille; car il trouve toujours du loisir pour me répondre, lorsque j'ai quelque grâce à lui demander, et le successeur de Porus, Rundjet-Singh, est un de mes correspondants les plus fidèles. Il m'a plu extrêmement dans les longues entrevues que j'eus avec lui à Lahore, au mois de mars dernier. J'eus le bonheur de lui plaire également, et je lui dois d'admirables facilités pour l'exécution du voyage que je fais depuis cinq mois dans ses États. Il me dit à bout portant que je suis افلاطون الزمان (le Platon du siècle)! Je lui réponds sans sourciller qu'il est le Bonaparte de l'Orient, et nous sommes ainsi les meilleurs amis du monde.

Mais parlons d'affaires plus sérieuses. Vous m'avez

écrit à Calcutta, au mois d'octobre 1829, que vous aviez adressé au ministre de la marine, avec les apostilles les plus pressantes, une demande que je vous avais envoyée. Quand le général Sébastiani a été porté au trident du ministère, son ancien aide de camp Victor de Tracy et plusieurs autres de mes amis, devenus des puissants, ne m'ont pas oublié. M. Sébastiani n'avait rien à leur refuser pour moi, mais encore fallait-il quelques lignes de mon écriture pour servir de pré-texte à une décision de lui en ma faveur. Mon père, à qui j'avais écrit ce que vous m'aviez mandé en octobre 1829, dit qu'il fallait chercher ma demande apostillée par vous. M. Augustin Taboureau fouilla tous les bu-reaux, mais en vain. Quoique M. Guizot ait pris, de son côté, l'initiative de mes intérêts, il est à regretter cependant que la bonne volonté du général Sébastiani ait été paralysée par le défaut de *corpus petitionis*. De grâce, faites moi l'amitié de me dire exactement quand et par quel navire vous avez expédié ma demande. Avez-vous jamais reçu les caisses de plantes que j'avais fait préparer pour vous, avant mon départ du Bengale, au jardin de la Compagnie?

Adieu; quel grand jour que celui-ci! Répondez-moi à l'adresse suivante :

Victor Jacquemont, Esq.,
Care of Captain Wade, political agent, Loodianah.

Votre lettre ne me trouvera sans doute plus en ce soi-disant paradis terrestre. Mais le capitaine Wade, avec qui je suis lié d'amitié, et qui veut bien me servir de vaguemestre au delà du Sutledje, connaît d'avance mes marches, et vous pouvez être sûr que ce que vous m'écrirez me parviendra.

Il y a une bénédiction sur ma correspondance. De vingt et un paquets de lettres partis de Paris, un seul s'est perdu, et je sais qu'il est resté sur les vases du Gange. Il n'était cependant pas sous la conduite du capitaine Poutier !

Adieu encore, cher monsieur de Meslay ; je suis accablé de besogne en des genres très-divers, et je ne saurais, malgré le plaisir que j'y trouverais, causer plus longtemps avec vous. Recevez la nouvelle assurance de mon sincère attachement, et croyez qu'il me serait fort pénible de douter du vôtre.

LXXXVI

A M. JOSEPH DE HEZETA, A CALCUTTA.

Camp à Pundjegamne dans les montagnes de Cachemire,
le 19 août 1831.

Mon cher Hezeta,

« En attendant, me dites-vous, pour conclure votre lettre du 20 juin, herborisez et géologisez... »

Comme il pleut à verse, mon cher ami, et qu'herboriser est chose impossible, quoique je vous aie déjà répondu hier, je vais me donner le plaisir de vous

écrire encore aujourd'hui; cela me dédommagera d'être
retenu dans ma petite tente. Elle est tendue sous un
immense platane, dans un joli jardin, planté des
arbres et orné des fleurs de nos jardins d'Europe.
Vêtu de mes habits de lama, je me ris des change-
ments brusques de la température; j'oppose au *radical
moisture* une infusion d'absinthe du Thibet, et, grâce
à ma savante hygiène et à ma bonne constitution
fibreuse, comme vous l'appelez, je me sens plein de
radical heat.

Lorsque, de retour à Paris, je publierai quelques
parties de mon voyage, alors permis à vous, mon cher
Hezeta, de me *puffer* tant qu'il vous plaira, à boulet
rouge, si vous l'aimez ainsi; je ne tournerai pas la
tête ni ne broncherai; mais, à bout portant, comme
vous le faites, par anticipation, dans votre lettre du
20 juin, il m'est impossible de me laisser faire. — Je
rapporterai une carte de Cachemire, telle quelle, quelques plantes nouvelles, quelques animaux nouveaux
ou mal connus, un grand mémoire de géologie, quelques dessins, quelques esquisses politiques, mais tout
cela ne fera pas de moi un bienfaiteur de l'humanité.
Les sciences sont assez utiles et assez respectables
pour n'avoir pas besoin d'être *puffées;* personne ne
me devra de reconnaissance, je ne demande que de la
considération. Mon voyage en Cachemire ne sera jamais un poëme, parce que la nature ne m'a point fait
poëte; toute mon ambition est de faire un récit instruc-
tif et agréable.

Après avoir été privé pendant un an de nouvelles d'Europe, j'en ai reçu dernièrement cinquante lettres à la fois; c'était de ma famille et de mes amis, devenus tous, depuis la révolution, des personnages politiques. Ils sont tous bien mécontents de la marche des affaires; car ils pensent comme moi : ils sont du parti *du mouvement.* Je regrette, pour la tranquillité intérieure du pays, que le roi n'ait pas choisi parmi eux ses ministres; ils eussent donné un libre essor à l'enthousiasme populaire et fussent allés avec le torrent à Rome et à Varsovie; ils eussent entouré le trône de ces institutions républicaines qui seules peuvent rendre le trône populaire en France, et dont les eunuques de la révolution ont tant de frayeur.

Vous me dites qu'il ne suffit pas de se raser et de porter des culottes pour être Européen; mais vraiment ces coquins de Russes ne se rasent guère. Je les abhorre. — Que devient cette nouvelle de Bombay, que le général Yermolof, avec son armée, s'était révolté contre le czar?

Bolivar aurait dû mourir il y a quatre ou cinq ans. Sa mort va, je pense, augmenter, si c'est possible, l'anarchie qui dévore toute l'Amérique intertropicale. Les Grecs n'ont, comme les Russes, d'européen que leurs culottes. La situation intérieure de ce pays est déplorable; il est complétement la proie de quelques familles puissantes; le peuple n'y est compté pour rien; c'est tout à fait l'Orient! Honneur aux ministres anglais! ils tiennent leur parole!...

Lord William a bonne mémoire. Il m'en veut beaucoup d'un certain adjectif, *inadministré*. Je crois que je l'avais appliqué, dans une de mes lettres à vous, au pays qu'il gouverne. Vous lui aurez sans doute communiqué cette lettre. Il s'est plaint, en riant, je dois le dire, à un de mes amis, à Simlah (le colonel Arnold, du 16ᵉ régiment de lanciers). Arnold m'écrit que, tout en plaisantant à ce sujet, il a insisté vivement et exprimé fortement le désir de me revoir pour avoir raison de mon adjectif. J'ai envoyé au colonel, pour être dite à milord dans l'occasion, mon apologie, qui n'en est pas une, car je me tiens à mon opinion; mais j'établis que lord William n'est pas responsable de ce que je trouve à blâmer. Au contraire, son administration a toute mon approbation. Depuis que j'ai passé le Sutledje, que je ne parle plus d'autre langue que l'indostani (fort mélangé de pundjâbi et de persan), que je n'ai d'autre société que celle de natifs, j'en ai appris beaucoup plus en dix mois sur leur caractère que jusque-là en deux ans; tous mes premiers aperçus se trouvent confirmés, et je suis convaincu que les Anglais, dans l'Inde, perdent négligemment divers moyens très-puissants et *gratuits* de l'influence la plus utile. M. Allard, en neuf ans, a plus francisé les gens de Lahore, où il n'est pas le maître cependant, que vous n'avez anglisé vos Indiens depuis cent ans. Le prince Cheyr-Singh (le fils et l'héritier probable de Rundjet) mange à table, assis sur une chaise... Voilà un détail; je pourrais vous en citer mille autres.

Il vous sera agréable de savoir que lord William est, à Simlah, ce qu'il vient d'être partout, très-populaire. Il ferme la bouche aux mécontents par des dîners que l'on dit admirables. Pour moi, je bois de l'eau depuis six mois, et je ne m'en trouve pas plus mal. Rundjet me témoigne la plus grande considération; il me donne trois lignes de titres quand il m'écrit. Je lui ai dit sans sourciller qu'il était le Bonaparte du Pundjâb; il m'a répondu que j'étais l'*Aflatoune* de l'époque, le *Bocrates*[1] du siècle, et nous demeurons grands amis. Il est aussi ignorant que vous pouvez l'imaginer, mais curieux et spirituel. Il y a de la ressource avec lui; il est de plus tout à fait bon diable. Comme tout le monde me croit le plus grand crédit auprès de lui, je ne vois ici que des flatteurs, qui sont des solliciteurs déguisés; aussi ma réputation de *dainche maunde* est plus grande encore ici qu'à Lahore.

Je vis en ermite, et ma sagesse est l'objet de l'admiration universelle. M. Moorcroft ne donnait pas ici un exemple semblable de la continence européenne. Sa principale occupation était de faire l'amour, et, si ses amis s'étonnent de ce que son voyage ait été si stérile, ils doivent l'attribuer à cette raison.

Vos rayottes peuvent-ils mettre de côté, chaque année, quelques roupies? Combien en gagnent-ils par mois? Combien coûte, en moyenne, un maund de riz? Combien un biggah donne-t-il de maunds chaque

---

[1] Socrate.

année? Combien en riz? combien en blé? Quel est le taux moyen de la *respectabilité* de vos voisins faisant du bleu? Comment va votre foie? Avez-vous pris un maître de bengali sans une grande barbe au menton? Imitez-moi, mangez et buvez peu. Gardez-vous de faire comme M. Moorcroft; gardez-vous du calomel et des médecins anglais; mais surtout gagnez de l'argent et sachez vous arrêter à temps, et, quand vous en aurez, n'achetez jamais des rentes publiques dans votre pays. Votre coquin de roi ne vient-il pas d'avoir l'impudence de nous offrir de reconnaître nos rentes des Cortès pour un quinzième de leur valeur! Mais adieu, mon cher ami; voici le ciel éclairci et je vais suivre votre conseil d'herboriser.

Écrivez-moi, *care of Capt. Kennedy at Sabathoo.*

Je vous embrasse de tout mon cœur, et j'espère que vous n'êtes pas encore devenu assez Anglais pour reculer d'horreur à ce compliment.

LXXXVII

A M. DE MESLAY, A PONDICHÉRY.

Cachemire, le 18 septembre 1831.

Monsieur le gouverneur,

Depuis la note que j'ai eu l'honneur de vous remettre à Pondichéry, au mois d'avril 1829, sur l'établissement du jardin botanique tenté par votre prédécesseur,

et la réclamation que je vous ai adressée quatre mois
plus tard de Calcutta, en vous priant de lui servir de
canal et d'appui près de M. le ministre de la marine,
deux années se sont écoulées sans que j'aie eu l'honneur de vous écrire. La vie active et laborieuse que je
n'ai cessé de mener pendant ces deux années est sans
loisirs, et je ne puis dérober quelques heures à l'étude,
sans négliger quelques-uns des nombreux objets de
l'entreprise à laquelle je me suis dévoué. C'est par devoir et dans l'intérêt même du succès de cette entreprise que je romps aujourd'hui ce silence prolongé.

Le lieu même d'où j'ai l'honneur de vous écrire vous
dit déjà combien elle s'est agrandie. En quittant le Bengale, il y a deux ans, je ne me flattais pas de pouvoir
visiter tant de lieux inaccessibles jusqu'alors aux recherches des voyageurs et des physiciens. Cependant,
la bienveillante amitié que j'avais eu le bonheur d'inspirer au gouverneur général de l'Inde, les relations
précieuses que j'avais formées sous ses auspices avec
la plupart des membres les plus puissants de son administration, et l'intérêt public et privé qu'un noble
sentiment d'orgueil national excitait parmi les étrangers dont j'étais l'hôte, en faveur d'une entreprise dont
les résultats devaient appartenir au domaine commun
des sciences, m'assuraient dès lors la plus haute protection du gouvernement anglais dans le cours de mes
voyages et de mes travaux. Cette protection m'envi-
ronna dès mes débuts : les autorités anglaises se plu-
rent à me faciliter les moyens de visiter avec sûreté

des provinces soumises encore au pouvoir des anciens
princes indigènes et mal connues. C'est ainsi que, du
Bengale, j'allai d'abord dans les montagnes du Bog-
hilkund et du Bundelkund, qui séparent le bassin du
Gange de celui de la Nerbuddah, et que je consacrai
un mois à en étudier la structure géognostique si pleine
d'intérêt.

De là, j'allai à Agrah et à Delhi. L'hospitalité anglaise m'accueillit dans ces grandes villes comme elle
m'avait accueilli déjà à Bénarès, qui m'avait offert aussi
d'autres objets d'observation, liés étroitement à la philosophie et à l'histoire des sciences physiques.

Après une rapide et laborieuse excursion dans le
pays des Sykes, qui habitent sur la rive gauche du Sutledje, depuis le pied de l'Himalaya jusqu'au désert de
Bikânir, je quittai ce peuple nouveau et singulier, que
je devais revoir plus tard sur le siége de sa puissance,
et j'entrai dans l'Himalaya, dont les chaînes inférieures
et moyennes venaient de se découvrir de leurs neiges.
J'ai consacré plus de trois mois à parcourir les pentes
indiennes de ces montagnes colossales, depuis les
sources du Gange jusqu'au bord du Sutledje. Un habile botaniste anglais, M. Wallich, en avait déjà visité
une partie avant moi ; les vastes collections de botanique que j'y ai formées renferment donc sans doute un
grand nombre d'objets décrits par ce savant. Mais,
quoique M. Wallich, dans ses voyages, eût eu des compagnons chargés par le gouvernement anglais des recherches géognostiques, j'ai trouvé que ce genre d'ob-

servation avait été à peine effleuré, et j'ai refait en
entier, pour cette partie de l'Himalaya, un travail géologique qui, s'il n'est pas dépourvu d'autre mérite,
aura encore tout celui de la nouveauté.

Ces recherches m'avaient conduit jusqu'à Simlah,
sur la frontière la plus reculée de la puissance anglaise
dans l'Himalaya. Entraîné par le désir de pénétrer le
mystère de la physique et de l'histoire naturelle de
cette contrée singulière, que les neiges éternelles de
l'Himalaya séparent de l'Inde, et qu'elles en isolent si
complétement, je me décidai à passer au nord de ces
montagnes, dans le Thibet. J'y ai voyagé pendant plus
de trois mois, et mes excursions vers l'orient n'ont
pas toujours eu pour limites les premiers postes chinois. Au nord, vers Ladak, je ne me suis arrêté que
lorsque le froid rigoureux de l'automne dans ces hautes
régions me fit songer aux dangers que j'y courrais, si
je m'y laissais surprendre par leur terrible hiver.

Cette pénible et hasardeuse expédition réalisa toutes
les espérances que j'en avais conçues. Une contrée si
étrange, si singulière par son extrême élévation et par
son climat, m'offrit des objets nouveaux dans toutes
ses productions naturelles. J'en ai rapporté un nombre
immense. Leur acquisition m'a coûté bien des privations, des fatigues, et elle m'a obligé à de grandes dépenses.

Je revins en hiver à Delhi. C'est là que je formai
le plan de l'expédition dans laquelle je suis présentement engagé, et que j'aurai terminée bientôt avec un

bonheur et un succès qui ont dépassé toutes mes espérances.

Depuis le temps que vous résidez dans l'Inde, vous ne pouvez ignorer, monsieur, que la politique défiante du roi de Lahore, Rundjet-Singh, interdit aux voyageurs anglais l'entrée de ses États, qui s'étendent maintenant de l'Indus au Sutledje, et dont le royaume de Cachemire, depuis quinze ans, est devenu une province. Plusieurs savants anglais ont, à diverses reprises, sollicité l'intervention amicale de leur gouvernement auprès de ce prince pour obtenir la permission de visiter le Pundjâb, et ce gouvernement, qui accorde aux sciences une si magnifique protection, refusa toujours de seconder ces désirs. Je savais ses refus répétés, et cependant je ne désespérai pas de réussir où d'autres avaient échoué. J'écrivis au gouverneur général pour lui demander, au nom des sciences, son appui près de Rundjet-Singh. Je n'ignorais pas, en lui faisant cette demande, que ma qualité d'étranger, de Français, était un titre puissant à la faveur anglaise. Les vœux personnels de lord William Bentinck étaient pour moi ; la bienveillance publique de sa nation dans l'Inde s'était attachée à mon entreprise et à mon nom, et, après quelques hésitations, le gouverneur général se départit en ma faveur de la règle de son gouvernement, et il motiva sur les considérations les plus flatteuses pour moi cette dérogation, sans laquelle tous mes efforts directs près de la cour de Lahore seraient certainement restés sans succès. Le 1er mars de cette année, un seigneur de la cour syke, le fils aîné du ministre Faquir-Uziz el Dîne, arriva de Lahore sur la frontière anglaise, où il me reçut au nom de Rundjet-Singh, et d'où il me conduisit près de ce prince, dans la capitale. Le roi me fit l'accueil le plus flatteur. Il me reçut comme un ami particulier de l'homme le plus puissant de l'Asie. Je restai quinze jours à Lahore, pendant lesquels j'obtins de Rundjet-Singh un grand nombre d'audiences. L'objet de mes études et le but de mon voyage étaient pour le prince syke une chose trop nouvelle pour ne pas exciter un peu sa défiance, toujours si prompte à s'alarmer. J'eus le bonheur de dissiper bientôt tous ses soupçons, avantage qu'aucun Européen, je crois, n'affirmerait qu'il partage avec moi. Il est vrai que le petit nombre de ceux qu'il a jamais vus étaient ou des officiers à son service ou des agents politiques anglais, et que l'étiquette gênante imposée aux uns et aux autres par leur caractère de dépendance et d'officialité est un obstacle insurmontable à des entretiens libres et animés; et les nôtres étaient dégagés de toutes ces entraves.

Je quittai Lahore le 26 mars, accompagné d'un officier de la maison du roi, porteur de ses firmans pour les gouverneurs des provinces et les radjahs tributaires, et suivi d'une forte escorte. C'est avec d'immenses facilités de tout genre que j'ai voyagé d'abord dans les plaines du Pundjâb vers l'Indus, et que j'ai parcouru ensuite diverses parties inconnues de la chaîne de l'Himalaya, entre ce fleuve et le Sutledje.

Cachemire, qu'un seul de nos compatriotes, Bernier, a visité, il y a plus d'un siècle et demi, qu'un seul voyageur anglais, M. Forster, a revu depuis, à la faveur d'un déguisement dangereux, est depuis plus de quatre mois le centre de mes excursions. J'y marche avec tous les instruments d'observation et entouré de tous les secours qui peuvent multiplier les résultats de mes recherches et de mes travaux. C'est pour leur succès un avantage inappréciable, et j'ose croire que je n'en aurai pas joui sans profit pour les sciences physiques et naturelles.

Un sentiment singulier de bienveillance et de considération s'attache à mon nom parmi ces peuples à demi barbares. Peu de temps après mon arrivée ici, je reçus du roi du petit Thibet, Ahmed-Châh, une communication amicale tout à fait inattendue. Je répondis amicalement aux prévenances de ce prince, et dernièrement il m'a envoyé son vizir avec les présents qu'il jugeait devoir m'être le plus agréables, des productions naturelles de son pays, inconnues à Cachemire et au Thibet : des lamas. Rundjet-Singh, depuis que j'ai quitté sa cour, n'a cessé de correspondre avec moi. Ces hautes relations m'ont permis de recueillir sur ces contrées un fonds de connaissances précieuses, en dehors de mes études spéciales de physique et d'histoire naturelle. Sans rien perdre dans sa spécialité, mon voyage se trouve ainsi embrasser désormais d'autres genres d'intérêt que le gouvernement, sans doute, me saura gré de n'avoir pas négligés, et qui, sous un point de vue politique, par exemple, seront au nombre de ses résultats les plus saillants.

Mais je n'ai pu faire tant de choses sans des dépenses considérables et sans excéder de beaucoup le modique crédit qui m'avait d'abord été alloué par l'État, avec la promesse d'une augmentation prochaine. Ces crédits supplémentaires, dont j'avais avec trop de confiance emporté l'espoir en quittant la France, ne sont pas encore arrivés. Toutefois, je viens de recevoir de MM. les professeurs du Muséum royal d'histoire naturelle l'avis officiel qu'une augmentation de traitement de neuf mille francs m'a été accordée sur les fonds du ministère de l'intérieur, dès les premiers jours de septembre 1830. Ce secours sera encore insuffisant pour faire face aux grandes dépenses qui me sont imposées. Il m'en faudrait un semblable du ministère de la marine. Le désir qu'ont manifesté MM. Sébastiani et d'Argout de concourir au succès de mon entreprise par les fonds du département qu'ils ont successivement administré, n'a été paralysé que par le défaut d'une pièce sur laquelle ils auraient pu motiver une décision en ma faveur. M. le général Sébastiani m'en a même fait exprimer son regret. J'ai peine à comprendre, monsieur le gouverneur, cette circonstance, et je ne puis me l'expliquer que par la supposition de la perte ou de l'égarement dans les bureaux de la réclamation que j'ai eu l'honneur de vous transmettre, il y a deux ans, pour le ministre de la marine. Quoi qu'il soit advenu de cette pièce, qu'elle se soit perdue dans le trajet ou dans les bureaux à Paris, ou égarée dans les vôtres peut-être, à Pondichéry, ce hasard est pour moi désastreux, puisqu'en me privant de ressources sur lesquelles j'avais tout droit de compter, il compromet la fin d'une entreprise commencée et poursuivie avec des succès si inespérés, et me réduirait peut-être à l'extrémité douloureuse de la terminer sous les auspices d'un gouvernement étranger et de lui voir perdre son caractère national français.

C'est donc pour la conservation d'une propriété nationale française que je m'adresse à vous, monsieur le gouverneur. J'ignore quelle est, dans des circonstances ordinaires, l'étendue de vos pouvoirs, mais je n'hésite pas à croire que vous jugerez qu'il y a urgence à m'accorder sans délai, sur vos fonds coloniaux, le secours que les deux derniers ministres de la marine manifestaient si vivement le désir de m'accorder sur les leurs. Les engagements que j'ai été forcé de prendre rendraient inutile pour moi toute décision de votre part à cet effet, si cette décision devait tarder à être prise et à m'être communiquée. Quant à la quotité des fonds que je réclame de votre zèle éclairé pour le service public, je ne pense pas que M. le ministre de la marine, s'il eût eu entre les mains la pièce que j'eus l'honneur de vous transmettre il y a deux ans pour lui, eût fait pour moi moins que le ministre de l'intérieur, et celui-ci, d'après l'avis officiel que je viens d'en recevoir, m'a accordé un crédit supplémentaire de neuf mille francs. C'est là, d'ailleurs, à peu près le montant des dépenses extraordinaires que, malgré la plus sévère économie, j'ai dû faire au delà de mes allocations.

J'appréhende qu'il ne soit fort difficile de me faire passer ces fonds par l'entremise du commerce ; mais si vous vouliez bien ordonner à M. l'administrateur français de Chandernagor de les verser de sa caisse entre les mains de mon banquier à Calcutta, MM. Cruttenden, Mackillop et Cᵉ, cet arrangement offrirait toute la sûreté et la célérité désirables.

Je ne terminerai pas cette lettre, monsieur le gouverneur, sans vous rappeler tout ce que les avantages singuliers de ma situation dans ces contrées lointaines m'offrent de facilités pour acquérir sur elles des connaissances exactes, en dehors des recherches spéciales auxquelles je me livre habituellement. S'il était quelques points de leur statistique médicale ou de leurs relations politiques et commerciales sur lesquels vous crussiez que le gouvernement pût désirer des renseignements particuliers, je vous invite à me les désigner, ils fixeront toute mon attention.

Veuillez agréer, monsieur le gouverneur, l'assurance de la considération très-distinguée avec laquelle j'ai l'honneur d'être votre très-humble et très-obéissant serviteur.

LXXXVIII

AU MÊME.

Umbritsir, le 14 octobre 1831.

Platon a écrit à Denys. Comme il a une parfaite horreur de parler de ces choses et qu'il vient de le faire
très-longuement et très-efficacement, il l'espère, je
n'ajouterai, cher monsieur de Meslay, que peu de mots
à son réquisitoire, puisque c'était un réquisitoire que
Denys voulait voir lancé contre lui. Et ce mot, c'est
que ledit réquisitoire est vrai de tous points, et que,
fort de son droit, le susdit Platon, je pourrais dire
aussi Socrate et Aristote, car on l'appelle ici de tous
ces noms, attend de ses conclusions et de son juge
meilleure raison qu'on ne fait pour les siennes à maître P....., quand il s'avise de dire que l'héroisme de
juillet n'a pas à perpétuité le mérite de l'à-propos.

J'ai reçu avant-hier au soir votre lettre du 10 août.
J'étais arrivé le matin de Cachemire sans accident ni
encombre, et j'ai trouvé que, dans la ville sainte des
Sykes, parmi ce peuple de longues barbes à cheval et
qui n'y entend pas finesse, c'était un plaisir charmant
qu'une heure de causerie fine et aimable avec un Lu-
técien qui voulait bien en faire tous les frais. Vous
avouez si gracieusement votre *plumophobie*, qu'il n'y
a pas moyen de s'en fâcher, de quelque plaisir qu'elle

me prive dans les immenses intervalles de votre silence. C'est donc avec une entière résignation à attendre une couple d'années votre première lettre (mais celle de Denys à Platon doit venir avant deux mois) que je choisis généreusement pour vous remercier cette aune de papier cachemirien.

Je n'attendais pas plus que vous, cher monsieur, du chiffon que je vous envoyai de Calcutta il y a deux ans. Je n'en attendais pas plus que vous pour le temps d'alors ; mais je pensais que d'autres jours viendraient et qu'il était bon d'être prêt. Si vous n'aviez pas mis ma prose en cave parmi vos liasses, et qu'au mois de septembre dernier le général Sébastiani eût pu l'admirer, il n'y a pas le plus petit doute (Platon et Denys à part) qu'il n'eût fait comme M. Guizot, sinon mieux encore. Quand M. d'Argout vint le remplacer à cette boutique, il dit également à mes amis qu'il ferait avec empressement tout ce qu'on voudrait de lui, si l'on pouvait seulement lui en fournir un prétexte. Je suppose que mes amis font une telle guerre à votre camarade M. de Rigny, qu'il se sera sauvé depuis longtemps à la mer, quand Denys, dans sa correspondance officielle, informera le Neptune régnant de ce qu'il a fait pour l', افلاطون الزمان (*Aflatoune el Zeman*), ou Platon de l'époque ; et je ne doute pas qu'il ne reçoive du susdit Neptune une approbation sans réserve.

Si les eaux du Pactole de Chandernagor sont trop basses pour y puiser selon le réquisitoire de Platon, il y a à Calcutta un négociant français appelé M. Bo-

naffé (par parenthèse le seul citoyen de la grande
nation que j'aie jamais vu à Calcutta), qui m'a tout
l'air d'un brave homme, fort obligeant, et qui peut-
être pourra faire notre affaire. Les Arbuthnot de Madras sont pour moi, dans le Pundjâb, comme des gens
de la lune, et je suis, d'ailleurs, d'une si parfaite bêtise
pour les affaires d'argent, que je ne suis propre qu'à
tirer sur MM. Cruttenden, Mackillop et C⁰, de Calcutta,
dans les coffres desquels je dois vous laisser, cher
monsieur, tout le soin de le faire entrer. Si vous n'é-
tiez pas certain d'une approbation entière pour avoir
tranché du maître en ma faveur dans cette affaire,
pourquoi n'auriez-vous pas la candeur de dire au Neptune *pro tempore* que, ayant été la cause involontaire
de l'égarement de ma prose, vous avez cru de votre
devoir de me faire sur-le-champ, en la retrouvant, la
justice que le ministre se serait empressé de lui rendre?

Mais assez de cela.

Vos nouvelles, en effet, n'étaient pas pour moi des
nouvelles. Avec un facteur tel que milord William, il
vous sera difficile de m'en apprendre. Je savais par
lui dans les montagnes de Cachemire la dissolution du
parlement anglais, avant que les marchands de nouvelles de Calcutta en fussent instruits. Une gazette
russe, venue par la Perse, nous l'avait appris avant
vous. Mes correspondants, pour justifier les éloges
que vous leur donnez, semblaient s'être donné le mot;
car avec votre lettre il m'en arriva avant-hier au soir
un paquet des mieux fournis, dont une venait de la

Chine, écrite par cet homme aimable, capable et spirituel que je rencontrai, l'an passé, de l'autre côté de l'Himalaya, et dont je vous avais annoncé la visite probable. De ce côté-là, le four a chauffé plus que de coutume, et, cette fois-ci, je commence à croire que les Chinois obligeront les Anglais à leur envoyer des coups de canon en place d'opium, coton et piastres d'Espagne, pour le thé qu'ils leur achètent. Mais une volée ou deux feront l'affaire, et M. *Lé* et son second, M. *Chou*, comprendront combien ce genre d'importations pourrait être nuisible à la santé des honnêtes Cantoniens. Ils feront au portrait du gracieux George IV autant de révérences qu'on le voudra, et ils seront à l'avenir plus polis avec les *barbares*.

Chez nous, tout va bien mal. Je crains fort que nous n'en finissions par une république prématurée; et cependant, si, au lieu d'être dans le Pundjâb, j'étais à Paris, — et là où mes amis m'écrivent qu'ils m'eussent fait asseoir, — en ce cas peut-être pousserais-je comme tant d'autres à cet anachronisme, dégoûté de ce que M. Casimir Périer appelle son sage *mezzo termine*...

L'idée de faire une révolution *légalement* est une idée fort nouvelle; je voudrais qu'elle fût heureuse pour l'honneur des hommes qui prétendent l'accomplir; mais je doute de sa *practicability*. Mon vieux père m'écrit qu'à aucune époque de ses longs souvenirs (de soixante-quinze ans), la société n'a offert un spectacle aussi dégoûtant, par la guerre furieuse que se

livrent, sur les dépouilles de la nation, toutes les ambitions et toutes les cupidités.

J'avais vu, dans les gazettes, la nomination de
M. M... à la direction du parquet de Bourbon. Je
regrette d'apprendre les graves sujets de plainte qu'il
vous a donnés, parce qu'il est certainement, dans son
métier d'avocat (de parleur, je veux dire, car de lé-
giste, je n'en sais rien), un homme de talent, en qui
il est triste de voir les fautes dont le talent et peut-
être au fond l'honnêteté ne préservent pas dans le tu-
multe des passions politiques. Au reste, le hasard de
vos anciennes relations personnelles avec le roi vous
eût fait certainement obtenir la plus éclatante répa-
ration, si le comte Horatio n'avait été averti à temps de
la sottise qu'il allait faire. Le perpétuel calme plat de
votre petit empire est une chose qui va de soi-même,
et sans avoir à être dite à un *Zadig* comme moi.

Qu'avez-vous fait du plus *Pococurante* de tous les
auditeurs au conseil d'État passés, présents et à
venir, et de votre R...? Je soupçonne celui-ci d'être
un peu sot et de m'en vouloir beaucoup parce que
j'étais l'hôte de ce terrible gouverneur, quand je le
retrouvai, lui, ancien ami de collége, au bout du
monde, à Pondichéry; car il ne m'a pas écrit un mot
depuis ce temps-là. Qu'advient-il de votre sucre et de
vos mûriers, ou plutôt des mûriers et du sucre de
M. des Bassins, car vous en êtes et en auriez été,
certes, fort innocent? M. Cordier m'a conté la décon-
fiture des Bourbonnais et l'espièglerie qu'ils ont faite

à ces pauvres gens d'Orissa, en les renvoyant sans les payer, quand ils se sont aperçus qu'ils ne travaillaient pas et ne le feraient jamais comme des nègres. Je suppose que vous remerciez dûment Sa Sainteté la Providence de ce qu'elle ne vous fait pas régner à Bourbon ou à la Martinique. Notre célèbre président d'Haïti se bat aux Cayes avec quelques-uns des enfants parricides de la république noire. J'espère que mon frère s'en sera tiré à temps.

Le jeune M... est, en effet, très-jeune, car il l'est plus que moi. Vos cinquante ans en voudraient-ils un peu à ses vingt-neuf? Son élévation n'a pas laissé que de m'étonner, parce que je le connais beaucoup, ou du moins l'ai connu beaucoup, alors que, d'une couple d'années plus vieux que lui, à un âge où cette petite différence est fort grande, et où, tout frais sorti de l'École polytechnique, il venait s'instruire de la théorie chimique atomistique de Berzélius, et de la science de gouverner les empires, aux graves paroles de ma sagesse, je ne pensais pas qu'il devînt un homme distingué, soit par son esprit, soit par ses passions. Mais, à l'exception d'une expression d'écolier qu'il a lâchée un jour par mégarde à la Chambre, son attitude m'y a paru tout à fait *creditable* aux ministres de vingt-neuf ans. Le fat des fats, le puant des puants, c'est le jeune T..., qui pourtant est mon aîné d'une bonne demi-douzaine d'années, et qui, portant à la Chambre la réputation d'un homme très-capable et très-spirituel, y a fait un *fiasco* complet. Je l'aurai.

jeté par les fenêtres si j'y avais été. Mon noble ami le
comte Horace est un bonhomme sans prétentions auprès de ce petit incroyable-là.

Mais c'est trop bavarder des choses de l'autre
monde. Revenons au nôtre en deçà du Cap.

Savez-vous ce que j'ai refusé hier ? D'être vice-roi
de Cachemire. Rundjet-Singh me l'offrit et me pressa
beaucoup d'accepter. Cela rapportait au seigneur
pundjâbi qui y était dernièrement cinq cents roupies
par jour de traitement, et environ quatorze laks de
susdites roupies par an de *profit*, comme on dit de ce
côté du Sutledje. J'ai pouffé de rire, au mépris de
l'étiquette dont un Aflatoune n'est guère esclave, et
j'ai dit au roi que c'était besogne fort au-dessous de
moi, les Aflatounes ne s'entendant qu'aux choses du
ciel et de l'esprit. Rundjet me fit presque des excuses
pour l'inconvenance de sa proposition. Il m'a fait,
d'ailleurs, mille caresses, et bien plus encore qu'à mon
premier passage près de lui. Il est dans le coup de feu
de la fête du Desserré qui a lieu après-demain, et
d'une autre fête que lui et le gouverneur général se
donneront l'un à l'autre, le 25 courant, sur les bords
du Sutledje, à Rooper, et dont l'honorable compagnie
ne payera que la plus petite moitié. Mon ami Wade,
l'agent politique à Loodianah, est arrivé hier pour
accompagner le prince syke jusqu'au lieu fixé pour la
conjonction des deux astres de l'Orient. Ce sera la
première entrevue entre le roi de Lahore et un *lâte
saheb*, ou gouverneur général. Les politiques de l'Inde

s'épuisent en conjectures, toutes plus ingénieuses et plus plausibles les unes que les autres, sur l'objet de cette entrevue; mais, moi qui trouve par expérience que la finesse, ici comme ailleurs, consiste à n'en pas faire, je crois tout simplement que cette entrevue a été désirée par la curiosité du gouverneur général, et consentie par la curiosité et la crainte du roi syke.

Je voulais m'échapper de cette épouvantable cohue (il y a quatre-vingt mille coquins à pied et à cheval, réguliers et irréguliers, campés autour de moi dans la plaine d'Umbritsir : c'est l'armée syke); je voulais, dis-je, m'échapper de cette bagarre avant que la mêlée fût au comble, mais Rundjet m'a fait tant de mamours pour que je reste près de lui jusqu'à la fin, que je n'ai pas su le refuser. Je ne le quitterai donc sans doute qu'à Rooper; je me rejetterai alors dans les montagnes de la rive droite du Sutledje, afin de visiter, avant de retourner à Simlah, les mines de sel et de fer de Mondi.

Adieu, cher monsieur de Meslay; il n'en coûte guère d'écrire sur ce beau papier de Cachemire, qui fuit si rapidement sous la plume, et, comme j'en ai rapporté bonne provision, je ne tarderai pas à vous revenir. Mais, de grâce, ne désespérez pas de vous-même et tâchez de vous convertir. Écrivez-moi donc. Je place mes intérêts sous la sauve-garde de votre amitié, dont l'assurance, je vous assure, m'est bien douce, et que je reconnais bien par le même sentiment, modifié seulement par la différence de nos âges.

LXXXIX

AU MÊME.

A Nagaah, dans les montagnes, entre le Sutledje
et le Béas, le 24 octobre 1831.

Cher monsieur de Meslay, en me retrouvant seul au
milieu des bois, après avoir été rendu quelques jours
aux plaisirs de la société européenne, il me prend une
rage d'écrire dont vous serez ce soir la victime. Aussi
bien ne vous ai-je pas tout dit d'Umbritsir, parce que
je n'y avais pas encore tout vu lorsque je vous y écrivis
ma dernière lettre.

Le soir de ce jour-là, j'allai faire une visite à
Grante Saheb, c'est-à-dire, littéralement, à Son Excell-
lence l'Évangile syke. C'est un manuscrit qu'on dit de
la main du grand Gorou-Gwind-Singh, et que l'on con-
serve religieusement enveloppé dans des étoffes d'or,
dans un temple assez vaste, d'or massif, qui s'élève au
milieu du bassin sacré d'Umbritsir. Des prêtres guer-
riers, disciples de Gorou-Gwind-Singh, et qu'on
appelle *akhalis* ou immortels, affluent autour de cette
arche de salut. Il y a longtemps que je les connais, car
ils errent par tout le Pundjâb, montés sur de pitoyables
rosses, mais armés jusqu'aux dents, et d'une humeur
sombre et farouche qui doit toujours les faire éviter. Il
n'y a pas à Toulon même de figures aussi patibulaires.

Si jamais akhali se présentait à vos frontières, usez de votre droit vice-régal, et faites une ordonnance tout exprès pour le prohiber sévèrement. Je demeurai près d'une heure au milieu de cette infernale cohue sans recevoir une injure. J'étais sous la sauvegarde d'un grand seigneur syke spirituel et temporel. Le roi avait eu aussi l'attention d'envoyer au temple un régiment d'infanterie, et les soldats, quoique Sykes euxmêmes, ne laissaient pas que de bourrer à coups de crosse les immortels trop jaloux de m'approcher. Comme les coquins m'avaient fait plusieurs fois ailleurs galoper plus vite qu'il ne m'était commode, je goûtais le plaisir des dieux en les voyant traiter avec aussi peu d'urbanité. Dans les rues étroites de cette immense ville, mon éléphant ne laissait pas que de les fouler rudement, et ma sensibilité n'en souffrait point. J'ai en horreur cette effroyable milice sainte, qui devrait être mise aux galères à perpétuité, s'il y avait l'ombre de la justice dans le Pundjâb. Le lendemain de ce jour-là, c'était la fête du Desserré. J'ignore si vos Indous du Sud la célèbrent. Dans le Bengale et l'Indoustan, c'est la plus grande fête de l'année. Les Sykes l'ont conservée dans leur calendrier, et Rundjet-Singh lui a donné de plus un caractère guerrier. C'est le jour où il passe en revue son armée. Deux cent mille hommes étaient campés autour d'Umbritsir. Au milieu de ce camp immense s'élevait la tente royale, au centre d'une cour fermée de draperies de soie. Invité à me joindre, en diplomate d'occasion, à la mission anglaise par le capitaine Wade, son chef et mon ami, je me rendis avec elle près du roi, devant lequel défila, aussitôt après notre arrivée, toute la cour syke, chaque seigneur déposant aux pieds de Sa Majesté de monstrueux sacs d'or et d'argent. Après ce lieu commun de respect oriental, chacun alla se mettre à la tête de son armée et la fit défiler devant Rundjet. Les revues que passait saint Louis devaient ressembler à celle-ci, aux canons et aux arquebuses près ; sans doute aussi le costume des preux chevaliers n'était pas aussi éclatant que celui des cavaliers sykes ; mais, entre les chefs et les soldats, c'étaient les mêmes liens de dépendance de serf à seigneur, de vassal à suzerain.

Le premier qui passa fut un de nos compatriotes, Provençal qui plus est, jadis capitaine de cavalerie à la portion congrue, et depuis dix ans général d'une division de cavalerie régulière qu'il a formée pour Rundjet-Singh. Il s'appelle M. Allard. C'est un bon et excellent homme qui mérite bien sa fortune. Son nom, très-connu des Anglais, est parmi eux l'objet d'une considération générale. Dans le Pundjâb, il est adoré. Rundjet, qui apprécie à toute leur valeur ses services militaires et sa discrétion dans les conseils, le traite avec magnificence. C'est M. Allard qui, ayant entendu parler de moi et de mes voyages sur la frontière syke l'an passé, prit généreusement l'initiative et m'offrit ses services à la cour de Rundjet-Singh, si j'avais le désir de passer le Sutledje. Sa lettre, que je reçus par miracle chez les Lamas, me toucha infiniment. Je le remerciai avec effusion. Nous étions déjà amis lorsqu'il vint me recevoir à quelques lieues de Lahore, le 13 mars dernier. Avant qu'il ait galopé hors de vue, un mot encore sur M. Allard. Chez les Anglais, il est connu sous le nom du chevalier Allard, titre qu'il se donne, je crois, légalement, attendu qu'il est chevalier de la Légion d'honneur.—Consultation : Comment faudrait-il s'y prendre pour le faire faire officier de la Légion d'honneur? M. Allard est bonapartiste enragé, et je crois qu'aucune distinction ne lui serait plus agréable qu'une promotion dans votre ordre. On a si magnifiquement récompensé M. de Boyne par des titres, des grades et des cordons, que changer en or la croix d'argent de M. Allard ne serait comparativement encore qu'une bien faible justice. Il nous a fait chez les Sykes un nom superbe. Courage, sagesse, humanité, il y a tout mis !

Moi, Français, j'ai souvent joui de cette faveur qu'il a gagnée à notre nom. Dites-moi à qui il faut que j'écrive pour lui gagner la croix d'or. Ne serait-ce pas au ministre des affaires étrangères? Voulez-vous appuyer ma demande et la transmettre? Il me semble que je la saurai écrire de façon à emporter votre consentement. Votre métier de marin, cher monsieur de Meslay, vous a fait voir bien des pays, et, quoiqu'il vous ait retenu un peu prisonnier de guerre à bord de votre vaisseau, vous avez dû cependant découvrir qu'il était peu de lieux où le hasard n'eût porté quelques-uns de nos compatriotes, et sans doute, en les rencontrant ou en

entendant parler d'eux, vous avez été froissé plus
d'une fois dans vos sentiments d'orgueil national. C'est
que ceux qui vont chercher fortune au loin sont généralement peu scrupuleux sur les moyens de la faire. A
Rio-de-Janeiro, je regrettais qu'aucun de nos jeunes
camarades d'infortune flottante ne pût parler anglais
avec moi. En marchant dans les rues, je n'y étais pas
fier d'être Français; car nous n'exportons en ce pays-là
que des faiseuses de modes, des maîtres d'armes et de
danse, des m....., des filles et des cuisiniers. A Calcutta, même déboire d'orgueil national. J'y demeure
cinq mois, excessivement répandu dans la bonne compagnie de cette ville, dînant sans cesse dehors, passé
de l'un à l'autre, et, dans cet espace de temps, je ne
rencontre qu'une seule fois un seul Français, M.
Bonaffé. Je savais cependant qu'il y en avait un grand
nombre à Calcutta; et, depuis, les journaux, en rendant
compte des affaires de police correctionnelle, ne me
l'ont que trop souvent rappelé! C'est donc avec une
extrême satisfaction que déjà à Calcutta j'avais entendu
citer avec honneur le nom de M. le chevalier Allard.
A Dehli, qui est le centre des relations politiques de
l'Inde avec le Pundjâb, son nom bien plus connu encore
avait également l'assentiment universel de la considération et de l'estime. Dites, n'est-ce pas là servir son
pays, lorsque cette estime et cette considération personnelle rejaillissent sur le nom de la nation? Mais je
reviens à la fête du Desserré.

Chaque seigneur syke est proprement un grand

feudataire du XIVe siècle en Europe. Il a sa principauté, ses châteaux, son armée : celle-ci complète dans ses parties, mais dans de modestes proportions; quelques éléphants, quelques canons, de nombreux pierriers portés par des chameaux (artillerie des dromadaires d'Égypte), cavalerie régulière et irrégulière, infanterie dito, etc...

Chacune de ces troupes, comme celles des petits radjahs grecs assemblés sous les murs de Troie, a sa physionomie propre, son costume particulier. C'est une nation à part des autres. Les chefs sont couverts d'or, de soie et de pierreries, qui brillent sur le fond sévère d'une lourde cotte de mailles. Leur coiffure est une combinaison pittoresque du casque et du turban qui s'enroule à l'entour. Leurs chevaux ne sont pas moins magnifiquement équipés, et les cavaliers les montent avec une grâce et une audace bien inconnues de nos vieux écuyers de manége.

A mesure qu'ils passaient sous nos yeux, Rundjet avec complaisance nous faisait l'histoire des plus fameux. C'était une effroyable récapitulation de têtes coupées, de tigres tués dans une lutte corps à corps, et d'autres prouesses semblables.

Pendant cette curieuse revue, la sainte religion n'était pas oubliée. Chaque corps, après la parade royale, alla faire la guerre à d'immenses géants de papier, qui, à la grande confusion des divinités ennemies de Brama, Vichnou et Cousou, disparurent bientôt dans une flamme gigantesque.

Un élégant dîner européen, sous les tentes de
M. Wade, termina cette journée vraiment orientale, et
en rehaussa, comme disent messieurs du *Globe*, la
couleur locale par le contraste.

Le lendemain, Rundjet décampa et prit la route de
Rooper, où aura lieu son entrevue avec le gouverneur
général. Afin de bien constater que le capitaine Wade
était venu pour lui faire honneur, il voulut le montrer
pendant tout le voyage à ses côtés. Par la même occasion, je me suis trouvé de la cavalcade royale et j'ai
chevauché cinq jours côte à côte avec le roi syke. Il est
décidément mon favori, sans doute par la raison que je
suis le sien. Avant hier au soir, j'ai pris de lui mon
congé définitif et j'ai eu la simplicité d'éprouver un
moment de tristesse en le quittant. Il m'a donné encore
un superbe *khélat*, grossi d'un sac brutal d'argent. J'ai
reçu ainsi de lui, depuis mon arrivée sur sa frontière,
sept mille roupies, sans gaze ni travestissement ; politesse, hospitalité qui me choquait fort, les premiers
jours, mais aux procédés de laquelle je me suis fort
vite réconcilié. Telles ont été cependant les dépenses
indispensables de mon voyage, que, défrayé encore et
magnifiquement, pour ma table et les moyens de
transport, j'ai été obligé de faire des dettes à Cachemire et dernièrement encore à Umbritsir. Il est vrai
que je rapporte des ballots de châles précieux, de
mousselines superbes, etc., somme des divers *khélats*
ou habits d'honneur que j'ai reçus trois fois du roi,
de mon ami Goulab-Singh, le radjah de Djamou

(Jummoo des cartes anglaises), etc., etc.; mais ma
réputation cachemirienne, parmi les Anglais que je
vais retrouver bientôt, donne certainement aux
femmes de tous ceux qui m'hébergeront en passant
le droit d'attendre de moi le cachemire (non adul-
tère sans doute). Puis je confère aussi, comme j'en
reçois, des habits d'honneur (cérémonie dans laquelle
vous ririez beaucoup de ma gravité d'emprunt), et
ce qui vient par la flûte s'en va ainsi par le tambour.
J'ai reçu de ces chiffons pour neuf mille roupies
(et au delà), dont une partie a été déjà sacrifiée sur
l'autel des pierres savantes et du docte foin dont je
fais provision.

En quittant Dehli, au mois de janvier dernier, j'ai
laissé une énorme quantité de ces trésors. Ce que je
rapporte de Cachemire les doublera. Si votre traite
m'arrive, je ferai la dépense de louer un bon et grand
bateau, des hommes sûrs, et de les embarquer sur la
Jumnah, qui tout doucement les conduira à Slahabad,
où ils auront l'insigne honneur de flotter sur les eaux
sacrées du Gange jusqu'à Chandernagor. J'ai écrit tout
récemment à M. Cordier pour le préparer à ce coup.
Après tout, il sera moins lourd qu'il ne semble. Je
ferai emballer toutes mes richesses à Dehli, dans des
caisses très-solides garnies intérieurement de fer-blanc
qu'on scellera à chaud.

Il ne restera qu'à les faire *arrimer* artistement dans
la partie la plus sèche du navire le plus solide et le
mieux commandé qui partira pour le Havre directe-

ment. Il y a pour le tonnage un prix courant, je pense : M. Cordier voudra bien le faire établir. MM. Eyriès et Cᵉ, du Havre, qui ont la complaisance de faire les affaires du Jardin des Plantes, acquitteront le prix du transport. Une lettre de moi à la douane du Havre obtiendra pour les *colis* (comme disent les initiés) le privilége d'être plombés et de n'être ouverts qu'au Jardin des Plantes, en présence des commis du Saint-Cricq de ce jour-là. Tout cela sera l'exécution à la lettre des instructions que j'ai reçues du Jardin. Je pourrai, avant l'expédition de celles-ci, y joindre un second réquisitoire de Platon à Denys, pour que Denys donne à son vice-roi bengali l'autorisation nécessaire.

Je m'étais flatté que je pourrais faire une troisième campagne dans l'Himalaya. Le Népaul, et plus généralement cette partie de la chaîne comprise entre le Gange et le Barampouter en eût été le théâtre. Je savais bien que le radjah de Catmandou est extrêmement jaloux des Anglais, et qu'il tient main forte à l'exécution du traité qui limite à trois Européens le nombre des membres de la légation anglaise à Catmandou. Cépendant, j'espérais que lord William, qui m'a mis à même de goûter cette année du fruit défendu, baisserait encore la branche au printemps prochain pour amener jusqu'à moi le fruit du Népaul. J'ai la réponse. Elle est infiniment bienveillante et flatteuse. Il fera encore pour moi, si j'insiste, ce qui a été invariablement refusé par le gouvernement à tous les postulants nationaux. Mais tout ce que je puis espérer de ses démarches, c'est d'aller à Catmandou partager l'espèce de captivité où demeure le résident au milieu des plus hautes montagnes du globe; la captivité pour un homme de mon métier, ce serait la mort. J'ai donc renoncé au Népaul, et je vais, en conséquence, prendre la route de Bombay. Je ferai bien des détours pour voir les montagnes qui séparent le pays d'Adjmere du désert de l'Ouest, puis la chaîne de Vyndhia, qui marque le cours de la rivière Nerbuddah, etc., etc.

J'espère néanmoins arriver à Bombay dans la première moitié d'avril. Je compte y rester jusque vers la la fin de la saison des pluies, et décamper alors pour louvoyer du sommet des Gates au bord de la mer du Malabar, jusqu'à ce que je perde pied au cap Comorin; puis rabattre de là par le sommet du plateau de Mysore sur les montagnes Bleues (*Nilgherries*), où je passerai la saison des grandes chaleurs et des pluies en 1833. L'automne venant, il ne serait pas impossible que je fondisse de là sur le joli pays de Pondichéry, et ce qui m'y déciderait indubitablement, ce serait la certitude de vous y revoir et l'espérance de vous y trouver assez près de l'époque de votre retour, auquel cas je vous demanderais une place dans votre voiture (pourvu toutefois que ce ne fût pas une patache, et une patache aussi mal gouvernée que *la Zélée*, d'accrochante mémoire).

Mais Dieu dispose!

Et nous n'avons sur l'avenir qu'un mince pouvoir de proposition. Dites-moi donc, cher monsieur de

Meslay, si vos propositions à la divine Providence sont incompatibles avec les miennes. Il me semble que nous aurions bien des contes à nous faire l'un à l'autre pendant la traversée. Puis peut-être pourriez-vous me faire voir l'île de France ou Sainte-Hélène en passant. J'écrirai longtemps à l'avance à qui de droit pour, en cas que je revienne sur un bâtiment de l'État, faire régler les conditions de mon passage de manière à me laisser l'option des deux tables; car je crains qu'une table d'état-major ne me semble un peu jeune. La vie solitaire que j'aurai menée pendant plus de quatre ans ne m'aura pas rajeuni. Enfin, la matière première du travail ne me manquera pas quand je quitterai l'Inde, et je voudrais alors battre le fer lorsqu'il sera chaud, à la mer même, sans délai, et je doute qu'après des années de solitude et de silence, le travail me soit facile au milieu du bruit et du mouvement.

Vous voyez que j'ai renoncé à traverser la Perse. Ce voyage eût détruit l'unité de mon entreprise. J'aime mieux qu'elle soit tout indienne, puisqu'il m'a été donné de voir l'Inde jusqu'à ses dernières limites septentrionales : le Thibet, Cachemire.

Peut-être trouverez-vous que, malgré la réduction de mon projet originel, je ne laisse pas encore que de traiter assez lestement les vingt-six degrés de latitude qu'il y a de Cachemire au cap Comorin; mais j'ai l'expérience qu'à faire six, sept ou huit lieues tous les jours, on se trouve, au bout d'un mois, très-sensiblement déplacé sur la carte au plus petit point.

J'ai assez peu de modestie pour me croire plus que passable médecin en ce pays. J'ai pour moi le succès. Je drogue ma caravane, souvent très-nombreuse : cent cinquante hommes et au delà. Personne n'y meurt. Et je joue si serré au jeu du régime, que jamais je ne me suis trouvé obligé de me droguer moi-même. J'ai ainsi la vanité de croire que je ne crèverai pas avant l'exécution du programme susénoncé. J'avoue que rien ne me vexerait davantage. Ce serait non-seulement un malheur, mais, de plus, une sottise. Il me semble que les gens doivent presque toujours s'en prendre à eux-mêmes de la faute qu'ils commettent. Vous qui avez enterré tant de pauvres diables, fanatiques plus ou moins aveugles des pierres, des herbes et des bêtes, ne le pensez-vous pas? Nous autres Parisiens, nous devons viser au Père-Lachaise, et sans nous presser aucunement.

Un trait de mœurs pour finir. Ce n'est pas dans le lieu où j'ai commencé cette lettre, après dîner, que je la termine à présent. Le village près duquel j'avais campé appartient à un vieillard centenaire descendant de Hanock-Châh, le fondateur du schisme syke. C'est le pape actuel des Sykes, et, comme le nôtre aussi, prince temporel. Il m'envoya un exécrable akhali pour m'intimer que, si je ne vidais promptement son pays, que souillait ma présence et celle de mon escorte musulmane, il me ferait la guerre; en même temps, il faisait fermer le bazar du village, sur lequel ma caravane comptait pour son souper. Sans un vieil officier syke, ajouté avant-hier par la prudence du roi à mon escorte, les coups de fusil seraient venus peut-être sans un héraut pour les annoncer. J'ai fait abattre les tentes et ai poussé jusqu'ici, dans un pays très-ami, car c'est un fief du prince Cheyr-Singh (fils du roi), qui est l'ami intime de M. Allard, Le vieux pape est digne de son troupeau. Il n'y a pas longtemps que son fils aîné, impatient de lui succéder, lui faisait des reproches sur son immortalité. Lui-même avait plus de soixante et dix ans, ce qui pouvait excuser son impatience. Le centenaire se mit en fureur, et, sans dire gare, coupa la tête à son fils d'un seul coup de sabre. Et les assistants s'écrièrent : « Quel superbe coup de sabre ! que c'est beau à voir ! » Rundjet, qui me contait cette histoire dernièrement, affecte de témoigner le plus profond respect à ce vieux scélérat. Tous les ans, il ajoute à ses fiefs et lui fait des présents magnifiques ; mais, quand il se risque à lui faire une visite, il n'en est jamais reçu que comme le dernier des misérables. Aujourd'hui, la fureur du vieux de la montagne contre le roi était à son comble, parce qu'il va à Rooper faire une visite au gouverneur général, sans lui en avoir demandé la permission, qu'il eût certainement refusée. Ses akhalis disent que Rundjet va se faire empoigner comme un sot par le courtier de la compagnie بيان كالومهاست ; ils lui reprochent cette entrevue comme une bassesse. Ils disent que Rundjet a une quantité de serviteurs mieux payés que le gouverneur général et à qui il ne permet pas de s'asseoir en sa présence, et qu'il a faire le premier pas, la première visite, passer le Sutledje enfin, pour n'être traité par le courtier en question que comme un inférieur. Je n'avais pas encore deviné l'objet du gouvernement anglais dans cette affaire. J'y vois maintenant ce résultat, qu'elle bistourne Rundjet dans la folle opinion de ses peuples. C'est à l'adresse diplomatique de mon ami Wade qu'il aura l'obligation de cette opération.

Je vais à Mondi examiner des mines de fer et de sel. Le radjah de l'endroit est un des vassaux les plus récalcitrants de Rundjet. J'espère cependant qu'il n'aura pas l'insolence de me refuser le passage de ses montagnes. M. Wade, qui n'a absolument rien à démêler avec lui, m'a cependant pourvu d'une lettre pour lui qui n'est guère moins impérative que le firman de Rundjet-Singh. Ces Anglais, quelle puissance! Mais, il faut l'avouer, malgré toutes ses imperfections, leur gouvernement dans l'Inde est bien habile!

Adieu, cher monsieur de Meslay; Dieu vous garde du mal au foie, de la fièvre des jungles et des akhalis! Faites encore un miracle, en m'écrivant. Vos lettres sont une vraie fête pour moi, mais vous me donnez cette fête trop rarement.

XC

De chez nos amis (les féroces, perfides, etc., etc., insulaires!)
les Anglais, dans les montagnes, entre le Sutledje et la
Jumnah, 11 novembre 1831.

Dieu soit loué, cher monsieur de Meslay! je n'ai plus
à craindre désormais de rencontrer, au détour d'une
montagne, vingt, trente, cent ou quatre cents coquins
avec leurs fusils à mèche d'une longueur du diable,
disant : چہرپوی, ou : « On ne passe pas!» Il me semble
que, d'ici au cap Comorin, il n'y a plus qu'à chasser
en avant, changer de jambe et assembler. Ma petite
expédition à Mondi n'a pas laissé que d'être aventureuse dans son début. Les coquins de rigueur, avec les
fusils à mèche, n'y ont pas manqué. Mais ils n'étaient
qu'une vingtaine, et les gens de mon escorte, qui,
depuis sept mois, malgré leurs grandes barbes et leurs
figures de mélodrame, ne m'avaient jamais laissé voir
en eux le moindre symptôme de courage, voulaient,
cette fois, faire respecter à grands coups de lance les
firmans de mon bon ami Rundjet-Singh. J'étais tellement en colère de ce كوإفت صاحب qui se déclarait
abruptement, comme je sortais de ma tente, le matin,
pour monter à cheval, que certainement j'aurais fait la
folie de charger cette canaille, si j'avais cru que la
partie dût nous rester. Mais je n'étais pas tellement en

colère, heureusement, que je ne visse très-clairement que, sur un terrain coupé de ravines, entre des cavaliers n'agissant qu'au contact, à l'arme blanche, et des gens à pied prenant leur temps pour tirer juste, ma petite bande aurait le dessous et bien des morts. Ainsi donc, je me contentai de m'asseoir dans mon fauteuil, enveloppé dans ma grande robe de chambre de Cachemire à fleurs, et d'allumer un exécrable cigare, véritable médecine que je m'impose le matin, dans les districts malsains ou suspects. Dans cette attitude confortable, et que je fis royale autant que possible, j'ouvris des négociations avec les fusils à mèche, que j'apprivoisai, petit à petit, et que j'embêtai si bien, qu'après avoir reçu de Mon Excellence de beaux compliments sur leur bonne tenue, leur vigilance et la promesse que j'en instruirais leur maître Cheyr-Singh (fils du roi) et les recommanderais particulièrement à lui, ils me regardèrent, comme des oies, monter à cheval avec toute la majesté d'un roi d'opéra, et me firent des saluts jusqu'à terre, tandis que mon bagage filait à ma suite. J'ai bien eu encore d'autres anicroches, mais d'un genre mineur. Cependant, comme elles sont fort gaies, je vous les conterai à la mer, s'il est écrit là-haut que nous y serons encore ballottés ensemble; sinon à Paris, pays de revoir.

Après tout, j'ai réussi. J'ai vu Mondi et ses mines, qui m'ont tenu tout ce qu'elles semblaient, de loin et par induction, me promettre d'intérêt. Je rapporte bien des pierres; j'ai mis dans mes boîtes bien du foin (savant, s'entend), et, après avoir fait admirer aux radjahs imbéciles et à moitié crétins des montagnes les profondeurs de ma sagesse, et les avoir tous bien assurés qu'ils étaient mes amis et non mes esclaves, appellation que ces bonnes gens se donnaient dans leur humilité, j'ai repassé avant-hier, 9 novembre, jour d'heureuse mémoire, le Sutledje. Je me crus presque dans la rue de l'Université, en débarquant à Bélaspoor de la singulière embarcation sur laquelle j'étais descendu quelques milles, passant par-dessus des rapides, des gouffres et des cataractes. C'est tout à fait comme au temps d'Alexandre. On ajuste un *tcharpaille* ou *palanggue* (votre indoustani, j'espère, va jusque-là) sur une couple de peaux de bœufs enflées d'air, le patient s'étend sur ce lit; le reste à la grâce de Dieu, mais elle ne manque jamais.

Le radjah de Bélaspoor est un jeune polisson qui se fera chasser par le gouverneur général de sa commode sinécure. Averti à l'avance de mon approche par son maître immédiat, l'agent politique à Ambalah, lequel est un très-aimable garçon fort de mes amis, le jeune drôle ne s'épargna pas pour bien faire. Sa petite cour alla me chercher sur le territoire syke, à vingt lieues de Bélaspoor. Là, il sollicita une audience que Mon Excellence lui accorda, hier matin, à une heure tout à fait inusitée et peu commode pour un dormeur. Je lui ai fait une bonne petite morale, dont je désire, pour ses pauvres diables de sujets et pour lui, qu'il profite. Sinon, gare la déchéance!

Là-dessus, j'ai congédié mon escorte syke, et une quantité de sangsues qui, à Cachemire, s'étaient attachées à moi, opération assez désagréable à cause des mille roupies dont elle a allégé mon trésor; mais impossible de faire autrement; et, prenant mon bâton, comme le matin était frais, je me suis gaiement mis en route vers Sabathoo, suivi de deux bons chevaux, en cas de montée rude ou de soleil vif, et seulement de quelques serviteurs, mes aides naturalistes. Tentes, cuisine, bagages, étaient partis au point du jour sur les épaules d'une trentaine de braves gens.

C'est avec un plaisir sans mélange que je pense à mon voyage d'outre-Sutledje, maintenant que je n'ai plus à craindre le retour des aventures auxquelles il m'a exposé quelquefois. C'est au port seulement que ces souvenirs de la tempête sont agréables.

Comme je m'entretenais seul fort gaiement avec mes pensées, arrive au-devant de moi, à la course, un herkarah du capitaine Kennedy (le vice-roi de Simlah et de toutes les montagnes entre la Jumnah et le Sutledje), avec une lettre de son maître, qui, resté seul à Simlah avec quelques amis, depuis que le froid a fait déloger tous les autres, m'y attend avec des dindes aux truffes, un pâté du Périgord, etc., etc., etc.

C'est une bénédiction! Le pauvre Bernier, en revenant de Cachemire, il y a cent soixante ans, à la suite d'Aurung-Zeb, ne trouvait guère de pâtés de foies gras sur sa route, ni bonne compagnie avec laquelle attaquer quelque pâté moins fameux.

Pour surcroît de bonheur, parmi les convives qu'il me promet matin et soir à sa table, Kennedy m'annonce justement l'homme dont j'ai besoin, M. Maddock, jadis résident à Lucknow et maintenant à Catmandou : il y a de quoi devenir optimiste.

Pierre qui roule n'amasse pas de mousse. Je m'en aperçois à l'ampleur de mes culottes. Il faut que j'aie laissé sur les pierres de Cachemire le très-peu de graisse dont j'avais à disposer. Ce n'est pas de la faute de Rundjet-Singh, puisqu'il accordait trois cents roupies par mois pour ma table. Mais là où il n'y a rien le roi perd ses droits. Cependant, ma mauvaise chère de cette campagne était une cocagne perpétuelle, comparée à celle que je faisais l'an passé au Thibet. J'ai vraiment droit à toutes les bonnes choses que me promet mon ami de Simlah.

Quels coquins, grand Dieu, que les gens d'outre-Sutledje ! Et au delà de l'Indus, que je n'ai pas passé, c'est pis encore. Que de têtes, de nez, d'oreilles et de mains coupées en un an ! que de femmes prises de force, dans leur jeunesse, pour des vieillards impuissants, et jetées au feu à la mort de leur maître ! que de perfidies, de lâchetés, de cruautés ! Malgré mon amitié pour Rundjet-Singh, j'ai hâte qu'il meure ou que les Russes avancent, pour voir les Anglais mettre le holà à ces abominations.

Que m'apprendront les gazettes que je trouverai après-demain à Simlah ?...

Grande question par le temps qui court ! Quand, où

et sur qui crèvera l'orage de la guerre? Au dedans,
qui aura le dessus des hommes du juste milieu ou de
l'extrême gauche? Ce que les premiers défendent,
c'est l'*expediency* de leur système, moyennant lequel
nous avons vivoté en paix et en honte grande jusqu'à
la mi-mai, que je sache. Pour moi, j'en défendrais
plutôt le principe, pour en attaquer l'*expediency* qu'on
allègue. Ma crainte est que cette paix extérieure, qu'on
achète au prix de la dignité nationale, ne fasse éclater
un autre glorieux mois de juillet, autrement chaud
que le premier!...

Peut-être le duc d'Orléans, le roi, je veux dire, vous
priera-t-il quelque jour de le reconduire à Palerme [1].
Je le regretterais vivement, pour le pays, qui me semble
loin encore d'être prêt pour la république pure et simple, et pour cette famille d'Orléans, que l'on dit admirable d'intentions droites et honnêtes. Maître P.....
fait bien du tort à ceux qui l'emploient. J'ai lu la défense de ce jeune M. Godefroy Cavaignac. Quelle éloquence! Savez-vous ce que je mettrais auprès?... Le
plaidoyer de Peyronnet devant la Cour des pairs, et,
dans ce dernier, il y a bien plus de talent encore,
puisqu'en disant toutes ces choses belles et touchantes,
il mentait à sa conscience, au lieu que M. Cavaignac
ne faisait que rendre le cri de la sienne.

---

[1] M. de Meslay avait été chargé, au commencement de la Restauration, de ramener de Sicile en France le duc d'Orléans et sa famille.

XCI

AU MÊME.

Simlah, le 13 novembre 1831.

Monsieur le gouverneur,

Persuadé que vous aurez acquiescé d'urgence à la demande de fonds que je vous ai faite dans la lettre que j'ai eu l'honneur de vous écrire de Cachemire au mois de septembre dernier, mon premier soin, en rentrant dans l'Inde anglaise, doit être de disposer d'une partie de cette indemnité pour envoyer en France et à leur destination dernière, au Muséum royal d'histoire naturelle, les vastes collections que j'ai rassemblées jusqu'ici dans mon voyage. Ainsi que j'ai eu l'honneur de vous l'annoncer, une grande partie de ces objets est déjà depuis un an à Delhi, et je vais y porter prochainement tous ceux qui sont le fruit de mon expédition à Cachemire et dans le Pundjâb.

J'ai longtemps hésité si, de Delhi, je les enverrais par terre ou par eau, au port où ils seront embarqués pour l'Europe; mais, à la fin, j'ai résolu de les faire descendre au Bengale sur la Jumnah et le Gange. Dans la saison où ils feront ce voyage, il sera presque sans risques de perte absolue, tandis que par terre, si les chances de perte absolue sont plus faibles encore, celles de dommage partiel sont certaines. Une route de quatre cents lieues sur les détestables chemins de l'Inde est une épreuve trop rude pour des objets dont la plupart sont fragiles.

Quelles que soient les précautions avec lesquelles ils seront emballés à Delhi pour arriver dans un état parfait de conservation au port d'embarquement, ils réclameront, là, pour être mis à bord du vaisseau qui les transportera en Europe, des soins intelligents et amis que je ne puis guère espérer des agents de la maison de banque avec laquelle je corresponds à Calcutta. J'ai donc formé le projet d'envoyer toutes mes collections à Chandernagor, à M. Cordier, administrateur de cet établissement. Les relations amicales que j'entretiens avec cet officier me font espérer qu'il voudra bien me rendre le très-grand service de veiller à leur embarquement sur un navire du Havre, celui qu'il jugera offrir le plus de chances d'une traversée sûre et rapide.

Mais, pour régler cette affaire avec le capitaine du navire dont il fera choix, peut-être M. Cordier aura-t-il besoin d'une note officielle du gouverneur de Pondichéry, et c'est pour cela, monsieur, que je prends la liberté de vous écrire aujourd'hui.

Mes instructions officielles m'autorisent à envoyer mes collections au Havre, à la consignation de MM. Eyriès frères, négociants de cette ville, qui acquitteront, pour le Muséum royal d'histoire naturelle, les frais de transport à la mer, débarquement, etc.

Veuillez donc, monsieur le gouverneur, instruire of-

ficiellement de cette circonstance M. l'administrateur
de Chandernagor, et l'autoriser à régler avec le capitaine du navire le prix du fret à la charge du Muséum
royal. MM. Eyriès frères acquitteront la somme fixée
par M. Cordier.

Je saisirai cette occasion pour vous instruire sommairement de la suite de mon voyage depuis que j'ai
quitté Cachemire.

Je suis venu de là à Bhimbeur et à Djamou. Le roi
de Lahore me pressait par ses lettres de me rendre
près de lui. J'allai le trouver à Umbritsir, où je restai
quelques jours près de lui, jusqu'à la fête du Desserré.
Il décampa le lendemain pour aller à Rooper, lieu
choisi pour son entrevue avec le gouverneur général
de l'Inde. Je voyageai de compagnie avec le maha-
djah jusqu'à Ouchiarpoor, où je pris de lui mon congé
définitif. De là, je suis rentré dans les montagnes
d'entre le Sutledje et le Béas. Je désirais y visiter les
mines célèbres de Mondi, dont l'inspection me pro-
mettait la solution de quelques-uns des grands problèmes géognostiques de l'Himalaya. Cette expédition
n'a pas été sans difficultés; mais j'ai réussi complète-
ment à les lever; si bien, qu'en passant des États de
Rundjet-Singh dans les principautés montagnardes
des radjahs ses tributaires, j'ai trouvé bientôt plus
d'accueil encore, s'il est possible, que chez le roi de
Lahore lui-même.

Cependant, c'est avec un vif sentiment de satisfaction qu'en passant le Sutledje, à Bélaspoor, le 9 de

ce mois, je me suis retrouvé sur le territoire anglais, après plus de huit mois de voyage dans un pays à moitié barbare, où l'amitié du chef le plus absolu ne préserve pas toujours des outrages des subalternes éloignés celui qu'elle voudrait protéger. C'est dans le système de la civilisation européenne seulement que l'autorité du chef ne décroît pas avec la distance. Les papiers de Calcutta vous auront peut-être appris qu'au début de mon voyage à Cachemire, j'en avais fait l'épreuve en perdant pendant quelques heures ma liberté et ne la recouvrant que moyennant rançon. Rundjet-Singh, toutefois, ne laissa pas impuni le coupable, et c'est, je n'en doute pas, à la prompte et sévère justice qu'il en fit que je dois d'être rentré dans l'Inde anglaise sans avoir rencontré depuis, dans ses possessions, d'aventures aussi fâcheuses.

Lord William Bentinck, qui a honoré notre nation dans les faveurs qu'il m'a prodiguées pour l'accomplissement de mon entreprise, et qu'il refusait à des savants ses compatriotes, me fait espérer qu'il saurait ouvrir à mes recherches, si je voulais les étendre dans cette direction, l'entrée du Népaul, fermée si strictement aux voyageurs anglais par l'extrême jalousie du radjah de Catmandou. Je lui avais témoigné le désir de visiter cette partie de l'Himalaya pour compléter par là mes travaux dans cette grande chaîne de montagnes. Mais M. Maddock, le résident anglais à la cour de Catmandou, que j'ai l'avantage inespéré de rencontrer ici, m'assure que, si j'allais au Népaul, ce serait seulement pour y partager l'espèce de captivité à laquelle y est condamné le résident lui-même, ainsi que les deux officiers européens de sa suite.

J'abandonne donc ce projet impraticable, et, revenant au premier plan que j'avais formé, je prendrai, à Dehli, la route de Bombay.

Veuillez agréer, monsieur le gouverneur, l'assurance de ma haute considération.

XCII

A M. VICTOR DE TRACY, A PARIS.

Sabathoo, dans l'Himalaya anglais, près du Sutledje, le 20 novembre 1831.

Il y a bien longtemps, cher ami, que je ne vous ai écrit, mais plus longtemps encore que je n'ai reçu de vos nouvelles. Pas une lettre de vous ne m'est parvenue depuis la révolution, et ma dernière était datée de Cachemire au mois de mai dernier. Tant d'objets nouveaux et intéressants se disputaient mon attention dans cette terre inconnue, que l'étude ne me laissait presque jamais aucun loisir, et je ne sais vous écrire, je ne puis au moins le faire avec plaisir, quand les moments que ce plaisir doit durer sont comptés. Mais j'ai eu le soin d'envoyer fréquemment à mon père mon certificat d'existence, et, si vous avez été peu éloigné de Paris, par lui vous aurez eu souvent de mes nouvelles.

J'ai quitté Cachemire le 19 septembre et je suis rentré dans les plaines du Pundjâb à travers des montagnes que je n'avais pas encore visitées. Rundjet-Singh me pressait de le joindre à Umbritsir. Je fis cependant un détour pour revoir dans sa principauté le radjah de Djamou, la plus amicale de mes connaissances d'outre-Sutledje. Je n'arrivai à la ville sainte que peu de jours avant la fête du Desserré, où je vis l'Orient dans toutes ses pompes. Une mission diplomatique anglaise, avec le chef de laquelle j'étais lié d'amitié, arriva à Umbritsir presque en même temps que moi, pour accompagner le roi de Lahore à Rooper, lieu choisi par ce prince et par le gouverneur général de l'Inde pour leur entrevue. Malgré le surcroît d'affaires dont Rundjet-Singh est toujours accablé à cette époque de l'année, il me donna bien des instants, et, par un crescendo de la bienveillance que j'avais eu le bonheur de lui inspirer dès le début de notre connaissance, il me fit une offre bien singulière : le gouvernement du royaume de Cachemire! Malgré les deux laks de roupies (cinq cent mille francs) d'appointements qu'il donnait par an au dernier vice-roi, actuellement en disgrâce, je n'hésitai pas à rire de la proposition de Rundjet-Singh en y répondant par un refus absolu. Le gouverneur de Cachemire a trop de nez et d'oreilles à couper, sans parler des têtes! L'exercice de l'autorité dans ces contrées barbares n'est possible qu'à la condition de cruautés horribles. Sans doute qu'un chef européen en épargnerait un grand nombre; mais il ne saurait, du moins dans les premiers temps de son autorité, abolir entièrement ces affreux moyens de gouvernement.

Mon refus ne fit qu'augmenter la considération dont Rundjet-Singh, depuis le jour de mon entrée dans ses États, m'avait donné déjà tant de témoignages. Le 17 octobre, après la fête du Desserré, le roi leva son camp, et, suivi de son armée (dont la multitude rend croyable le chiffre souvent fabuleux des armées orientales), il prit la route de Rooper. Je voyageai cinq jours avec lui, écoutant les contes qu'il me faisait des aventures de sa jeunesse et le payant en monnaie semblable de Cachemire, de l'Inde anglaise et du *Feringuistân*... A Hochiarpoor, je pris de lui mon congé définitif, regrettant beaucoup de ne pas l'accompagner jusqu'à Rooper pour y voir le grand et nouveau spectacle de la conjonction des deux astres de l'Orient, mais étant rappelé aux montagnes par les plaisirs sérieux de l'étude. Je voulais visiter des mines célèbres, situées dans une principauté tributaire du roi de Lahore et dont l'inspection semblait me promettre la solution de plusieurs grands problèmes géognostiques de l'Himalaya. Je garderai toujours un souvenir agréable de l'amitié que Rundjet-Singh me témoigna dans notre dernière entrevue. Aux présents d'usage en pareille circonstance, il ajouta maintes preuves d'un sincère intérêt. Il m'avertit des difficultés que je pourrais rencontrer dans ma petite expédition, à cause de l'instabilité de sa puissance dans ces districts montagnards; il m'entoura de nouveaux moyens de protection, promit, menaça, au gré de l'influence que menaces et promesses devaient avoir sur les chefs dont j'avais à traverser les domaines, et ne me laissa partir qu'après bien des recommandations de prudence, et, au mépris de l'étiquette orientale, qu'après m'avoir serré la main plus d'une fois et rudement, quand je l'assurais de ma reconnaissance. Un officier, de la mission anglaise assistait, par hasard, à cette dernière visite, et sa présence m'embarrassait par l'oubli absolu que Rundjet-Singh faisait de lui. Je ne m'en étonnais pas cependant. La conversation des Anglais, en général, est trop monosyllabique pour intéresser. Ils ne se bornent guère qu'à énoncer en un mot leur assentiment ou leur dissentiment, et Rundjet-Singh a le bon esprit d'aimer qu'on l'amuse, dans la proportion qu'il amuse lui-même par ses récits animés.

Les obstacles dont il ne m'avait pas caché la possibilité ne me manquèrent point. Au début de mon voyage, ils m'eussent sans doute alarmé vivement; mais, instruit des choses et des hommes de ce pays sans règle, je les écartai avec adresse. Le radjah de Mondi, que Rundjet-Singh m'avait représenté comme le plus indiscipliné de ses vassaux, m'accueillit, après une courte négociation, comme si j'eusse été Rundjet-Singh lui-même, ou le mari de cette vieille dame sa voisine dans laquelle les Indiens ignorants ont si plaisamment personnifié la *Compagnie* anglaise.

Je vis à Mondi tout ce que je voulais y voir, et, satisfait sur les pierres de l'Himalaya au delà du Sutledje,
je repassai cette rivière, le 9 de ce mois, à Bélaspoor.

Je ne saurais vous dire, cher ami, avec quelle joie je
me retrouvai dans les possessions anglaises. Il me
sembla que j'étais rapproché de la France de quelques
mille lieues. J'avais été, pendant huit mois, roi absolu
dans mon camp nomade, affranchi de toute loi. Je
me sentis avec une satisfaction indéfinissable repassé
sous le joug protecteur, en rentrant dans les États soumis à l'autorité anglaise. Je congédiai aussitôt, après
mon arrivée à Bélaspoor, l'escorte nombreuse que
Rundjet-Singh avait attachée à mes pas et dont la protection, quelquefois insuffisante au delà du Sutledje,
me devenait absolument inutile de ce côté du fleuve.
La magnificence de Rundjet-Singh me permettait de
récompenser magnifiquement tous ces gens qui, depuis huit mois, ne m'avaient donné que des motifs de
satisfaction. Je les avais toujours traités avec mieux
que de la justice; plusieurs d'entre eux, qui comman-
daient aux autres, avaient été constamment en contact
personnel avec moi. Tous musulmans, l'austérité for-
cée de ma vie avait gagné leur respect : ils m'obéis-
saient comme si j'eusse été un de leurs patriarches; et,
quand ils me quittèrent, ils m'exprimèrent leur gratitude et leurs regrets d'une manière naïve qui ne pouvait me laisser de doute sur leur sincérité. Cette scène
me pesait, et, quoique mon émotion fût mêlée de dou-

ceur, j'y mis fin brusquement en m'éloignant au galop pour n'être suivi de personne.

J'ai revu Simlah. Des amis m'y appelaient et mes recherches m'y conduisaient naturellement. Le froid nous en a chassés hier les derniers. Je n'attends plus qu'un équipage de chameaux pour retourner à Dehli. J'y resterai quinze jours pour embarquer sur la Jumna mes vastes collections avec les soins qu'exige leur conservation dans l'immense voyage de mer et de rivière qu'elles auront à faire de la cité impériale à Paris. La suite de mon voyage est arrêtée. J'ai renoncé au Népaul. Je ne pourrais y aller que pour partager l'espèce de captivité, ou du moins la surveillance incommode, du résident anglais à la cour, si jalouse, de Catmandou. Un de ces hasards heureux si fréquents dans ma vie aventureuse m'a fait rencontrer, sous le toit de l'ami qui m'accueillit à Simlah, cet officier lui-même, — M. Maddock, — récemment nommé à ces hautes fonctions, qu'il exerçait d'abord à Lacnao (Lucknow). Il partage encore ici avec moi l'hospitalité du capitaine Kennedy. C'est lui qui m'a entièrement dissuadé de ce projet de voyage au Népaul que j'avais déjà abandonné presque avant d'en connaître toutes les difficultés. Je vais donc, fidèle à mes premiers desseins, m'acheminer de Dehli vers Bombay, en ajoutant à la grande distance qui sépare ces deux villes les détours que me conseillera l'intérêt de mes recherches.

Je ne vous parlerai pas, cher ami, des résultats

scientifiques de mon voyage à Cachemire. La plus
courte esquisse serait trop longue à tracer : c'est assez
vous dire que j'en suis bien satisfait. Je ne pensais
guère, en arrivant dans l'Inde, qu'il me serait permis
de visiter cette terre de mystérieuse renommée ; encore
moins pouvais-je rêver de quelle manière il me serait
donné de la parcourir! J'ai passé par quelques dangers. Il y avait toujours une possibilité de rencontres
fâcheuses dans mes courses au delà du Sutledje : quelquefois elle s'est réalisée. Mais j'ai toujours eu l'adresse,
ou plutôt le bonheur, de conjurer l'orage, et quelquefois d'une manière gaie et piquante. J'ai la satisfaction
de penser que je n'ai pas été la cause ni l'occasion
d'un seul coup de fusil ni d'un coup de sabre, quoique
j'aie vu souvent brûler en grand nombre autour de
moi la mèche d'arquebuses peu amies. Rentré au port
de la civilisation, je regarde avec plaisir ces orages
que je n'ai plus à redouter.

J'ai rapporté des montagnes de Cachemire une
santé pour le moins égale à celle que j'apportai au
Bengale il y a deux ans et demi. Ce n'est pas de trop
pour ce qui me reste à faire, mais j'ai la confiance
qu'elle me suffira. Ainsi, vous me voyez portant avec
légèreté l'éloignement de mes amis et les longues pé-
riodes de mon isolement nomade. J'aurais mauvaise
grâce à m'en plaindre, ici, au milieu des plaisirs délicats d'une société bienveillante et admirablement hos-
pitalière.

La politique m'entraînerait trop loin si j'y touchais.

Aussi bien, comme elle ne va pas à ma guise, n'aurais-je pas grand plaisir à vous en parler. Nous avons ici les journaux anglais du 20 juillet, leurs colonnes sont consacrées exclusivement aux affaires domestiques de la Grande-Bretagne. Mais Léopold est roi des Belges. L'Italie, sans combattre, est rentrée sous le joug ignominieux de l'Autriche. La Pologne se consume glorieusement dans une lutte inégale. Dom Miguel est à l'agonie du pouvoir...

Adieu, cher et excellent ami. Je coupe court à ces réflexions. Adieu; aimez-moi toujours et écrivez-moi plus souvent.

Je vous embrasse de cœur et d'âme.

XCIII

A M. JOSEPH DE HEZETA, A CALCUTTA.

Sabathoo, le 24 novembre 1831.

Enfin, mon cher ami, me voici rentré sous la protection européenne : j'ai repassé le Sutledje le 9 de ce mois à Bélaspoor, avec tout mon attirail pundjâby : gardes, secrétaires, toute cette foule inutile qui assiégeait jour et nuit ma solitude. Je m'en suis défait aussitôt. Avec une gravité orientale, j'ai conféré aux grands dignitaires de ma cour ambulante des khélats ! Que n'étiez-vous

derrière la tapisserie pour rire de cette cérémonie !...
Ma chétive *khrérana* (trésorerie) s'est allégée d'un millier de roupies ; mais tout le monde m'a quitté content.
Je ne saurais vous dire avec quel sentiment profond de
gaieté je me suis retrouvé seul sur ces routes excellentes de l'Himalaya, avec une couple de chevaux menés
en laisse à distance et une couple de serviteurs seulement, qui portaient le strict nécessaire de l'équipage
d'un physicien, tout le reste de ma caravane mouvant
hors de vue sur les derrières ou les devants. Alors,
j'ai repassé dans mes souvenirs par toutes les scènes
pittoresques de mon voyage en Cachemire, dont une
pointe de danger avait rehaussé l'intérêt. Du bord, il
est charmant de songer aux tempêtes.

J'ai assisté à Umbritsir aux fêtes du Desserré : je les
ai trouvées magnifiques. De là, j'ai accompagné Rundjet-Singh jusqu'à Hochiarpoor, à moitié chemin de la
ville sainte à Rooper. C'est là que j'ai pris du radjah
mon congé définitif. Il s'est montré pour moi aimable
jusqu'à la fin. Il m'avertit des difficultés que je pourrais
rencontrer dans la petite expédition montagnarde par
laquelle j'allais terminer mon voyage dans ses États,
m'entoura de tous ses moyens de protection, et me
recommanda sagesse et prudence parmi ses vassaux
indisciplinés de la montagne. Un officier anglais était
par hasard témoin de cette dernière entrevue toute
familière, et je ne laissai pas d'être embarrassé du
délaissement où il restait, tandis que Rundjet m'assail-
lait de caresses ; mais je ne m'en étonnais pas. Les

Anglais, en général, causent comme s'ils étaient des Chinois. La plupart d'entre eux sont strictement monosyllabiques, et Rundjet-Singh, qui, par la vivacité originale et tant soit peu excentrique de la conversation, amuse toujours son partenaire, attend de lui quelques amusements en retour.

Les obstacles dont le maharadjah ne m'avait pas caché la possibilité ne me manquèrent pas. J'eus à passer sur le territoire du pape syke, vieillard centenaire qui, dans un accès d'humeur contre son fils aîné, il y a quelque temps, lui coupa la tête d'un coup de sabre à l'improviste. L'Église militante des akhalis vint me déloger des lieux où j'avais campé; il fallut, à marches forcées, franchir une seconde chaîne de montagnes. Le lendemain, je trouvai une troupe nombreuse de gens armés qui me refusaient le passage en avant, tandis que les preux de l'Église syke me coupaient les derrières. J'avais une forte escorte, mes gens me proposèrent une action. Je me moquai d'eux, puis négociai au lieu de me battre, et négociai si bien, que les coquins venus pour m'arrêter me saluaient jusqu'à terre quand, après la conférence, je défilai à la tête de ma petite armée. D'autres difficultés, variations de l'air, حكم نهي [1] s'échelonnèrent sur le reste de ma route jusqu'à Mondi. Je traitais et, selon l'occasion, poussais en avant quand l'avantage du nombre était pour moi. Plusieurs de ces anicroches eurent un dénoûment fort

---

[1] Point de permission.

plaisant, nulle n'eut d'issue tragique ni même fâcheuse. Il y a huit mois, elles m'eussent fort embarassé; mais la connaissance que j'ai acquise des hommes et des choses de ce pays me fournit à présent cent ressources pour y faire face. — Après tout, mon ami, je suis enchanté d'avoir fait ce que j'ai fait et plus encore de ne l'avoir plus à faire. A recommencer j'hésiterais peut-être, et, si un ami entreprenait le même voyage dans le même but, j'aurais, jusqu'à la nouvelle de son heureux retour, quelque inquiétude, quelque doute au moins, sur ses chances de succès.

Je pense avec satisfaction que j'ai payé ma dette de reconnaissance envers le gouvernement anglais pour la protection qu'il m'a accordée, par l'impression favorable que mon séjour à Cachemire à dû laisser du nom européen; la bienfaisance y marquait mes pas : c'est en actes de justice ou de charité bien entendue qu'en quatre mois j'y ai dépensé près de huit mille roupies. Savez-vous ce que Rundjet-Singh m'offrit à mon retour de Cachemire? D'y retourner comme vice-roi! — Sous un prince moins capricieux, la perspective du bien que j'aurais pu faire dans un tel emploi et l'espérance de pouvoir épargner un des deux laks (cent mille roupies, ou cinq cent mille francs) qui forment le salaire du gouverneur de Cachemire m'eût fait réfléchir quelques instants avant de refuser; mais je ne fis que rire de l'offre de Rundjet, et je le déconcertai impitoyablement en lui disant que cette besogne était fort au-lessous d'*Aflatoune el Zeman*. Il me querella gaiement sur mes herbes, mes cailloux, et conclut, comme à l'ordinaire sur ma réplique : *Pakku bat, pakku bat!* et, le soir, quand je rentrai chez moi, j'y trouvai des présents du roi, des fruits de Cachemire, etc., etc., et un monstrueux sac d'argent. La circonstance de n'être pas un *Compagni ka naoker* [1], et de ne pas désirer de devenir le sien, le force de me considérer comme une espèce de *fakir feringhe* [2] du plus haut rang, et il n'y a pas de caractère fait pour inspirer plus de respect à un Asiatique.

Tous nos amis anglais paraissent avoir été charmés de lui à Rooper, et cependant ils n'ont pu le voir que dans la gêne d'une étiquette cérémonieuse.

Une seule chaumière de Simlah était encore habitée quand j'arrivai à Bélaspoor, et c'était précisément celle du capitaine Kennedy. J'y grimpai. Le froid nous en à chassés il y a quelques jours. Ici, le climat est ravissant. J'attends chaque jour un équipage de chameaux d'Ambalsah ; quand ils seront arrivés, je prendrai congé de l'Himalaya — pour toujours;

La maladie qui a forcé lord William à prolonger son séjour à Karnaul me permettra sans doute de le joindre à Delhi, où je passerai une quinzaine de jours pour embarquer sur la Jumna toutes mes collections, qui flotteront sur le Gange, la mer et la Seine, jusqu'à la grille du Jardin des Plantes, à Paris. Après cela, je prendrai la route de Bombay.

[1] Serviteur de la Compagnie des Indes
[2] Mendiant ascétique européen.

Ma santé est parfaite, quoique pour le moment elle souffre un peu de la trop bonne chère que me fait faire mon hôte et du défaut relatif d'exercice.

J'ai trouvé à Simlah votre lettre du 14 octobre ; vous ne m'en avez jamais écrit qui m'ait fait autant de plaisir. Courage, mon ami ! Travaillez encore trois ou quatre ans et achevez la conquête de votre indépendance pour le reste de vos jours.

Avec quelle rapidité passent les hommes et les choses dans la lanterne magique du monde politique ! Dom Pedro à Paris !... Il n'est pas un aigle, mais il ferait un roi d'Espagne très-décent ! Pourquoi pas ?

Je n'ai pas de cœur pour parler de la politique européenne, elle est trop affligeante, tout va de travers partout ; au reste, mes dernières gazettes françaises sont du mois de mai, et ma correspondance s'arrête au mois de février, ainsi je ne sais pas grand'chose.

J'ai ici l'avantage de voir souvent un homme fort distingué, M. Maddock, l'ex-résident de Lucknow, nouvellement nommé à la résidence de Catmandou, qui m'a appris une infinité de choses sur l'administration de l'Inde en échange de mes contes d'outre-Sutledje.

Adieu, mon cher ami ; écrivez-moi à Delhi. *Care of Wm Fraser, Esq., Commissioner, etc.,* etc. Je vous embrasse de cœur.

XCIV

A M. VICTOR DE TRACY, A PARIS.

Sabathoo, le 1ᵉʳ décembre 1831.

Cher et excellent ami,

Je viens de recevoir votre aimable mais trop courte lettre du 24 mars dernier. Elle accompagnait le contingent mensuel de Porphyre et de mon père, dont l'étendue ne saurait suppléer à la briéveté du vôtre. Mais vous me promettez une longue soirée de causerie et je puis vous entendre d'un jour à l'autre, car le paquet qui vient de m'arriver a voyagé bien lentement. Je vois avec une peine infinie la division au camp de nos amis, et les diverses oppositions, qui naissent de la politique vacillante du gouvernement, s'attaquer les unes les autres avec une animosité plus faite pour aigrir que pour persuader et réconcilier.

J'accepte avec joie vos éloges, non que je souscrive toujours à-leur justesse, — car je sens bien tout ce qui me manque à maints égards, — mais parce que je les crois sincères. Il n'y a rien de plus aimable que les préjugés de l'amitié pour ceux qui en sont l'objet. Je devrai beaucoup aux circonstances tout à fait inespérées qui m'ont accueilli dans l'Inde. J'y aurai voyagé d'une manière bien inusitée pour un voyageur de mon métier, et qui, favorisant toutes mes recherches spé-

ciales, m'aura ouvert partout, dans ces contrées sin-
gulières, l'entrée d'un monde presque entièrement dé-
laissé par les officiers anglais qu'en rapprochent de
hautes fonctions politiques.

J'ai été retenu ici bien au-delà du temps que je me
proposais d'y passer, par une maladie très-grave d'un
homme qui m'était absolument inconnu il y a quinze
jours, mais que je n'ai pu connaître sans m'attacher
vivement à lui. Le médecin anglais de cette station
est un fou et un ignorant qui l'aurait laissé mourir
indubitablement s'il ne l'eût tué. J'ai eu le courage
d'encourir une grande responsabilité en l'écartant, me
saisissant du malade et le traitant empiriquement, de
la manière qui m'avait presque toujours réussi dans
des cas semblables, parmi les gens de ma suite. J'ai eu
le bonheur de réussir.

Maintenant, je vais gagner rapidement Dehli. J'y embarquerai sur la Jumna toutes mes collections d&l'Inde
et du Thibet, du Pundjâb et de Cachemire, et, vers le
1er janvier, je prendrai la route de Bombay au travers
du Radjpoutana. — Djepoor, Adjmir, Aurungabad et
Poonah sont les points les plus remarquables de mon
itinéraire projeté.

J'ai tout à fait renoncé à revenir par la Perse. J'aime
mieux consacrer une année de plus à l'Inde et conserver
à mon voyage un caractère d'unité. Je ne serai qu'Indien, mais Indien à fond.

Mon père et Porphyre me disent combien votre amitié est active pour le besoin de mes intérêts. Mais votre

position vis-à-vis des puissants du jour me semble bien peu favorable au succès de vos démarches. J'en espère peu pour le présent; heureusement que je puis attendre à l'aise en ajoutant aux allocations encore insuffisantes du gouvernement les présents considérables que j'ai reçus de Rundjet-Singh. Cependant, il me semble qu'en bonne justice cet argent devrait me rester. C'est une vingtaine de mille francs qui, grossis par les intérêts jusqu'à mon départ de l'Inde, me feraient presque une petite fortune à mon retour en France. La munificente amitié du prince syke pour moi, m'a, d'ailleurs aidé de maintes manières différentes, toutes traduisibles en milliers de francs que j'aurais dû, sans lui, dépenser sur mes crédits, qui eussent alors été épuisés bien avant le temps.

Je finis avec humeur, parce que je déteste de parler de ces misérables affaires d'argent. Adieu donc, cher ami. Il m'est doux d'être aimé comme je le suis de vous. Votre pensée, si fortement liée avec la mienne, ne me laisse pas sentir, dans la solitude la plus profonde, le rêve de l'isolement. Je porte avec légèreté votre absence et celle du bien petit nombre d'amis qui ont la même place dans mon cœur. Ma sympathie s'exerce avec activité sur les objets de mes plus vives affections comme si je ne les avais jamais quittés, comme si j'étais encore parmi eux. Je pense à vous, avec vous; avec vous je me réjouis et je m'afflige de loin comme de près... Cher ami, que de sources de jouissances restent ignorées de la plupart des hommes!

que de fautes, de bévues dans le système de l'existence morale du plus grand nombre ! que de bonheur perdu, négligé ! et de bonheur offert par les lois universelles de notre organisation morale, à tous les hommes également, en dépit de l'inégalité des conditions !

Adieu encore, cher ami ; je vous aime et vous embrasse de tout mon cœur.

XCV

A MADEMOISELLE TINETTE CHAPEAU,
A PORT-AU-PRINCE.

A Delhi, la capitale du Grand Mogol, autrefois.
21 décembre 1831.

Ma chère demoiselle,

Je reviens de Cachemire, un pays bien loin d'ici, où l'on fait ces beaux châles dont vous avez sûrement entendu parler, mais dont vous n'avez peut-être jamais vu un seul, car ils sont si chauds, que, dans votre pays d'Haïti, ils seraient tout à fait inutiles. Le roi de ce pays-là est un vieux coquin qui, à force d'adresse, d'esprit et de courage est devenu un très-grand roi ; il s'appelle Rundjet-Singh ; il est allié des Anglais, qui sont bien plus puissants que lui et dont il a grand'peur. Je lui étais recommandé par le gouverneur des Anglais, qui est mon ami, et qui est dans ce pays-ci un bien plus grand seigneur que le roi d'Angleterre lui-même à Londres. Rundjet-Singh m'a parfaitement bien reçu, il m'a pris pour le plus savant homme du monde, il m'a fait beaucoup de caresses et rendu beaucoup d'honneurs.

Quand je voyageais loin de sa cour, à deux cents lieues quelquefois, il m'envoyait tous les huit jours un courrier. Tous les gens de ce pays-là, qui sont d'épouvantables coquins, voyant l'amitié du roi pour moi, n'osaient me faire du mal; et même, par ma réputation de sagesse et de science, surtout par le crédit que chacun me connaissait à la cour, j'étais devenu un si haut personnage, que je ne permettais pas aux plus grands seigneurs de s'asseoir en ma présence. Quand je sortais dans la ville de Cachemire, qui est très-grande et dont la canaille est fort turbulente, une troupe de cavaliers marchait devant et derrière moi, distribuant assez libéralement des coups de fouet ou de plat de sabre à ceux qui voulaient m'approcher de trop près. Moyennant cela, j'étais fort respecté. Si j'eusse défendu à mes gens de battre les curieux, les curieux m'auraient tellement méprisé, qu'ils m'auraient jeté des pierres. Comme j'avais beaucoup d'argent à dépenser, — car mon ami le roi Rundjet-Singh m'en donnait beaucoup et pourvoyait à toutes mes dépenses en voyage, — je faisais l'aumône aux pauvres, aux vieillards aveugles, aux enfants orphelins, aux pauvres femmes dont les maris étaient en prison pour de petites dettes; je donnais des médecines aux malades, et j'étais extrêmement aimé de tout le monde, même de ceux

qui, dans mes promenades, trop curieux de voir de
près ma figure blanche, sans barbe, mes habits
européens, et surtout mon chapeau, avaient attrapé
quelques coups de bâton de mes domestiques et de
mes soldats.

J'ai rapporté de ce pays-là bien des fleurs nouvelles
et des pierres que personne ne connaît en Europe. J'ai
rapporté aussi une quantité de châles superbes que le
roi m'a donnés. J'espère, ma chère demoiselle Tinette,
que les coquins de la douane au Havre et à Bordeaux
me permettront de les porter jusqu'à Paris. Je choisirai
le plus léger de tous pour vous, ma chère amie.

Quelquefois, je me suis habillé comme les gens du
pays, c'est-à-dire à peu près comme les Turcs, avec des
pantalons dans lesquels il y a trente-cinq aunes de soie,
et des robes de chambre de cachemire, ceintures de cachemire, et un turban de superbe mousseline blanche
de l'Inde. Je voudrais retourner à Port-au-Prince pour
apprendre à Virginie à mettre sur sa tête un de ces tur-
bans de mousseline; elle paraîtrait bien plus jolie encore
qu'avec son madras ou son mouchoir de batiste.

Le roi d'ici, c'est le Grand Mogol. C'était autrefois le
plus grand roi du pays des Turcs. Mais, depuis cent ans,
il est presque sans pouvoir, et, depuis vingt-cinq ans, il
est presque prisonnier des Anglais, qui ont pris tout son
pays, — mais qui le traitent avec tout le respect possible et lui font une pension de quatre millions de
francs (huit cent mille piastres d'Espagne). — On m'a
présenté à lui. J'ai dû ôter mes souliers pour paraître

en sa présence. C'est la politesse de ce pays-ci. On garde son bonnet et on ôte ses souliers. Je lui ai fait trente-sept révérences, je lui ai donné soixante piastres; en échange de quoi, il m'a fait habiller à la turque par son ministre, ce qui est considéré comme un grand honneur, et lui-même a attaché à mon chapeau gris quelques ornements en pierres fausses. Toute la garde-robe turque qu'il m'a donnée ne vaut pas dix piastres. Mais le roi Rundjet-Singh m'en a donné pour plusieurs milliers de piastres.

Je voyage très-agréablement, avec des chars à bœufs, pour porter une partie de mon bagage, et des chameaux pour le reste. Les chameaux sont de très-grands animaux bien plus grands et bien plus forts que des chevaux, ils portent le bagage sur le dos; moi, je vais à cheval toujours. J'ai trois chevaux, j'en ai eu jusqu'à cinq. Les seigneurs de la cour du roi Rundjet m'en ont donné en cadeau, comme c'est l'usage de ce pays-là. J'ai une vingtaine de domestiques, et toujours une bonne escorte de soldats.

Je voyagerai encore deux ans dans l'Inde, maintenant dans un pays bien chaud. Les Anglais disent qu'il est bien malsain, mais c'est qu'ils mangent et boivent trop (de vin surtout); moi, je ne bois que de l'eau et du lait, et, pour ne pas me laisser aller à manger trop, j'ai pris le plus mauvais cuisinier du pays, et, par politique, je ne lui paye que fort mal ses mémoires, en sorte qu'il me fait faire des dîners du diable, et je me porte à merveille.

Ils m'écrivent de Paris qu'ils trouvent Frédéric bien noir, mais fort beau garçon; je ne suis guère plus blanc que lui. Adieu, ma chère Tinette; dites à Virginie de s'asseoir près de vous avec une plume, de l'encre et une petite feuille de papier, qu'elle vous prête sa main, et écrivez-moi, non en français, mais en haïtien, comme vous le parlez: je me le rappelle encore assez bien pour vous comprendre parfaitement. Ce n'est pas la coutume en ce pays-ci d'embrasser les dames ni les demoiselles. Cependant, comme c'est une fort bonne coutume, je vous embrasse, vous et Virginie, et j'aimerais beaucoup mieux le faire sur vos deux joues que sur ce chiffon de papier.

XCVI

A M. DE MESLAY, A PONDICHÉRY.

Delhi, le 23 décembre 1831.

Cher monsieur,

Je reçois à l'instant vos officielles et confidentielles du 19 novembre, qui reviennent de Loodianah, où elles étaient allées me chercher; et, puisqu'elles me trouvent ici, établi confortablement dans un fauteuil à bras, devant une table à écrire, et la plume à la main, au diable la besogne pour une heure! aussi bien en ai-je par-dessus la tête déjà, depuis huit heures que je m'y démène; et causons du mieux qu'il se peut faire de la cité impériale à votre capitale toute jolie.

M. Cordier m'avait appris déjà la bonne nouvelle des neuf mille livres que vous m'annoncez; en sorte que j'ai été assez insensible au début de votre lettre; et, après l'avoir lue, l'impression qui domine en moi est celle sous laquelle vous l'avez écrite : une impression de tristesse. Une masse énorme de correspondance européenne qui m'attendait ici, et dont je viens à peine d'achever la lecture, ne m'avait que trop disposé déjà à ce sentiment, Je vois comme vous en sombre l'avenir de notre pays : anarchie, guerre civile, coalitions étrangères, toutes ces cruelles épreuves nous menacent.

Ne me demandez pas ce que feront ou ne feront pas mes amis... Le savent-ils eux-mêmes? savent-ils ce qu'ils veulent? J'ai un frère aîné, de quarante ans, capitaine d'artillerie, à la portion congrue de 1813, seulement homme admirable de désintéressement, d'honneur, de raison. Il m'écrit : « La politique de tous les partis, sans en excepter un seul homme, n'est que celle-ci : «Ote-toi de là que je m'y mette!» Je l'excepte, lui, parce qu'il n'avait qu'à se laisser faire après la grande semaine, pour n'être plus capitaine et pour être aide de camp du roi. Mais c'est une barre de fer, et tous les autres ne sont que des roseaux couleur de fer. Mon vieux père, qui ne sort plus de chez lui, parce qu'il est bien vieux et qu'il s'occupe d'une maîtresse qui l'amuse toujours, la métaphysique, m'écrit qu'il n'ose plus regarder par la fenêtre, et que les bêtises et

les vilenies de tout genre d'amis et ennemis lui donnent
la fièvre régulièrement, tous les jours, de quatre heures
à six, quand il lit les journaux.

Votre ami M. de Rigny ne sera guère épargné, je
le crains bien. Ne voyez-vous pas qu'il y a un système
prémédité d'attaque contre tous les pouvoirs de la
société et contre tous les hommes qui s'y succèdent;
qu'aucun n'a pu encore y rester trois mois sans être
usé jusqu'à la corde, et rejeté avec haine et mépris?
Les premiers venus ont fait de grandes fautes. Leur
quasi-légitimité a fourni contre eux à nos amis une
arme dont ils se sont bien cruellement, bien follement
servis. Mon frère m'écrit que les deux popularités les
plus tenaces ont été celles du roi et de M. de la Fayette,
mais qu'à la fin, ils ont eu leur tour comme les autres,
et qu'un d'eux au moins le méritait. Ma raison parle
plus haut que mes affections, je n'ai donc pas besoin
de vous dire lequel des deux.

Mon artilleur, qui, lui, certes n'a pas peur, m'écrit
pourtant qu'il a peur de la guerre, parce qu'il croit que
beaucoup de gens qui parlent bien haut sont très-
effrayés au fond de l'âme; et que, s'il fallait dégaîner,
on verrait bien des poltrons.

Parmi les lettres sans nombre que j'ai trouvées ici,
il y avait un volumineux contingent de Tracy. L'idée
que tout cela a déjà six mois de date, et que ma réponse
ne lui parviendra qu'après le même intervalle, m'ôte
le cœur de lui écrire. A quoi bon? Les événements ne
sont-ils pas consommés!

Moi, en vertu de mes trente ans sonnés dernièrement
à Cachemire, je ne puis encore me décider à croire que
tous les hommes soient intrigants, cupides, ambitieux.
Au fond de ces déplorables divisions, il me semble
qu'il doit y avoir des malentendus, des méprises pour
les causer, les agrandir ou les envenimer. Je regrette
quelquefois d'être au fond de l'Inde, parce qu'il me
semble que, si j'étais à Paris, je saurais réussir à faire
entendre raison à quelques-uns de ces fous. Cependant, je ne vous cacherai pas, cher monsieur de Mes'ay,
que plus habituellement je m'applaudis d'avoir un
motif honorable d'éloignement. Si je me fusse trouvé à
Paris après la bagarre de Juillet (ne me trahissez pas,
de grâce, si je traite si cavalièrement l'héroïque semaine!), jeté dans le tourbillon des ambitions désor-
données de cette époque, aurais-je résisté à la force de
l'exemple? me serais-je défendu des illusions, pour moi
nouvelles et plus vives, du pouvoir embelli des intentions honnêtes et des espérances d'utilité politique que
j'aurais nourries? J'aurais peut-être cédé à cette dan-
gereuse tentation et quitté les plaisirs tranquilles de
l'étude pour l'ennui et le tourment des affaires, sans
me demander seulement si j'y étais propre. J'ai un
pauvre ami à Nîmes. Quel métier, grand Dieu!... Un
autre fait bien pis encore : c'est à Paris qu'il est préfet,
et préfet de police. D'autres de mes amis, qui étaient
les siens aussi, le traitent comme Mangin. L'homme de
Nîmes faisait du fer, de l'acier, des machines à vapeur,
des ponts. C'était un homme de science et d'industrie,

du plus haut talent. Il gagnait de l'argent, qui plus est. Le voilà qui a quitté ses forges et ses belles montagnes du Dauphiné, ses fonderies du Gros-Caillou, pour Nîmes, où les protestants et les catholiques se fusillent sous ses fenêtres et le menacent de le brûler dans sa maison.

Je continue donc à conjuguer mes verbes comme votre grammairien. Il en avait conjugué trois mille. Voici que j'ai déjà le même nombre d'herbes, dont beaucoup sont nouvelles. Il y a des pierres à proportion et bien d'autres choses encore ; mais j'ai moins de foi que vous dans la fortune qui m'attend. Je pense quelquefois au pauvre Péron. Un homme si bon devait avoir des amis. Il avait du talent et avait fait preuve d'un zèle sans bornes. Cependant, il est mort dans le dénûment et le chagrin ! Vous ne devez pas avoir les mêmes anxiétés pour l'avenir. Après tout, quoi qu'il arrive, vous ne pouvez pas ne pas être capitaine de vaisseau ; vous avez pignon sur rue ; la mauvaise fortune pour vous ne peut pas être bien mauvaise, et puis elle ne serait que passagère.

C'est grand dommage que je n'aie pu garder pour moi un millier de louis que Rundjet-Singh m'avait donnés pendant mes huit mois de séjour dans ses États. J'ai dû non-seulement tout dépenser pour conjuguer mes verbes, mais tirer encore, pendant ce temps-là, sur MM. Cruttenden et C\ie. Sans figure, je suis homme *du mouvement*, et c'est une ruine. Vous, cher monsieur, dans votre petit palais de Pondichéry, vous êtes essentiellement dans *la résistance*, ou au moins dans le *statu quo*, bornant sans doute au cours Chabrol vos plus lointaines expéditions. Mais vous avez là l'*otium cum dignitate*, et, quoi que vous puissiez reprocher à Pondichéry, cela vaut mieux qu'un vaisseau, où vous ne seriez pas moins cahoté, pour avoir une frégate peut-être et une couple de bricks autour de vous, sous vos ordres aussi.

Mon frère l'Haïtien est venu faire un voyage à Paris; ses affaires paraissent bien relevées par une fabrique de rhum qu'il a établie. La petite V... est, par ordre supérieur, au *statu quo*, et mon frère est censé s'y tenir aussi entre la mère et la fille, ce qui vous paraîtra sans doute fort suspect. Singulier ménage vraiment! Mon frère voudrait paraître un politique expectant; mais, dans la coulisse, je le crois homme de mouvement. Cependant, sa politique secrète ne se trahit pas. Il y a apporté sans doute toutes les réserves et précautions diplomatiques du genre. La petite fille pourrait bien trouver que c'est une ennuyeuse chose que la vertu ou la demi-vertu, et décamper en l'absence des autorités supérieures.

Je craignais fort, entre nous, que mon frère ne voulût du consulat de Port-au-Prince, qu'il nous eût été facile, je crois, de lui faire avoir, et où je ne pense pas qu'il fût resté un mois sans se quereller avec la république noire. La fermeté doit s'allier dans ces fonctions à l'esprit de conciliation, et mon frère n'a que la fermeté. Il m'y semble éminemment impropre.

Les journaux anglais, sans doute, vous ont appris la rupture très-récente des deux gouvernements. M. Mollien allait se retirer et invitait tous les Français à quitter l'île, qu'il menaçait d'une attaque formidable par nos vaisseaux. C'est toujours au sujet des cent cinquante millions de M. de Villèle. Cette nouvelle me donne beaucoup d'inquiétude sur les intérêts de mon frère. Mais c'est trop parler de l'autre monde... Quelques mots de celui-ci.

Je suis arrivé à Delhi le 16 de ce mois. Le gouverneur général allait en partir. Je remontai à cheval le lendemain, et je rejoignis son camp au Couttub, sur les ruines de la ville antique. Il y demeura deux jours, que je passai avec lui et avec lady William d'une manière bien agréable. Ce n'est pas tous les jours qu'il vient ici des gens de Cachemire, des Européens s'entend; car c'est un avantage que personne au monde ne partage avec moi. Cependant, je ne mens pas. J'ai trouvé bien des interrogants baillis, et j'ai été avec eux, et tâché d'être tous les jours moins Iroquois que l'*Ingénu* de Voltaire. Je n'aurais pas la même excuse que lui pour cela. J'ai conté à lord William la politique du Pundjâb, comme j'ai vu ce pays, — mieux certainement que mon ami Wade, l'agent politique anglais sur la frontière syke, qui, dans les divers voyages qu'il a faits à Lahore, emmenant pour escorte deux compagnies d'infanterie, et trouvant chez Rundjet une garde d'honneur plus nombreuse encore, ne se meut que dans une petite atmosphère ambulante *de force* qui crée partout sur son passage un horizon fugitif d'ordre public, d'obéissance; moi, je voyais le pays comme il est tous les jours, dans toute la nudité de son anarchie.

Tandis que j'étais au camp du gouverneur général, lady William reçut des lettres du Palais-Royal. Elle est intimement liée avec la famille d'Orléans. C'était la reine qui lui écrivait pendant la tournée électorale du roi dans les départements. Elle lui envoyait une quantité de brochures, œuvres royales, les réponses du roi aux harangues faites au roi dans chaque bicoque ou ville qu'il traverse. La reine paraissait assez contente. Ils espéraient au Palais-Royal une majorité pour Casimir Périer, dans la Chambre alors sur le métier. Bonnes gens! je les plains de tout mon cœur.

L'impopularité de lord William va toujours croissant. On lui rend généralement justice pour ses bonnes intentions; mais sa conduite n'est, dit-on, qu'une série de fautes politiques et administratives. Je partage là-dessus l'opinion générale. Je doute que ce soient les Russes qui chassent les Anglais de l'Inde. Ils devraient s'occuper moins des étrangers et veiller davantage aux sentiments hostiles des populations indiennes. L'affaire des *moulavis*, près de Calcutta, comme symptôme, est une affaire très-sérieuse. Lord William affectait ici d'en rire; mais, quoiqu'il ne soit pas un homme à longues vues, je suis convaincu qu'il en était fort tracassé. Autre tapage près de Saugor, dans l'Inde centrale. Un petit radjah indépendant, ayant assassiné son frère, avait été arrêté par ordre du gouvernement et jugé par une cour martiale européenne ; quatre compagnies d'infanterie anglaise le conduisaient à Allahabad (à la jonction du Gange et de la Jumna), où il avait été condamné à passer le reste de ses jours, captif : les troupes furent attaquées, en traversant le domaine du chef qu'elles emmenaient prisonnier, par des forces d'insurgés tellement supérieures, qu'elles durent relâcher le radjah et faire retraite sur Saugor.

La légalité est une belle chose en Europe, tant qu'on peut s'y tenir ; mais, ici, c'est une absurdité monstrueuse. Le gouvernement en est trop esclave. En Chine, le four chauffe.

Je ne puis vous dire adieu, sans vous remercier, cher monsieur de Meslay, du rétablissement de mes finances. J'attends de pied ferme avec cela l'an qui vient. On m'a doublé ma ration à Paris, mais ce ne serait pas assez pour faire bien les choses. Puisque ma dialectique officielle est, à votre avis, si pressante, j'en essayerai encore avec votre ministre, en supposant qu'il fasse la sourde oreille à une petite pièce d'éloquence que je lui ai dépêchée il y a huit mois, et dans laquelle je dénonçais les quatre laks du sel et de l'opium que les gens de Calcutta payaient chaque année à M. Cordier, comme une proie digne, par son origine tout indienne, de nourrir un voyageur indien, lequel, d'ailleurs, ne lui ferait qu'une bien légère égratignure.

Je décamperai le 1ᵉʳ janvier 1832, *via :* —Djepoor—
Adjmir — Misserabad — Indore — Aurungabad —
Poonah — Bombay.

Je n'arriverai guère à Bombay avant le 1ᵉʳ de mai.
Ce serait rester bien longtemps et faire bien du chemin sans recevoir de vos nouvelles, si je ne devais en
trouver qu'à ma dernière étape. Faites acte de charité
comme il suit :

*Victor Jacquemont, Esq., etc., etc., to await his
arrival.*   *Indore.*

Il m'est charmant de penser que, dans un an, je serai
à Mahé. Il me semble que, de là à Pondichéry, il ne
doit y avoir que les ponts à passer, comme du faubourg Saint-Germain au faubourg Saint-Honoré.

Adieu; je ne vous parle pas de mon amitié, ce
ne serait plus qu'un pléonasme entre nous. Ma santé
est bonne; soignez la vôtre. Je vous embrasse de
cœur.

XCVII

A M. JOSEPH DE HEZETA, A CALCUTTA.

Province de Malwa, près d'Oudjin, le 30 mars 1832.

Je n'ai pas là sous la main pour y répondre, mon
cher Hezeta, la dernière lettre que j'ai reçue de vous à
Dehli, il y a environ trois mois, et, au lieu de quatre

grandes pages que j'ai coutume de vous donner, vous
n'aurez cette fois que quelques lignes.

A la question !

Je suis resté à Dehli un temps infini afin d'y mettre
à flot en toute sûreté, pour la grille du nord du Jardin
des Plantes de Paris, par la Jumna, le Gange, la mer
et la Seine, toutes mes collections. Au lieu de quinze
jours que j'espérais devoir suffire à cette ennuyeuse
opération, il m'a fallu y employer deux mois ; je n'ai
-donc quitté la ville impériale que le 14 février, et,
si vous consultez la carte, vous avouerez que je n'ai
pas perdu mon temps depuis. Par exemple, aujour-
d'hui, maître, serviteurs, chameaux et chars à bœufs
ont fait vingt-huit milles sur de mauvaises routes, par
une chaleur qui est déjà excessive. J'ai vu la superbe
Djepoor, le charmant Adjmir ; j'ai visité Amber, ou
l'ancienne Djepoor, la plus belle des ruines de l'Inde.

Chemin faisant, je me suis trouvé à une trentaine de
milles de la ligne de marche de lord William, qui revenait aux montagnes, tandis que je m'enfonçais au
sud. J'ai joint son camp et j'y ai passé deux jours fort
agréables. Le fameux *inadministré* a été scrupuleuse-
ment examiné et trouvé fort juste dans l'application
que j'en avais faite.

D'Adjmir, je fis une excursion dans le Suhairwarra,
district montueux qui sépare Marwar de Meywar, et
qu'aucun radjah radjpoute, qu'aucun empereur mogol
n'avaient pu réduire. John Bull a été plus habile. D'un
peuple de brigands, un major Henry Hall a fait les

plus honnêtes gens du monde, laborieux cultivateurs, soldats disciplinés, tout cela en moins de dix ans, sans pendre un seul homme. Un Hall est l'homme qu'il faudrait en Grèce et à Alger.

Les grandes stations militaires de Misscrabad et de Meerutt étaient sur mon chemin. Je suis arrivé à la dernière avec une extinction de voix complète, effet d'un violent rhume de poitrine causé probablement par des différences de température de 50 à 55 degrés Fahrenheit en un jour : le matin, de 40 et 42, et, le jour, dans ma tente, de 95. Maintenant, c'est pire encore, car il fait tiède le matin, chaud la nuit, et brûlant le jour. Cependant, d'ici à Bombay, par la route immense que je me suis tracée, il n'y a pas moins de six cents milles. Mon humide radical, dont j'ai fort peu, sera entièrement desséché quand j'arriverai au terme de ma présente expédition. J'avoue que je regrette les ombrages frais de Cachemire, qui, à cette époque, sont encore dans leur costume ou plutôt dans leur nudité d'hiver. Je suis exactement à cheval sur le tropique, au dedans duquel je ne repasse pas fort gaiement. Il n'y a pas de dédommagement ici à l'excessive chaleur dans la beauté des productions de la nature, comme dans votre île de Cuba, dont je juge par sa sœur, qui m'est bien connue, Hispaniola. C'était une étuve ; mais il valait bien la peine d'y suer vingt-quatre heures par jour et douze mois de l'année, pour admirer la grâce, la variété, la beauté tendre et touchante, la magnificence superbe des vallées, des plaines et des monta-

gnes! Ah! que c'était beau! Ici, les terres incultes ne
poussent çà et là que de misérables dattiers rabou-
gris ou des mimosas au feuillage pauvre. Dans les
champs, c'est de l'orge et des pavots pour faire de
l'opium; un figuier de l'Inde ou un pipol marque en
général la place des puits, dont l'eau tiède et boueuse
est d'un goût exécrable.

Je suis presque rétabli, quoique mon *sol* d'en haut,
au-dessus des lignes, soit fort aigre et celui d'en bas
fort caverneux, sépulcral.

Point de lettres d'Europe depuis plus de trois mois,
ni de journaux. Je ne sais rien des choses de France
que par les bribes que j'attrape dans les gazettes de
Calcutta. Lord William avait reçu par Bombay la
nouvelle de l'extravagance des pairs anglais, le jour où
j'arrivai à son camp, le 25 février. Lady William était
fort alarmée. Nous sommes sur des roses en France si
nous comparons notre position au *substratum* de
l'ordre actuel des choses en Angleterre.

Écrivez-moi à Peonah sans délai. Dites-moi, mon
ami, si vous avez passablement vendu votre bleu, et
vos *prospects* pour l'année qui s'ouvre. Les miens sont
au rouge cerise ou *boiling point*.

Bonsoir! Je vous quitte pour envoyer devant, à la
tiédeur de la nuit, une tente, une chaise, mon portefeuille et cette table sur laquelle j'écris.

Excusez, cher ami, le désordre de ce chiffon, que
je ne vous envoie que comme certificat d'existence.

Je vous embrasse.

Pour épargner la dépense des ports des lettres, au-dessus de

Victor Jacquemont, Esq.,
to await his arrival
at Poonah,

faites une enveloppe, et, sur l'enveloppe, écrivez :

The Honourable the Governor of Chandernagor.

M. Cordier comprendra ce que ça veut dire.

Le gouverneur de Chandernagor jouit du *free postage.*

XCVIII

A M. DE MESLAY, A PONDICHÉRY.

Indore, le jeudi 12 avril 1832.

Je ne suis pas peu fier, cher monsieur de Meslay, de la conversion que j'ai faite. Quoi ! courrier par courrier est venue de Pondichéry votre réponse à ma lettre du 23 décembre dernier de Dehli ! En vérité, je ne méritais pas tant de charité épistolaire, car j'ai laissé votre bien aimable lettre du 23 janvier m'attendre ici une couple de mois. Ce n'est qu'hier que je suis arrivé dans la capitale d'Holcar, après deux mois de marche depuis mon départ de Dehli, que j'ai quitté le 14 février. Mais la distance est fort grande et les voyageurs de mon métier ne vont guère en ligne droite. J'ai louvoyé, zigzagué tant et plus au travers

du Radjpoutana et du Malwa, vu bien des choses intéressantes, la plupart nouvelles, quelques hommes aussi
dignes d'être connus, et me voici, noir comme un To-
paz, mais en parfaite santé, nullement fatigué de mes
quatre ou cinq cents lieues. J'ai rencontré, quinze
jours après mon départ de Dehli, le gouverneur général qui revenait d'Adjmir à Agrah, et j'ai passé deux
journées charmantes avec lui et lady William Bentinck, causant du Pundjâb avec le mari et de Paris avec
la femme.

J'ai eu la bonne fortune de retrouver ici l'ancien
résident de Dehli, M. Martin, un des hommes les plus
distingués de sa nation. Demain, je le quitterai pour
reprendre ma route, passant la Nerbudda, puis le Tapti,
et, si je suis en vie après cette épreuve du feu, je mon-
terai sur le plateau du Deccan (Ellora, Aurungabad),
d'où je filerai à Poonah; puis à Bombay, où j'arriverai
tout juste quand les pluies commenceront. Je regrette
bien que vous ayez demandé à quitter ce pays, puisque
vous-même, à présent, aimeriez autant y rester. Que
vous importe ce qui est advenu de vos fâcheux, puisque c'est ailleurs qu'on les a renvoyés? Les Pondiché
riens *nés natifs de l'endroit* semblent ne vous faire
enrager que pour les trente-six mille francs que vous
êtes payé. C'est leur droit s'ils ne vont pas au delà;
vous avez trop d'âge, d'expérience et de philosophie
pour le trouver singulier ; c'est d'un bout du monde
à l'autre partout de même, entre ceux qui donnent le
houkom et ceux qui le reçoivent.

J'ai de la besogne par-dessus la tête, et cette longue feuille ne doit pas compter : dans mes premiers loisirs ambulants, je vous écrirai. Je vous enverrai alors le nombre requis de paragraphes pour que vous fassiez ce que vous n'avez sans doute pas encore fabriqué, un officier de la Légion dite d'honneur au profit de l'excellent M. Allard. Je suppose que, sur vos vaisseaux, jusqu'ici, vous n'avez fait que des chevaliers en ce genre. Qui sait ? peut-être, un jour, finirons-nous, comme Gil Blas, par faire des vice-rois !

Adieu, cher monsieur de Meslay ; je ne nous souhaite, ni à l'un ni à l'autre, une si grande fortune. Une mansarde confortable, avec une stalle aux Bouffons une fois la semaine, quelques loisirs pour flâner et aller faire la guerre à vos tisons de temps à autre, causant de ce singulier pays et de celui où nous serons alors, et je me trouverai heureux. Adieu encore. Comme il n'y a pas d'Anglais pour lire par-dessus mon épaule que je vous écris de pareilles horreurs, je vous embrasse de cœur.

Votre première à Bombay :. *to await his arrival.*

XCIX

A M. CORDIER, A CHANDERNAGOR.

Mundlaysir, le 22 avril 1832.

Mon cher monsieur Cordier,

Hier matin, je suis arrivé ici, sur les bords de la Nerbudda, absolument cuit par la chaleur, dont vos étés
de Calcutta ne peuvent vous donner aucune idée, laissant derrière moi mes chars rompus en pièces dans les
montagnes de Vyndhia, bœufs estropiés, gens malades, sipahis sur le flanc; et, comme il y a une Providence, ma piteuse caravane est cependant arrivée. On
arrive toujours, — seulement un peu plus tard, c'est là
toute la différence.

Je devrais bien profiter de *la Nancy* pour vous envoyer des lettres; mais je n'ai pas le temps d'écrire.

C'est ici le pays des Bheels (prononcez *Bhils*), une
des races indigènes de l'Inde les plus sauvages. Il y a
une demi-douzaine de meurtriers que j'ai choisis hier
entre une centaine de ces coquins comme représen-
tant mieux l'expression et les traits de cette race.

Je vous quitte pour les expédier avant déjeuner,
c'est-à-dire les dessiner. Demain, je pars pour Asseer-
ghur, et, dans vingt jours, j'espère être à Aurungabad.
Cependant, l'homme propose et Dieu dispose, et, si

vous avez quelques lettres à m'envoyer d'Europe, veuillez les diriger sur Aurungabad.

Adieu très à la hâte. Votre bien dévoué.

C

A M. DE TRACY PÈRE, A PARIS.

Mundlaysir, le 25 avril 1832.

Cher Monsieur,

J'ai découvert dernièrement que quelques-unes des
lettres que j'avais expédiées de Cachemire à Calcutta,
l'été dernier, n'étaient jamais parvenues aux frontières
anglaises, interceptées sans doute dans le Pundjâb
par la curiosité peu discrète du roi de Lahore, et,
craignant que ce n'ait été le sort de celle que j'eus
l'honneur de vous écrire de ce pays-là, je profite d'un
moment de loisir pour me rappeler à votre souvenir
affectueux.

J'ai eu, depuis mon retour de Cachemire dans l'Inde,
de fréquentes occasions de donner de mes nouvelles à
ma famille, et, par elle, comme par la vôtre, — car j'ai
écrit aussi à votre fils, — vous aurez su avec quel bonheur j'ai terminé mon long voyage hors des possessions anglaises.

Me voici rentré au dedans du tropique, parmi des
scènes bien différentes de celles de l'Himalaya. Elles
sont moins belles et moins variées. Les provinces que

j'ai traversées depuis mon départ de Dehli sont occupées ou ont été visitées souvent par les Anglais, et, malgré les observations neuves que je trouve encore à y faire sur leur histoire physique et naturelle, elles n'ont plus pour un voyageur européen ce charme d'une terre nouvelle qui m'attachait tellement à mes recherches dans la vallée de Cachemire et dans les montagnes désertes du Thibet.

Le redoutable été de l'Inde m'a surpris il y a un mois, au milieu de mon voyage de Delhi à Bombay. J'en ai souffert. Vous savez que, dans ce pays, la saison des plus grandes chaleurs commence au retour du soleil dans notre hémisphère, et finit lorsque commence notre été d'Europe, au solstice ; alors, les pluies périodiques se déclarent, qui abaissent considérablement la température. Je dois donc me hâter dans ma marche, afin d'atteindre Bombay avant les pluies solsticiales.

Mes travaux d'histoire naturelle ne m'ont pas laissé de loisir pour d'autres études. J'ai regretté souvent de n'avoir ni le temps ni les connaissances nécessaires pour rechercher avec quelque chance de succès l'origine des peuples divers qui habitent l'Inde. Ils sont tous très-probablement issus du même rameau de l'espèce humaine, et soumis depuis bien des siècles aux mêmes circonstances de climat et de régime. Les différences d'organisation physique, qui peut-être distinguaient d'abord leurs variétés originelles, se sont effacées au point qu'on ne peut saisir aujourd'hui de traits physiques caractéristiques des uns et des autres. C'est par la comparaison attentive de leurs religions, de leurs mœurs domestiques, et surtout de leur langage, qu'on doit chercher à débrouiller le mystère de leur antique immigration. Cette tâche devrait être accomplie par les Anglais fixés à demeure dans l'Inde. Le colonel Tod l'a senti récemment à l'égard des Radjpoutes. Sa position était la plus favorable à de telles recherches ; mais, si vous avez lu quelques parties de son ouvrage sur le Radjpoutana, je présume que vous n'aurez trouvé d'autres bases à ses rapprochements anthropologiques que des étymologies forcées du latin et du sanscrit.

Au reste, cette langue m'est tout à fait inconnue. Je n'en connais que ce que je connais du latin, c'est-à-dire des mots isolés. Un Anglais, qui n'a pas appris l'indien vulgaire, a emprunté son vocabulaire partie au sanscrit, partie au persan, à l'arabe, au turc, au pechetou ou afghan, de même que le latin a fourni à la langue anglaise, depuis huit siècles, plus de la moitié de son vocabulaire actuel, lequel d'abord était exclusivement saxon et celtique.

Malgré mon ignorance, je tiens le sanscrit pour n'avoir d'intérêt que sous un point de vue philologique. On en a trop traduit sans aucun profit pour les sciences et l'histoire pour qu'il soit permis d'espérer quelque utilité réelle des traductions futures. Il en est de même du thibétain, dont un savant hongrois, M. Csomo de Koros, préparait un dictionnaire et une grammaire avec les lamas de Kanum quand je visitai cette partie de l'Himalaya. J'eus alors, bien indigne, le bonheur d'habiter un temple célèbre par les richesses littéraires qui y sont déposées. M. de Koros venait souvent m'y voir avec l'évêque lama (je dis évêque parce que le prêtre thibétain était crossé et mitré exactement comme nos prélats); il me montra plusieurs centaines de volumes imprimés grossièrement, avec des caractères en bois, dans les grands monastères de la Tartarie chinoise. L'un de ces ouvrages, qui passait pour le plus admirable et dont un exemplaire avait été envoyé du Népaul à Galcutta, où l'on avait réussi à comprendre son titre et dont on avait fait pompeusement une *Encyclopédie*, n'avait pas moins de cent vingt volumes. A ma prière, M. Csomo traduisit le titre de plusieurs volumes. Or, les dix-neuf premiers traitaient exclusivement des attributs de Dieu, dont le premier était l'incompréhensibilité, ce qui peut dispenser de la recherche des autres. Le reste est un mélange de théologie, de médecine, d'astrologie, de légendes fabuleuses et de métaphysique. Cet épouvantable galimatias n'a pas même le mérite de l'originalité. Il paraît n'être, comme la plupart des livres thibétains, qu'une traduction ou compilation du sanscrit faite il y a cent cinquante ans. J'y trouverai, à mon retour, de quoi m'applaudir d'avoir confiné mes recherches à l'objet spécial de mon voyage.

Adieu, cher monsieur; mes dernières lettres d'Europe sont fort anciennes, et j'en attends incessamment de nouvelles. Si ma lettre de Cachemire ne s'était pas perdue, si elle vous était parvenue, et si je trouvais, en arrivant à Bombay, quelques lignes de votre souvenir, inutile de vous dire quelle serait ma joie! Adieu encore, mon cher monsieur; je reconnaîtrai toujours par les sentiments d'un fils l'affection dont j'ai reçu de vous tant de marques.

Je vous embrasse de tout mon cœur.

CI

A M. DE MESLAY, A PONDICHÉRY.

Mundlaysir, sur les bords de la Nerbudda,
25 avril 1832.

Monsieur le Gouverneur,

Un sentiment de reconnaissance personnelle et de justice nationale me fait prendre la plume pour vous entretenir d'un compatriote que j'ai trouvé dans une des contrées les plus reculées de l'Inde, où, depuis dix ans, il honore le nom français, et pour solliciter en sa faveur les grâces du gouvernement.

Quelque éloigné que vous soyez, à Pondichéry, de la métropole politique de l'Inde, le nom de M. Allard, j'en suis persuadé, n'a pu vous rester inconnu. M. Allard est cet officier français qui, en 1821, parut à la cour de Lahore, et y reçut du maharadjah Rundjet-Singh le commandement en chef d'une portion considérable des armées sykes, pour les former à la discipline européenne. Depuis dix ans, il remplit ce haut commandement. Son arrivée dans le Pundjâb, l'élévation du poste qu'il y obtint aussitôt, l'influence qu'il y acquit près du maharadjah, furent vues d'abord avec quelque jalousie par le gouvernement anglais, car Rundjet-Singh était dans l'Inde le seul pouvoir qui fût resté debout devant l'empire anglais. Il était le roi parvenu et populaire d'un peuple nouveau, nombreux, fanatique et guerrier. Les souvenirs de la longue et funeste animosité qui avait divisé la France et l'Angleterre n'étaient pas encore oubliés ; M. Allard avait apporté à Lahore le drapeau tricolore, il instruisait à la discipline de nos armées les troupes, jusque-là sans ordre, de Rundjet-Singh. Il réussissait avec un art merveilleux à les y former, à faire obéir ces hordes barbares aux paroles de commandement françaises ; sans doute le cabinet de Calcutta ne le croyait pas venu à Lahore dans des vues amies de la puissance anglaise. Cependant, depuis cette époque, Rundjet-Singh, dont l'alliance avec les Anglais leur paraissait toujours si équivoque, s'est montré religieusement fidèle aux traités qui déterminent les droits des deux empires. Le surcroît de puissance militaire qu'il doit aux services de M. Allard et des autres officiers français, venus depuis dans le Pundjâb, le roi de Lahore ne s'en est prévalu que contre celles des nations voisines dont les Anglais n'avaient pas stipulé l'indépendance. Il a étendu ses conquêtes à tout l'Himalaya depuis les bords du Sutledje jusqu'au Caucase indien. Maître de tout le Pundjâb entre cette rivière et l'Indus, ses armées ont passé ce fleuve et envahi Paishaan, Deïra, Gharu-Khan, et saisi quelques grands débris de la monarchie afghane.

La bonne foi de Rundjet-Singh, éprouvée si longtemps, devait calmer les soupçons de la politique justement défiante des Anglais; et, depuis que leurs sentiments pour ce prince se sont modifiés, qu'une alliance plus étroite a été formée entre les deux États, ils ont pareillement cessé de voir avec jalousie M. Allard et ses compagnons d'armes, et leur grande influence à Lahore.

Mon voyage dans le Pundjâb et le Cachemire m'a mis en contact avec eux. J'aime à reconnaître ce que je dois à M. Allard. C'est à lui, plus encore qu'au gouverneur général de l'Inde, lord William Bentinck, que je dois le singulier avantage d'avoir pu étendre mes recherches aux États du roi de Lahore. Rundjet-Singh en avait refusé l'entrée à tous les savants anglais qui avaient sollicité la faveur d'y voyager. Je croyais qu'il me serait impossible comme à eux de l'obtenir, et, dans cette persuasion, j'avais visité plusieurs points des frontières anglaises sur le Sutledge, sans faire aucune démarche pour être admis dans le Pundjâb. Au mois d'août 1830, mes recherches m'avaient conduit, par delà l'Himalaya, sur les confins de la Tartarie chinoise, à trente journées de marche au delà des divers postes anglais dans ces montagnes. C'est là, dans les solitudes désolées du Thibet, où je me sentais isolé du reste du monde et où je m'en croyais oublié, que je reçus de M. Allard le message le plus inespéré; car il y a si peu de relations entre l'Inde anglaise et le Pundjâb, que je ne pouvais même supposer que mon nom lui fût connu.

Mais il l'avait appris; il avait su l'objet de mes voyages, ma nationalité française, mon caractère public; son patriotisme avait pris aussitôt l'initiative, et il m'écrivait avec une effusion touchante pour m'offrir tous les services que sa haute position à la cour syke pouvait le mettre à même de me rendre, si j'avais le désir de visiter le royaume du Pundjâb. Là-dessus, je commençai les démarches dont, quelques mois plus tard, après avoir achevé mes laborieuses recherches au Thibet et dans l'Himalaya indien, je recueillis le fruit, lorsque je reçus, à Loodianah, du roi de Lahore l'invitation de visiter ses États et la promesse d'une honorable hospitalité.

Le 2 mars 1831, je passai le Sutledje et fus reçu sur la rive syke par un seigneur de la cour de Lahore, envoyé par Rundjet-Singh pour m'accueillir sur sa frontière. Un corps de cavalerie, rangé en bataille sur les bords du fleuve pour me recevoir avec les honneurs militaires, obéit alors aux commandements prononcés et répétés en français. Il y avait deux ans que je n'avais entendu les sons de la langue maternelle; il me sembla que j'avais retrouvé dans le Pundjâb notre patrie.

J'ai eu l'honneur de vous écrire déjà quel accueil

flatteur je reçus à Lahore du maharadjah, et vous savez, monsieur, avec quel succès la protection, je dirai presque l'amitié de ce prince extraordinaire m'a permis d'étudier l'histoire physique et naturelle des contrées soumises à son autorité. J'ai passé plus de huit mois à les parcourir; j'en ai visité les plus reculées, la province de Cachemire.

Deux officiers du roi de Lahore m'accompagnaient dans tous ces voyages, porteurs de firmans que sa bienveillance avait dictés. Une troupe de ses gardes m'escortait pour en assurer l'exécution. Mais j'avais, aux égards des populations demi-barbares parmi lesquelles je voyageais, un autre titre bien puissant que je ne devais pas au maharadjah : j'étais Français, et M. Allard, par toutes les belles qualités qu'il déploie depuis dix ans dans le Pundjâb, par sa justice, son humanité, sa bienfaisance et sa bravoure, a rendu dans ces contrées le nom de Français synonyme de juste, d'humain, de bienfaisant et de brave.

Certes, il n'a pas cessé de servir la patrie en s'en exilant après les désastres de 1815, cet homme qui, si loin d'elle, en a fait connaître et admirer le nom. A cette époque, M. Allard était capitaine de cavalerie, chevalier de la Légion d'honneur et aide de camp du maréchal Brune. Après l'assassinat du maréchal, il se retira dans ses foyers, à Saint-Tropez, où, passant pour un homme désaffectionné au gouvernement d'alors, il se trouva soumis à l'inquisition de l'odieuse police militaire de ces temps-là. M. le baron de Damas était gouverneur de la division militaire dont Marseille est le chef-lieu. Je tiens de M. Allard qu'un jour, dans une visite qu'il faisait à ce général avec les autres officiers à demi-solde de la province, il reçut de lui une provocation gratuite qui, dans un mouvement convulsif d'indignation, lui fit porter la main à la garde de son épée. Abreuvé de dégoûts, il quitta la France et passa en Égypte, de là en Syrie et en Turquie, puis en Perse, où il resta un an au service d'Abbas-Mirza. Mais les officiers européens au service de la Perse n'exercent aucune autorité réelle et sont sans pouvoir pour accomplir aucune réforme importante dans son établissement militaire. L'opulente oisiveté où le tenait le prince persan fatigua promptement M. Allard. Il quitta Abbas-Mirza avec un officier italien, M. Ventura, ardent comme lui et comme lui fatigué de son inactivité; ils voyagèrent ensemble dans l'est et le midi de la Perse, apprirent dans ces provinces la grande renommée militaire du roi de Lahore, Rundjet-Singh, et se décidèrent alors à traverser l'Afghanistan et à passer dans le Pundjâb pour offrir leurs services au maharadjah. M. Ventura, dans les vicissitudes de l'Italie, avait été citoyen français quelque temps de fait, comme il l'était de cœur; il s'annonça donc à Rundjet-Singh comme Français, de même que M. Allard. Le roi de Lahore n'avait jamais employé d'Européens. La franchise toute militaire de M. Allard triompha au premier abord de ses soupçons. Rundjet-Singh lui confia la formation d'une forte division de cavalerie; M. Ventura eut le département de l'infanterie. Leurs succès, leur haute fortune, furent connus en Perse, d'où quelques autres officiers européens sont venus dans le Pundjâb et les secondent maintenant dans leur vaste commandement.

M. Allard a dans le Pundjâb la célébrité que M. de Boigne avait dans l'Inde, il y a quarante ans. Mais M. de Boigne amassa des trésors immenses et les emporta en Europe, où ils donnèrent la mesure du pouvoir qu'il avait exercé dans ces contrées, et M. Allard, avec les mêmes occasions d'amasser de grandes richesses, est resté pauvre, et, s'il retourne en France, sa pauvreté l'y laissera obscur et inconnu. Elle est cependant un de ses titres les plus honorables, et le nom français serait moins respecté dans le Pundjâb, s'il avait choisi de devenir riche. Le roi, qui apprécie la valeur de ses services, les paye avec une munificence extrême; mais la bienfaisance de M. Allard est encore plus grande que la générosité de Rundjet-Singh : il pensionne les blessés, les veuves, les orphelins des troupes qu'il commande, et secourt les malheureux qui ont encouru, sans la mériter, la disgrâce du prince. C'est ainsi qu'il reste pauvre.

Sa réputation a passé depuis longtemps du Pundjâb dans l'Inde; les officiers anglais n'y parlent de lui qu'avec le plus grand respect pour son caractère, et, depuis quelques années que Rundjet-Singh est regardé plutôt comme un allié que comme un rival de leur nation, cette haute considération que je leur ai entendu exprimer pour M. Allard est mêlée d'un juste sentiment de bienveillance.

Le gouverneur général de l'Inde, lord William Bentinck, dans une occasion récente, lors de son entrevue avec le roi de Lahore sur la frontière du Sutledje, à Rooper, au mois d'octobre dernier, prodigua à notre digne compatriote les distinctions les plus flatteuses. C'était la première fois que M. Allard paraissait devant les souverains anglais de l'Inde : la préséance lui fut accordée, chez le gouverneur général, sur les officiers généraux de l'état-major anglais. Il a laissé de ce côté du Sutledje, dans le camp anglais, des souvenirs qui doivent lui être bien doux et dont vous vous enorgueillirez justement avec moi, monsieur. Comme Français, M. Allard nourrit au fond de son cœur le désir de retourner en France ; mais sa générosité prodigue laisse fort incertaine l'époque où il pourra y retourner avec la fortune la plus médiocre. Peut-être restera-t-il encore de longues années dans le Pundjâb. J'ai pensé qu'il se sentirait rapproché de notre patrie s'il en recevait un signe de souvenir. Il est une faveur qui, je crois, le comblerait de joie et qui me paraît être la véritable récompense due par le gouvernement français à sa noble carrière : c'est un grade supérieur dans l'ordre de la Légion d'honneur, auquel il appartient déjà comme simple chevalier.

Persuadé, monsieur le gouverneur, que vous partagerez mon opinion sur les droits de notre compatriote à la bienveillance d'un gouvernement vraiment national, c'est à votre équité et à votre patriotisme que je confie ses titres. J'ai l'honneur de vous prier de vouloir bien les porter à la connaissance de celui de MM. les ministres dans les attributions duquel il vous semblera que doit tomber la tâche agréable de reconnaître le mérite distingué et modeste de M. Allard. Il ignore entièrement la démarche que je fais : sa modestie me l'interdirait, s'il la savait. J'ose espérer que vous lui accorderez tout votre appui, et, dans cette confiance, le succès m'en paraît assuré.

Veuillez agréer, monsieur le gouverneur, l'expression de la considération très-distinguée avec laquelle j'ai l'honneur d'être votre très-humble et très-obéissant serviteur.

CII

AU MÊME.

Mundlaysir, sur les bords de la Nerbudda,
le 27 avril 1832.

Cher Monsieur,

Voilà les dix pages les plus lourdement stupides dont j'aie été jamais coupable ; mais trente-six degrés de chaleur embêtent passablement leur homme, et, quand sa table à écrire est couverte de trésors minéralogiques à décrire, le peu de sens commun que les trente-six degrés de chaleur lui laissent, s'en va aux pierres. Heureusement que vous êtes là pour faire une belle fin à ma requête, et, grâce à votre apostille et à votre ami M. de Rigny, ou Sébastiani, si vous l'aimez autant, je tiens l'excellent M. Allard pour officier de votre nombreuse légion.

Vous vous rappelez la triste figure que *la grande nation* faisait à Rio-de-Janeiro, quand nous y passâmes; maîtres à danser, maîtres d'armes, violons, cuisiniers, filles, etc., etc. Aux États-Unis, j'avais eu aussi peu de raison de m'enorgueillir de notre caste ; des pauvres diables et des aigrefins composaient à peu près exclusivement la petite société française de New-York et de Philadelphie. A Calcutta, où j'ai passé six mois, et où je vivais fort répandu, j'ai vu deux Français, l'un M. Bonaffé, et l'autre un pauvre diable de peintre, graveur, etc., fou depuis. Mais les journaux, dans le compte rendu des tribunaux correctionnels, prennent soin de m'instruire qu'il y en a un bien plus grand nombre. Lady William Bentinck recevait fréquemment des pétitions ou demandes de secours adressées par des Français. Ils avaient été ceci ou cela, les premiers moutardiers du pape! Plusieurs fois elle me pria de m'informer, si j'en avais les moyens, du mérite des mendiants. M. Cordier était mon oracle, et toujours il se trouvait que *ces professeurs royaux de chimie* à Pondichéry n'étaient que des apothicaires pondichériens, renvoyés pour avoir fait du punch avec l'esprit-de-vin de leur boutique, etc., des gens que votre vice-roi de Chandernagor avait chassés de son modeste empire. Enfin, il m'a fallu aller au diable, dans le Pundjâb, pour trouver un

homme qui nous fît honneur. Mais tenez pour certain qu'il nous en fait beaucoup.

Mes dernières lettres de ma famille sont du 1er juillet; mais j'en ai reçu avant-hier une de messeigneurs
du Jardin, du 21 novembre, par laquelle ils m'annoncent une galanterie de deux mille écus de M. d'Argout, ce qui est huit jours de traitement de mon hôte
d'Indore et de Dehli, M..Martin. Quelquefois je me mets
en fureur contre mes amis anglais, qui donnent au
diable lord William Bentinck, à cause des réductions
qu'il a faites aux appointements de quelques-uns, et
leur souhaite le gouvernement direct du roi, au lieu
de celui tant décrié de la Compagnie, avec un parlement réformé et le système américain. Quand les banquiers de Calcutta ont traduit, à leur manière, en roupies nos francs, les munificences ministérielles ne
font plus sur leurs comptes qu'une assez triste figure.
Basta!

Je ne sais jamais comment m'arrivent mes lettres.
M. Cordier est, à Chandernagor, le premier assistant
de la providence divine pour les pêcher, mais dans
quelles eaux, c'est ce que j'ignore toujours. Au reste,
voici venir bientôt nos vaisseaux de Bordeaux avec
leur mauvais vin qu'ils vendent si cher, et alors nous
aurons des nouvelles. Les gazettes de Calcutta m'ont
appris une partie des malheurs de Lyon et les trente-
six pairs de Casimir Périer.—Il se peut que le système
des grandes manufactures soit une calamité pour les
peuples modernes.... Il se peut que la vaccine soit

une funeste invention... Les grandes villes manufac-
turières sont toujours menacées d'une émeute lorsque le travail y manque; vous avez alors dans les rues
cent mille hommes affamés, prêts à en prendre partout où il y en a. Que fait-on? On les tue, si on peut.
C'est juste peut-être, ou plutôt nécessaire, mais on ne
peut les blâmer. La nature avait institué quelques maladies endémiques qui, chaque printemps, emportaient
une partie de la population encore au berceau. En
Chine, on a trouvé que son action meurtrière est insuffisante pour tenir le nombre des bouches en rapport avec celui des pains; et on tue des laks d'enfants [1]. A Dieu ne plaise que j'approuve les Chinois!
Nous, au contraire, nous disons à la nature, qui peut-
être avait raison : « Tu ne tueras plus d'enfants par la
petite vérole, etc., etc.; » et cependant, nous nous moquons du docteur Malthus et continuons à faire des
enfants sans discrétion, à tort et à travers. Entre autres,
effets de cette conduite, voyez l'Irlande. Ils y sont huit
millions d'hommes sur un petit morceau de mauvaise
terre, qui ne peuvent y faire pousser une assez grande
quantité de la plus vile espèce d'aliments pour en
avoir leur soûl. La petite vérole était peut-être une
soupape de sûreté très-utile, pour prévenir l'excès de
la population. De tous les fléaux de son espèce, c'est
le moins affreux, parce qu'il ne frappe guère que les

---

[1] Expression empruntée au langage financier de l'Inde : lak d'enfants, pour cent mille enfants.

enfants, dont la perte est moins douloureusement sentie par leurs familles que celle des adultes, et qui ne sont pas encore devenus un capital pour la société.

Je crains fort que nous ne nous brouillions avec les Anglais au sujet des forteresses de la Belgique. Seuls, je crois que le reste du continent aurait bon marché de nous. Au reste, j'ai cessé de rien comprendre à la politique. Les trente-six pairs de votre *fortis ac tenax propositi vir* me déplaisent singulièrement. La faute n'en est peut-être pas à lui, mais à l'opinion publique qui les lui a imposés; auquel cas, c'est encore pis. Devant des pairs de ce goût-là, je me trouverai, avec mon habit noir, un vil pékin quand je retournerai en France. Vous autres militaires, vous avez manqué de vertu politique, plus qu'aucune autre classe de la nation depuis seize ans. Quel est l'officier général qui a refusé péremptoirement de servir sous Bourmont? Vous brûliez tous du désir de vous couvrir de gloire au Trocadéro. J'en sais qui y sont allés et qui regrettaient de n'y aller que des derniers, et qui, dans le même temps, s'étaient engagés par serment à faire chez nous comme Riégo et Quiroga en Espagne. Cependant, ils arrivèrent à temps pour aider à pendre Riégo et attraper quelques bribes de rubans et de grades...

Cuvier et Cassini ont été seuls choisis dans l'Institut. Cuvier, ceux qui ne sont pas de son métier ne peuvent avoir d'idée de sa grandeur. C'est un colosse, une merveille; mais il a une célébrité de servilisme. Quant à M. de Cassini, ce n'est qu'un botaniste ingénieux, de

son métier juge à la Cour royale, jadis un furibond
pour le roi et le bon Dieu. Il est bizarre qu'on n'ait
pas trouvé mieux dans l'Institut. Il me semble qu'il y
a, en 1831, des convenances politiques qui ne sont
pas les mêmes que celles de 1826, et que ces choix
extraordinaires en sont la violation implicite. Quand
Bonaparte et Sieyès firent leur sénat, ils prirent plus
de deux hommes dans l'Institut; rappelez-vous La-
place, Monge, Darcet, Berthollet, Lacépède, Chaptal,
Cabanis, M. de Tracy, etc., etc., et quelques autres
métaphysiciens qu'ils se repentirent ensuite d'avoir
choisi; mais enfin, il y avait autre chose dans cette
liste de Sieyès approuvée par Bonaparte, le militaire
par excellence, que des noms militaires et des nullités
nobiliaires. Il y a un riche fond de vulgarité dans
votre protégé Périer. Il est de ces honnêtes bourgeois qui aiment la noblesse pour elle-même, et, ne
croyant pas à Dieu, traitent leur curé une fois la semaine, parce que cela est de bon ton dans les familles
aristocratiques du faubourg Saint-Honoré. Je sous-
cris à ses grands talents, talents qu'il ne doit qu'à lui-
même, que nous avons vus se développer et mûrir depuis douze ou quinze ans; mais j'ai peur que sa modération ne nous amène une seconde petite révolution.
Vous semblez mettre dans le même sac d'avocats ta-
quins Mauguin et Odilon Barrot. Je ne les connais ni
l'un ni l'autre; mais, par leurs faires et leurs dires,
il me paraît y avoir une grande différence entre eux.
Odilon est, selon moi, le meilleur discur de la Cham-

bre : raison, bons sens, esprit, simplicité ; au lieu que
Mauguin s'annonce de loin comme un orage, et passe
comme un nuage creux de paroles. Il est proprement
ma bête noire. Je hais cette opposition hostile et systématique. *Amen* aux gasconnades du brâvé générâlé
Lamârqué. J'en fais le même cas que vous. M. Périer
n'a jamais perdu une occasion d'insulter la maîtresse
de M. de la Fayette. Il l'a fait par politique, je crois,
mais avec méchanceté. Vous vous rappelez *les insensés
qui rêvent encore la chimère de la République*, dans
son discours du trône. Eh bien, je suis de ceux qui
ne veulent pas de la République, jusqu'à ce que tout le
monde sache lire en France et soit un peu décrassé :
besogne d'un demi-siècle au moins; et j'ai été offensé
par la *chimère* de M. Périer. M. de la Fayette, s'il avait
voulu de la République, l'aurait eue. Je sais ce qu'il
pouvait après les trois glorieuses journées. Il crut avec
raison que la République ne durerait pas, qu'elle ap-
pellerait la guerre civile dans l'Ouest et dans le Midi,
le mécontentement ailleurs, et la guerre étrangère sur
toutes nos frontières; et, par un effort de vertu, le plus
grand qu'il ait jamais fait, il renonça au rêve de toute
sa vie et nomma le duc d'Orléans roi. Sa querelle, et
celle de Tracy avec M. Périer ne sont autre chose que
leur dégoût pour la *quasi-légitimité* de M. Guizot, et,
quoique je croie qu'il y a des torts de part et d'autre,
et peut-être plus du côté de mes amis que de ceux
qui l'étaient aussi il n'y a pas quatre ans, Dieu sait
avec lesquels je prendrais parti, si j'étais là, et s'il

me fallait prendre parti. C'est un grand bonheur pour nous, cher monsieur de Meslay, que d'être au fond de l'Asie, pendant ce gâchis. A ma très-grande joie, j'ai appris l'autre jour par M. Cordier que votre successeur n'arriverait que l'an qui vient. Une autre fois, il m'avait fait une histoire qui m'avait paru fort vraisemblable, mais qui ne semble pas se confirmer; savoir, que vous étiez officier général et aide de camp du roi.

Puisque vous ne vous souciez aucunement des trapps, basaltes, amygdaloïdes, toadstones, variolithes, jaspes, zéolithes, mésotypes, etc., etc., des montagnes de Vyndhia, qui sont pourtant bien plus curieuses à connaître que les misères de la politique indienne, je finirai par quelques lignes sur celle-ci.

Lord William gardera dans sa poche le soufflet de M. Lé (le gouverneur de Canton), et, tant qu'il y aura moyen d'avoir du thé à un prix raisonnable, messieurs de la factorerie de Canton se plaindront vainement à leur nation des affronts qu'ils reçoivent en Chine.

Votre illibéral voisin de Madras, M. Lushington, a démuselé sa gazette, si bien que les braillards aux gages de la Compagnie dans le Parlement y exaltent la politique libérale de la susdite compagnie.

Les Kholes se battent toujours en Singboom et Chotanagpoor; voilà trois mois que cette petite guerre dure, à la honte du gouvernement.

Rundjet-Singh, ennuyé d'avoir eu cinq missions anglaises en moins d'un an, malgré son amitié personnelle pour l'envoyé, qui est le capitaine Wade, a demandé formellement au gouvernement anglais le rappel de cet éternel envoyé, et, pour faire déguerpir plus tôt celui-ci, il l'a fait chasser avec lui aux tigres et aux lions, non selon la mode anglaise, avec quantité de fusils sur le dos d'un éléphant, mais à cheval, le sabre à la main; ce qui ne s'est pas trouvé du goût du diplomate, lequel, entendant à demi mot, s'en est retourné chez lui, à Loōdianah.

Le colonel Pottinger, résident à la cour de Bhoodj, dans la presqu'île de Cutch, est toujours à Hyderabad, négociant avec les émirs du Sinde la libre navigation de l'Indus pour les bateaux anglais.

Ces négociations font aussi long feu que la guerre des Kholes.

Partout ailleurs, calme plat comme à Pondichéry.

Adieu, cher monsieur de Meslay, jusqu'à Poonah. Il fait plus chaud ici dans cette saison qu'à Pondichéry. Mon métier n'est pas *sine cura*, je vous l'assure ; mais la santé est bonne.

Quand vous serez en veine de vertu épistolaire, dites-moi en passant ce qui est advenu de l'île de Bourbon depuis la révolution : quatre mots suffiront.

Adieu encore ; mille et mille tendresses.

CIII

A M. JOSEPH DE HEZETA, A CALCUTTA.

Aurungabad, le 18 mai 1832.

Il y a des siècles que je ne vous ai écrit, mon cher Hezcta, mais plus longtemps encore que je n'ai reçu de vos nouvelles. Vous vous rappelez combien peu il en coûta à Candide de tuer le grand inquisiteur de Lisbonne, lorsqu'il entra chez la belle Cunégonde, juste comme l'honnête Wurtembergeois venait d'éventrer l'irascible juif dom Issacar. « Je suis en train de tuer, se dit-il; ainsi tant pis pour monseigneur l'inquisiteur, qui d'ailleurs a fait pendre le grand docteur Pangloss, qui m'a fait fouetter et qui vient à présent me disputer ma maîtresse. »

Or, comme j'ai la plume à la main ce matin, il ne m'en coûtera pas plus de me rappeler à votre amitié, qu'il n'en coûta au bon Candide jadis de passer son épée au travers du corps de monseigneur.

J'ai si courte mémoire, que j'ai oublié la date de ma dernière lettre. Quoi qu'il en soit, j'ai parfaitement vu le pays de Malwa, les montagnes de la chaîne de Vyndhia, puis la vallée de la Nerbudda, qui est la rivière la plus élégante de l'Inde; puis le Tapti, qu'on devrait écrire en anglais *Taptee*; puis enfin le plateau du Deccan, sur lequel je suis monté à Adjunlah. Je vois avec plaisir sur la carte les degrés de latitude que je laisse

au nord. De Cachemire ici, il y en a quinze et, d'ici au
cap Comorin, à peine plus d'une dizaine. Je serai tout
étonné d'y arriver. En vérité, le monde est bien petit.
Je le parcours de la manière la plus propre, cependant,
à pester contre sa grandeur, — à pas de bœufs.
J'étais tout ce mois-ci dans les vallées du Tapti et de
la Nerbudda, qui passent pour des fours à briques ;
mais je suis pétri d'une argile si réfractaire, que je n'ai
pas trouvé la chaleur désagréable. J'adore les *hot-
winds* pour voyager à cheval et à pied, jusque vers dix
ou onze heures du matin, passant le reste du jour dans
ma tente. Je me porte admirablement bien.

Je désire que votre bleu convienne également à votre
santé. Croyez-moi, mon cher ami, *le mieux est l'en-
nemi du bien*. Quand vous aurez assuré strictement
votre indépendance, ne mettez plus à la loterie des entreprises commerciales ; quittez le jeu et allez attendre
à Paris que vous puissiez retourner à Madrid et y
trouver la place qui convient à vos talents.

Une extrême médiocrité de fortune est une chose
décidément *basse et honteuse* à Londres ; à Paris, ce
n'est que gênant.

Voulez-vous me faire une grâce signalée ? Dans vos
loisirs, si vous en avez, écrivez-moi, de votre régulière
et lisible écriture, la quantité d'indigo fabriquée dans
la présidence de Bengale, pendant les trois ou quatre
dernières années, 1829, 1830 et 1831, en mesures
anglaises (livres) ; les prix moyens et extrêmes des
mêmes années en monnaie anglaise.

Et, de cette masse totale qui, de toutes parts, aboutit à Calcutta et s'y embarque pour l'Europe, voulez-vous me dire quelle fraction est achetée par la Compagnie, quelle par le commerce; la quotité de droits d'exportation, s'il y en a aucun?

Je voudrais, avant de quitter l'Inde, pouvoir me faire une idée des faits principaux de l'économie commerciale de cet empire. Aidez-moi.

Avez-vous vu M. Csomo de Koros?

Que dit-on de la solidité de la maison Cruttenden, Mackillop et Ce? Je deviens un véritable richard, un crésus! Ces Cruttenden, Mackillop et Ce doivent avoir une douzaine de mille roupies à moi, ce que je considère comme une grande fortune pour un pauvre diable de physicien, fils d'un pauvre diable de métaphysicien, fils de..., etc., etc., etc.

Messieurs de Bombay sont tout à fait galants à mon égard. Je trouve sur la frontière de leur petite présidence des lettres de quantité d'entre eux qui, semi-officiellement, me font les offres les plus hospitalières. Je viens d'en remercier une demi-douzaine, gouverneur et autres, du plus joli de mon anglais. Je suis arrivé hier seulement ici pour voir Daolutabad et les fameuses caves d'Ellora, puis je filerai à Poonah, qu'on dit la meilleure place de l'Inde occidentale dans la saison des pluies. Là donc, je verrai. De grâce écrivez-moi, et désormais toujours sous le couvert de l'honorable gouverneur de Chandernagor, qui est *free to and fro*, et qui sait toujours où je suis. Je n'ai pas de lettres d'Europe depuis le 1ᵉʳ juillet.

Adieu; soignez bien votre santé. Mangez peu, buvez encore moins. Trempez votre vin. Méfiez-vous du *tiffin*.

Je vous embrasse de cœur.

CIV

A M. DE MESLAY, A PONDICHÉRY.

Poonah, ci-devant capitale des Marattes, avant
que lord Hastings eût mis fin à ces coquins-là.
Le 11 juin 1832.

Cher monsieur, me voici, grâce à Dieu, entré au port et solidement ancré pour la durée des pluies. Je suis arrivé ici le 5. Mon intention était de pousser jusqu'à Bombay, mais cette saison-ci est précisément la pire de toutes, au bord de la mer, dans la petite île de Bombay, qui est à l'Inde ce que Brest est à la France. Les gens de Bombay désertent leurs bonnes maisons pour venir passer ici la saison des pluies (15 juin-15 septembre). Je m'y arrête donc; et, comme il n'y a rien de tel que d'être le maître chez soi, quand on le peut, je me suis emparé de la seule maison qui restât à louer, et j'y vais emménager aujourd'hui même.

Le gouverneur de Bombay depuis un an est le comte

de C***, pair anglais, Irlandais de nation, Italien
d'apparence, camarade et souffre-douleur de lord Byron à l'Université, et tant soit peu *dandy*. Il est ici
avec les autres pour jusqu'au mois d'octobre. Il me
comble de politesses en français et en toutes choses,
à la manière française, jusqu'à l'affectation. Je préfère
de beaucoup la simplicité droite et unie de lord William. Lord C*** voulait m'avoir pour hôte. J'ai refusé
cet honneur incommode. Nouveau venu d'un an et,
avant de venir, agréable de Naples, de Florence et
de Vienne ; resté parfaitement étranger, depuis son
arrivée, au langage des Indiens ; sans habitude des
affaires ni talent naturel (à ce qu'il me semble) pour
les expédier ; haut de cinq pieds deux pouces, aussi
mince que moi, il me ferait trop souvent oublier, si je
vivais avec lui, qu'il est le gouverneur. Un gouverneur
doit être ou vieux, ou grand, ou gros, ou habile. J'irai
de temps à autre, quand je serai las de ma besogne, dîner chez lord C***, et, le voyant assez rarement, je le
tiendrai aisément en coquetterie avec moi. Je doute
qu'il y ait lieu entre nous à des relations d'une autre
nature.

Poonah est située sur le revers oriental des Ghattes,
près des sources du Godavery et de la Kistna ; c'est
un lieu très-convenable pour servir de quartier général
à un naturaliste. En septembre, je descendrai à Bombay avec tout le butin que j'ai fait depuis mon départ
de Dehli.et celui que je vais recueillir ici. J'embarquerai ces richesses, et, allégé de nouveau, je prendrai la

route de votre Sud. J'ai vu Aurungabad, Daolutabad
et Ellora. Ellora est ce que j'ai vu de plus extraordinaire dans l'Inde, et peut-être de plus beau.

Des lettres de Paris m'attendaient ici, vieilles de
date : du mois d'octobre dernier. Elles sont fort tristes
sur la chose publique. Les amis du jeune homme de
Vienne, du jeune homme d'Holy-Rood, et ceux de la
République paraissent disposés à former des ministères
de coalition pour mettre dehors Louis-Philippe, sauf à
se battre ensuite entre eux pour décider la question du
successeur. Nos amis enragés ne sont pas dans le secret
de ces coalitions, auxquelles leur honnêteté répugne-
rait; mais leurs alliés, dont la rage n'est que de la cupi-
dité, les poussent ou les traînent, se servent d'eux, les
prostituent. C'est déplorable. Ils paraissent se flatter
d'un succès prochain, auquel je ne crois pas du tout.
Je trouve la preuve de leurs folles espérances dans
leurs regrets de mon éloignement, comme s'ils étaient
déjà ministres et n'avaient qu'à donner. Mon vieux
père, qui est resté ce qu'il était en 92 et 93, patriote
sage et modéré, m'écrit qu'il a cessé d'être à la hauteur des circonstances et qu'il est tombé dans la caté-
gorie des inamovibles, des perruques et des *momies*,
selon le langage de l'école.

Mirbel, le botaniste, qui est un très-grand botaniste,
— et qui, de plus, est homme de sens et, je crois, honnête homme, quoiqu'il ait fait jadis les élections de
M. Decazes, alors qu'il était secrétaire général de l'intérieur et de la police, — m'écrit une espèce de volume

de botanique et de politique mêlées ensemble. Il n'y a,
me dit-il, ni enthousiasme ni passion. Tout est spéculation. On est républicain, carliste, bonapartiste, anar-
chiste même, par convenance et par calcul, nullement
par entraînement, et chacun se tient prêt à virer de
bord, au gré de ses espérances et de ses craintes, vers
ce qu'il croit être ses intérêts. Cette versatilité politique est devenue si générale, que l'on n'en rougit
plus. Chacun s'accorde en ceci, qu'on regarde ce qui
existe comme simplement transitoire. Point de travail,
point d'argent, et avec cela l'hiver qui vient, la ban-
queroute, la famine et le choléra-morbus !

Mirbel, avec une couple d'autres, est le meilleur ami
que j'aie dans ma boutique assez égoïste du Jardin des
Plantes. Il est fort heureux, m'écrit-il, que mon budget
ait été réglé, pour cette année et la suivante, à ses
modestes dimensions; car, telles qu'elles sont, il serait
difficile d'en emporter autant à présent; la chambre
des députés, dit-il est incroyable. Figurez vous des
petits bourgeois de province, jaloux de gouverner l'É-
tat comme ils gouvernent leur cuisine; ignorants,
stupides, avares, jaloux de l'éclat et du luxe de Paris,
ennemis des sciences et des arts. Assurément, tous ne
sont pas taillés sur ce patron ; mais les clairvoyants
n'ont garde de compromettre leur popularité par
le mérite inopportun de défendre la raison. Je me réjouis donc d'être loin de ce laid chaos, je pense que
vous vous en félicitez également.

Adieu, cher monsieur de Meslay. S'il vous arrive

des vaisseaux de France, avec des lettres pour moi,
veuillez leur
épargner les
dix huit cents
milles de dé-
tour de Chan-
dernagor , et
me les envoyer
directement à
Poonah,

Calcutta.

1350 milles.

1300 milles.

Bombay.

900 milles.

Pondichéry.

Victor Jacquemont, Esquire.
    Poonah,

sans plus de détails. Ce pays est bien différent de tous
ceux que j'ai vus jusqu'ici dans l'Inde ; et, quand je
serai *installé*, arrimé convenablement, j'aurai le plaisir de vous faire perdre une heure à lire un autre de
mes longs bulletins.

Tout à vous de cœur.

CV

A M. JOSEPH DE HEZETA, A CALCUTTA.

Poonah, le 18 juin 1832.

Mon cher Hezeta,

Je suis arrivé ici le 5 de ce mois et j'y ai trouvé votre
lettre du 14 avril, qui m'y attendait. A l'instant même

on m'apporte celle du 15 mai, qui m'est fidèlement
et économiquement transmise par Son Excellence le
gouverneur de Chandernagor, que vous *monseigneuri-
serez*, j'espère, dans votre première. *Do you think it
necessary to secure the good old man's obligedness by
giving such a bribe to his vanity ?* Il n'est ni excellence
ni même gouverneur : il est administrateur seulement,
à la ration de quinze mille francs par an ou quatre
cents roupies par mois, ce qu'il estime, avec raison,
un superbe salaire pour ses humbles fonctions. Quinze .
mille francs en France, c'est le salaire d'un général de
division en activité, d'un archevêque et d'un juge de la
Cour de cassation, d'un premier président de Cour
royale ou souveraine, d'un conseiller d'État et d'un
préfet. Sur ses quinze mille francs, le bonhomme Cordier vit fort décemment, lui et sa bonne, à Chandernagor, élève bien son garçon dans un collége à Paris et
fait quelques petites économies.

Ma lettre d'Oudjin a répondu depuis longtemps à
votre supposition de mon retour très-prochain en Europe. Je resterai à Poonah deux mois et demi ou trois
mois, pendant les pluies, qui sont ici très-supportables,
et terribles à Bombay. Ensuite, je ferai une courte visite à la capitale, j'y embarquerai ce que j'aurai rassemblé de collections depuis mon départ de Dehli, et,
armé à la légère, je mettrai le cap au sud, marchant sur
le cap Comorin. De Cachemire à ce dernier point, ce
sera un beau et grand voyage ! commencé, j'en suis
fier, à six mille francs par an, cent soixante roupies

par mois, au prix de beaucoup de privations qu'il
m'est agréable de rappeler; poursuivi jusqu'auprès de
Ladak, jusque chez les Chinois, à une énorme distance
de Calcutta, à cette modique ration de six mille francs
par an, car, ignorant l'augmentation de mes traite-
ments, je ne dépassai pas dans mes dépenses mes
recettes originaires. La révolution de Juillet m'a mis
à quinze mille francs, quand, avant elle, j'avais déjà
été augmenté de moitié, et un supplément au budget
de Pondichéry m'a grossi jusqu'à vingt mille francs
par an; au moyen de quoi, je vis très à l'aise et pourrai
rapporter en France les huit ou dix mille roupies que
Rundjet-Singh m'a données, lesquelles me feront
douze cents francs de rente, qui ne sont pas à mé-
priser, car, entre du pain et la faim, il y a l'infini,
comme entre 1 et 0 ou N et O, si petite que vous
assiez l'N. Que des Anglais riraient de nos confessions
de fortune l'un à l'autre! « Les gueux! » diraient-ils;
mais, à notre place, ils auraient quinze ou vingt mille
roupies de dettes au lieu d'avoir cette somme en
épargne. Ici, ils empruntent à un usurier parsi pour
payer l'intérêt de leurs dettes aux banquiers européens de Bombay, et, quand le parsi leur ferme
le cordon de sa bourse, ils empruntent à un usurier
à la puissance *a* usurier (au carré), pour acquitter l'intérêt de leurs dettes aux prêteurs européens de Bombay et parsis de Poonah; mais, en attendant, il y a
peu de sous-lieutenants qui n'aient une couple de che-
aux au moins, un cabriolet, et qui ne boivent chaque

jour leur bouteille de bière et de vin. Ce système me paraît tout bonnement un système d'escroquerie. Si un officier de nos régiments français, connu de ses camarades pour n'avoir pas de fortune, se mettait ainsi à péter plus haut que le cul (pardónnez-moi le grossier proverbe), ses camarades lui demanderaient où, quand et de qui il a gagné au jeu l'argent qu'il dépense, quelle est la vieille femme qui l'entretient, etc., etc., enfin la source de son opulence, et, s'il avouait qu'il emprunte l'argent qu'il dépense au delà de ses appointements, on le forcerait à donner sa démission. C'est une chose inconnue que les dettes dans l'armée française, qui est si mal payée; c'est une chose réputée honteuse. Un homme qui n'a rien peut faire des dettes, mais celui qui a strictement de quoi vivre n'en doit pas faire.

Non, certes, mon ami, lord William n'a pas été froid avec moi, la dernière fois que je l'ai vu. Tout au contraire, je pense comme lui sur l'incapacité et la paresse moyennes des officiers de son gouvernement, sur leurs énormes salaires. Je le lui dis. Nous nous entendions parfaitement. Mais je n'essayai d'aucune sorte de louange, d'aucune espèce de *humbug* avec lui. Je lui dis le pour et le contre de chaque chose tel qu'il est à mon avis. Bref, j'ai été charmé de lui.

J'ai vu lord C***, qui ressemble bien plus à un maître d'hôtel italien de grande maison qu'à un seigneur anglais. Il est plein d'attentions pour moi. J'ignore ce qu'il est, mais il est impossible d'avoir plus l'air *grin-*

galet. Si vous ne comprenez pas bien ce mot, demandez-en l'explication à votre jeune assistant français. Milord est passablement populaire ici. J'ai refusé l'honneur incommode d'être son hôte et loué, pour cent roupies par mois, une bonne maison où je vais travailler ferme quand il pleuvra, et où je vivrai très-retiré.

La nation, quoique très-nombreuse, me paraît très-pauvre en hommes qui vaillent la peine de les fréquenter. Merci de vos détails d'affaires ; avec du temps et de l'économie, vous viendrez à bout de votre entreprise, et je n'ai pas oublié vos belles dents qui promettaient d'attendre jusqu'au jour où vous aurez votre pain cuit sans vous en occuper davantage. Vos deux assistants danois et français, tels que vous les décrivez, seraient évidemment de bien meilleurs collecteurs, juges et magistrats que tous vos *foutriquets* (*foutriquet* est le superlatif de *gringalet*, lequel est le comparatif d'un fat chétif et médiocre du service civil de la Compagnie) ; cependant, ces messieurs travaillent pour vous au dixième ou au vingtième du prix des susdits *foutriquets*.

Je me soigne bien et suis vos conseils à ce sujet. Ce que je crains par-dessus tout, c'est un courant d'air dans l'intérieur d'une maison, si je suis vêtu légèrement et ai la tête découverte. J'ai donc pris, une fois pour toutes, mon parti de passer pour un peu singulier plutôt que de m'enrhumer sans cesse, et je vais dans les maisons les plus cérémonieuses possible avec un mouchoir blanc sur la tête, comme dans mon lit, et ma robe de chambre à fleurs de cachemire. Les femmes, appelées dames, je ne sais trop pourquoi, car elles sont fort peu *donnesche*, se moquent, sans doute, entre elles beaucoup de moi. Que m'importe! Je serais le plus beau garçon du monde, et près d'elles le plus agréable, que cela ne m'avancerait pas d'un *iota* avec elles; ainsi donc, elles sont pour moi exactement comme non avenues.

J'ai trouvé ici des lettres de Paris d'octobre 1831. Elles sont fort tristes sur l'état des affaires publiques; elles sont même décourageantes : il y a une anarchie complète d'opinions; il y a haine, envie du pouvoir qui existe, et, aussitôt qu'il fait place à un autre, le successeur est odieux à son tour. Je doute de la stabilité des choses. Les chances du *jeune homme de Vienne*, comme on l'appelle, quoique infiniment petites, augmentent; celles du duc de Bordeaux aussi; celles de la République également.

La plupart de mes amis sont du parti des enragés. Ils regrettent sans cesse que je ne sois pas là. Je ne sais ce qu'ils voudraient faire de moi, s'ils pouvaient quelque chose; mais le pouvoir n'est pas à eux. Sans doute ils l'espèrent prochainement, mais je doute qu'ils le saisissent. Si je les y trouve à mon retour, peut-être leur demanderai-je de m'envoyer à Washington, s'il y a moyen de placer ailleurs notre ministre en Amérique. J'aimerais à rester quatre ou cinq ans aux États-Unis pour parfaitement bien connaître le mécanisme de cette société singulière et ses mœurs nationales, et en faire un tableau fidèle pour les gouvernements et les gouvernés de l'Europe. Cet ouvrage serait très-utile. Je ne vois pas d'autres fonctions publiques que celles-là qui me tentent. Je crois vous l'avoir déjà dit. Certes, ce n'est pas pour le plaisir que j'attends du séjour de Washington, non plus que pour le plaisir de la bonne odeur que je dissèque quelquefois une charogne, et pourtant la dissection de cette charogne m'intéresse excessivement. Si j'étais près de vous, je vous lirais ces lettres de France, écrites par des hommes d'opinions diverses; elles vous montreraient notre fâcheuse position.

Que diriez-vous du duc de Nemours pour votre roi et le roi de Portugal en même temps? Dom Pedro est un animal un peu fou, dont il n'y a pas grand'chose de sage à attendre.

Adieu, mon bon ami. *Euge et vale.*

P.-S. — C'est très-vrai, que vous oubliez un peu le français. Ne le parlez-vous donc pas avec votre jeune Français? J'écris de mauvais anglais aussi vite que du français. Ainsi ne vous en faites pas faute, écrivez-moi dans cette langue si elle vous est plus commode, ou bien en italien. Pourquoi pas en espagnol ou en indoustani?

Adieu, adieu! Faites du bleu, morbleu! tant que vous pourrez.

Je vous embrasse de cœur.

CVI

AU MÊME.

Poonah, le 28 juin 1832.

Ah! les sottes gens que les gens de Poonah, mon cher ami! Ils montent à cheval, vont en voiture, dé--jeunent, dînent, s'habillent, se rasent et se déshabillent, s'assemblent en comité pour régler les affaires d'une bibliothèque commune où je n'ai jamais vu d'autre personne que moi-même; dorment, dormen beaucoup et ronflent fort; digèrent comme ils peuvent, pèchent sans doute autant qu'ils peuvent, lisent leurs gazettes de Bombay; et c'est là toute leur vie! Les sottes gens! les sottes gens! Le juge est une espèce d'idiot; le magistrat, un enragé chasseur, etc., etc. L'homme de sens, c'est le général, qui a appris son métier, dans votre pays, contre nous, et, de plus, bon-homme. Les autres aussi peuvent être bonnes gens, mais quelles bêtes! quelles nullités!

J'ai essayé d'en faire causer quelques-uns de ce pays qu'ils habitent; ils n'en savent pas plus que moi qui arrive, et ne parlent aucun de ses patois; ils n'y ont pas voyagé, n'ont aucun désir de le faire ni de savoir. Oh! les brutes! les brutes!

Sans préambule de fausse modestie, je vous dirai à bout portant : — Un promeneur à longues jambes arrive chez eux, qui parle leur langue, qui a vu beaucoup en ce pays de l'Inde ; le promeneur, c'est moi. Eh bien, pas un des ces imbéciles-là ne s'est encore avisé de me faire une question sur aucune de ces tant nombreuses choses qu'ils ignorent et que j'ai apprises en me promenant. Comme si je n'étais pas curieux ! comme si Ponoah était pavée de

اطلطون الزمان جاليتوس الدوران بوقرات

et qu'il n'y eût qu'à se baisser pour ramasser de ces rares animaux : *Aflatoune el Zeman*, *Djalinous el Doran*, *Bocrates el Haidd* [1]. Vous qui êtes un peu anglomane, vous direz que c'est de leur part discrétion, retenue... Nenni, mon cher Hezeta ! c'est torpeur, c'est stupidité, c'est le *Whatthen* de *la Princesse de Babylone*. Relisez, si vous êtes assez heureux pour l'avoir oublié, ce roman de Voltaire, et refaites connaissance avec milord *Whatthen* : c'est l'original de mes bêtes de Poonah.

D'ailleurs, le climat est charmant ; je me fais donner du *hand-punkha* en écrivant, seulement à cause des mouches ; le jour est tempéré, les nuits sont fraîches. Je trouve fort confortable, comme ils disent, de vivre dans une maison, d'être le *saheebbé khanah*, de manger du bœuf, du pain, de boire de mauvais vin de Bordeaux, etc., etc. Je me refais de la fatigue de la route ;

---

[1] Ces noms sont ceux qui sont écrits au-dessus en indoustani, épithètes que Rundjet-Singh donnait à Jacquemont, et qui ont été traduits ailleurs.

c'est qu'il y a bien loin, mon cher ami, de Calcutta à Bombay, surtout par le Thibet et Cachemire!

Le médecin en chef dé l'endroit s'appelle Irash. Quel nom! Mais pourrait-il être mieux appliqué? Certainement non! En telle compagnie, il me prend de l'orgueil intérieur, dont vous ririez si vous pouviez en être le témoin. Il y a un botaniste aussi, médecin de profession et par goût *horticulteur.* Que les botanistes en général sont bêtes! n'est-il pas vrai? A Paris,—excepté ceux que je connais d'ailleurs pour capables et spirituels, — je les fuis comme la peste. Nul ne comprend mieux que moi qu'il y a de fort belles choses à apprendre et à découvrir dans une fleur ou dans une mouche; mais ce n'est nullement de ces belles et savantes et difficiles choses-là que s'occupent les quatre-vingt-dix-neuf centièmes des soi-disant botanistes et entomologistes.

Il a passé ici, l'autre jour, un Allemand, baron, comme de raison; — quel est l'Allemand qui ne soit pas baron, du moins hors de son pays? c'est comme les Espagnols, hors d'Espagne vous êtes tous *don...,* et nous autres Français, comtes ou chevaliers pour le moins; en vérité, je suis le seul Français dont on ait jamais entendu parler dans le pays qui soit simplement monsieur un tel. J'en rougis presque. — L'Allemand donc, ou baron allemand, a la réputation, à Poonah, d'être un très-grand botaniste et profond naturaliste en tout genre. Il empaille quelques oiseaux. Dînant à côté de lui, je l'ai poussé sur la composition du *sternum* (l'os de la poitrine, fort compliqué, fort variable et fort important chez les oiseaux), du *cœcum* (appendice des entrailles, très-important dans l'anatomie des êtres de cette classe) et de la trachée-artère. Je parlais hébreu à mon Allemand en lui parlant de ces choses, quoique je m'exprimasse en français, qu'il parle lui-même presque aussi bien que moi.

De grâce, inventez-moi un système, une explication pour me faire comprendre pourquoi il y a quelque chose de décidément plus distingué, de meilleure compagnie et de plus aimable dans les mœurs et les manières des Anglais au nord de Bénarès qu'au sud de cette ville? Le fait est généralement connu; il est, à mon avis, incontestable. J'ai laissé dans les hautes provinces un ami intime et plusieurs amis très-familiers, sinon intimes. Ici, c'est absolument différent. C'est bête et plat comme une petite ville de province. Mes amis du Nord sont, pour la plupart, à Simlah, malades ou faisant semblant de l'être, courant les montagnes et les montagnardes. Ils m'écrivent avec une aisance et une liberté, une licence gaie, une *bonhomie* qui passent peut-être la mesure d'une plume française. J'aime cela! Ici, rien de pareil, tout est plat, vulgaire, j'allais dire bas : ce qui eût été injuste.

Le dernier Bengali que j'ai vu, c'est un officier de votre armée, qui commande, à Aurungabad, une division de l'armée régulière du Nizam. J'ai passé seulement trois jours avec lui, et nous nous entendions comme larrons en foire. Je retrouvai en lui les manières ouvertes avec simplicité; cette hospitalité *inob-trusive* des hommes du Nord, que j'aime tant. J'ai bien ma petite théorie pour ces effets moraux et sociaux, et, quand vous m'aurez exposé la vôtre, je vous soumettrai la mienne, que je crois la vraie. Mais pourquoi pas aujourd'hui? Eh bien, donc, — noblesse oblige!—voici mon explication. Dans le nord de l'Hindoustan, les Européens sont, par position politique, des grands seigneurs; ils ont un immense pouvoir, peu ou point contrôlé. De là l'aisance des manières qu'on accorde en Europe à presque tous les princes; ils se tiennent pour ce qu'ils sont réellement là, des grands seigneurs, et acquièrent ce préjugé que tout Européen est un lord, et, quand il en passe un sur leurs terres, ils le traitent comme lords doivent se traiter réciproquement et non pas comme *M. So and So.*

Si vous gagnez, mettez de côté dix mille roupies chaque année. Vous êtes fort heureux. En quatre ans, vous en aurez quarante mille, ou cent mille francs, avec lesquels il vous sera aisé d'acheter six mille francs de rente en France, somme avec laquelle vous vivrez confortablement en vieux garçon à Paris, ce à quoi vous devriez songer plutôt qu'à retourner dans votre patrie, où vous finirez par être pendu.

Adieu, mon cher ami. Lisez-moi si vous pouvez, sinon devinez!

Tout à vous de cœur.

CVII

A M. DE MESLAY, A PONDICHÉRY.

Poonah, le 7 juillet 1832.

Cher Monsieur,

Le bon Dieu, — comme nous disons avec tant de bonhomie, nous autres Français, mais non sans offenser gravement nos voisins les Anglais, qui trouvent cette familiarité avec le Père éternel tant soit peu abominable, ou au moins de très-mauvais goût, — le bon Dieu, dis-je, ayant fait le monde en six jours, se reposa le septième.

C'est donc bien le moins qu'après les efforts inouïs de vertu épistolaire que vous avez faits en ma faveur et à mon profit depuis quelques mois, vous vous reposiez aussi. Pourvu que vous ayez bien voulu vaincre la paresse pondichérienne pour écrire au bas ou en marge de ma requête de Mundlaysir la formule sacramentelle de l'apostille que vous m'avez promise, à l'effet de convertir en officier de votre légion, plus ou moins honorable, mon bon homme de chevalier Allard, je vous remets à l'avance tous les péchés de silence ou omission dont vos douze degrés de latitude pourront vous rendre coupable envers moi d'ici à un an. Si vous saviez tout le plaisir que me font vos lettres, vous connaîtriez alors, et alors seulement, quelle est ma générosité!

Nos compatriotes les badauds de Paris s'imaginent que, dans ce pays-ci, les tigres courent les rues, et que le choléra-morbus ne les quitte pas. Or, malgré les quelques mille lieues que j'ai faites depuis trois ans par monts et par vaux, de tigre, de véritable tigre, tigre royal, tigre rayé, — *felis bengalensis*, — je n'en ai pas vu la queue d'un seul. Et, quant au choléra, c'est hier pour la première fois que je l'ai vu, quoique depuis longtenps je le cherchasse.

Il est tombé hier soir, comme un coup de tonnerre, sur un de mes serviteurs, précisément le plus ancien et le meilleur. Les signes de cette maladie sont tellement particuliers et tellement prononcés, que l'inspection d'un seul, de l'état de l'œil, par exemple, ou de celui des mains, ou de celui du pouls, ou la nature des évacuations, suffirait à la faire reconnaître sans un moment d'hésitation. Je drogue mon pauvre diable de mon mieux et ne suis bon à rien, parce que, pour le soigner, j'ai fait nuit blanche. Mais, malgré tous mes soins, je doute qu'il vive ce soir. Le choléra fait depuis un mois de grands ravages dans tout le haut Deccan, surtout parmi les Indiens. J'ai lu beaucoup de ce qui a été imprimé sur lui récemment en Angleterre, en France, en Allemagne et en Russie. Le choléra d'Europe, d'après sa description, me paraît absolument identique à celui-ci; mais, ici, personne ne le soupçonne d'être contagieux, pas plus que la maladie du foie; et, en Europe, il y a querelle parmi les doctes à ce sujet.

J'ai reçu hier, par l'obligeance de notre gouverneur de Chandernagor, un paquet de lettres de Paris, fin d'octobre. Mon frère l'Haïtien allait quitter la France pour retourner dans son étuve républicaine, sans qu'il fût encore décidé si le général Sébastiani lui donnerait le consulat général de l'endroit. Je ne sais pas si je dois souhaiter cette place pour Frédéric. Ce n'est pas que je ne lui croie tout ce qu'elle exige de connaissance des affaires, mais elle exige encore deux autres qualités dont je crois qu'il n'a qu'une : fermeté et esprit de conciliation. Il se peut, au reste, que la commodité de gros appointements, venant au bout de chaque mois, lui donne la vertu qui lui manque. Il a pour un consul en Haïti une qualité qui manquerait à beaucoup d'autres : c'est qu'en dépit de ses fureurs quotidiennes contre ce pays, choses et gens, il l'aime décidément. Vous allez peut être me dire qu'il aime surtout la petite V... Et pourquoi pas? N'est-elle pas une des plus jolies filles que vous ayez vues? Il ne lui manque que d'être rose; car, pour bête, elle l'est certainement, comme jolie.

J'ai une longue lettre de Victor de Tracy, et une autre sans fin d'un ami non moins fraternel, Dunoyer, du *Censeur*. Jadis nous étions trois têtes dans un bonnet; par quelles méprises funestes sommes-nous aujourd'hui divisés? Dunoyer est pour moi ce que vous admirez dans Périer : le *fortem ac tenacem propositi virum.*

Au mois de mai 1815, il se prit à Bonaparte ; ensuite il attaqua les abus de la Restauration avec gravité et dignité, alla cinq ou six fois en prison ; vit ses six mille livres de rente originaires réduits à quatre, par suite de procès et de condamnations ; épousa une très-jolie femme sans devenir poltron, et continua après le mariage d'aller en prison, le cas échéant, d'aussi bonne grâce que devant, sans blague ni forfanterie, poursuivant son objet, l'éducation politique de la nation ; et, le 26 juillet 1830 au matin, ayant lu les fameuses ordonances dans *le Moniteur*, dans son cabinet, seul, sans délibération, sans l'espoir de concours, sans aller s'échauffer la tête dans un club et faire du courage moutonnier, il écrit une protestation de six lignes, respectueuse pour le roi, dans laquelle il jure sur sa vie de ne payer de contributions qu'après le rapport des ordonnances, puis prend sa canne et son chapeau et va aux bureaux de trois journaux de l'opposition faire imprimer sa protestation. Deux seulement osèrent la publier. Ce ne fut que quelques heures après que les rédacteurs imaginèrent de se réunir et de signer en commun une protestation. L'action de Dunoyer, ayant pignon sur rue à Paris, femme et enfants, prenant les devants sans consulter personne que son honnêteté et son devoir, est, à mon gré, la plus belle de *l'immortelle semaine*. Elle est superbe. Il a eu la bêtise de se laisser faire préfet de Moulins, à douze mille francs par an, comme il convient au préfet *d'une monarchie entourée d'institutions républicaines* ; et, à ce tarif vraiment républicain, ultra-républicain, le pauvre homme se ruine et se donne au diable. Avez-vous lu le beau projet municipal de M. d'Argout? Il y a, comme de raison, des élections dans cette affaire. Or, l'honnête Dunoyer m'écrit que, dans maintes communes de son département (à la vérité un des plus noirs de la carte de Dupin), il lui est impossible de faire faire les élections, faute de trois individus ou citoyens sachant lire pour remplir les fonctions de président et de scrutateurs voulus par la loi d'Argout.

Ne regrettons pas trop, cher monsieur de Meslay, d'être à cinq mille lieues de ce pays de fous!

Notre bonhomme de gouverneur chandernagorien m'a l'air un peu abasourdi du *chief-justice* qu'on vient de lui expédier de la capitale. Envoyer à Chandernagor, pour juger de pauvres diables de Bengalis, le rédacteur d'un journal parisien, quelle diable d'idée! M. Cordier me fait le budget de son *chief-justice*, dont il appert qu'il a net quatre-vingt-dix-sept roupies par mois. (Celui de Calcutta en a 8,000.) Il me dit que M. R*** a été partout et sait tout. C'est beaucoup; d'autant plus qu'il sait aussi le *sanscrit*, prétention qui me rend sceptique sur d'autres choses.

J'ai reçu hier par M. Cordier le nouvel ouvrage de M. de Humboldt sur la géographie physique et la géognosie de l'Asie centrale, qu'il a visitée en 1829, et qu'on m'envoie de Paris, humide de la presse. Qu'il a de science et d'invention! Mais combien peu de *méthode!* Qu'il écrit mal, obscurément, péniblement, filandreusement! que ses phrases sont longues! que de parenthèses, notes et appendices pour expliquer l'obscurité du texte, comme si c'était du sanscrit! Que Cuvier est grand par la méthode! quelle intelligence parfaite! Tous deux manquent de simplicité. Cuvier laisse voir le sentiment de sa force; il est coupable d'orgueil, mais avec une certaine dignité; au lieu que M. de Humboldt, qui est le second homme du monde (du monde intellectuel, je veux dire), s'il n'est pas le premier, est, malgré cela, le plus fieffé charlatan que je connaisse. Non, il n'y a pas de dentiste qui lui aille au haut de la botte; je refais son livre en le lisant: besogne nécessaire pour s'en bien imbiber, mais qui en rend la lecture fort laborieuse.

Adieu, cher monsieur... Au moment où j'allais ajouter: de Meslay, arrive de Chandernagor un paquet de lettres retardataires de Paris, venues par votre capitale. Mille et mille remercîments, et autant de tendresses. Je vous embrasse de tout mon cœur.

CVIII

AU MÊME.

Poonah, le 10 juillet 1832.

Cher Monsieur,

C'est bien aimable à vous de surmonter l'horreur de la plume jusqu'à transcrire pour moi un article du

Constitutionnel; et je rends grâce à l'inconnu posses-
seur du journal de n'avoir pas voulu s'en défaire,
puisque je lui dois d'apprendre de vous et de votre
main la faveur qui m'est accordée. Votre lettre du 28
juin dernier, que je reçois à l'instant, me restera toujours comme la forme la plus agréable de mon *knight-
hood.* Quand le brevet viendra, il ne sera plus que lieu
commun. Ce n'est pas avec vous que je me ferai plus
philosophe que je ne le suis ; ainsi, je vous avouerai
que le petit ruban me fait grand plaisir : non pas tant
pour le plaisir de l'avoir qu'à cause de l'extrême déplaisir que c'eût été pour moi, dans mon métier, où
tout le monde l'a, de ne l'avoir pas. C'est comme si
vous, dans votre métier de militaire et dans votre
grade, n'étiez resté que simple chevalier de la Légion.
Vous n'auriez pas de camarade aussi mal partagé,
et vous souffririez. Une croix d'officier fait partie du
costume d'un capitaine de vaisseau, à peu près comme
une épée et des épaulettes faites d'une certaine façon.

A peine si, pour votre ancienneté de grade et les
commandements que vous avez exercés, votre ruban
au cou est une distinction. Ce qui me plaît encore du
compliment de M. d'Argout, c'est que, dans aucune de
mes lettres, je ne l'avais provoqué, m'abonnant à attendre jusqu'à mon retour en France. La seule chose
que je demandasse, c'était de l'argent. Il n'en avait
pas, et, au lieu d'écus, il m'a donné ce qui ne
coûte rien aux contribuables. C'est ainsi que je m'explique la chose. Elle a un avantage solide pour moi :

c'est qu'au retour, elle ne sera plus à faire, et qu'il lui faudra conséquemment imaginer autre chose de plus réel pour moi.

Pour continuer ma confession, je vous conterai que j'ai été assez peu philosophe pour écrire l'hiver dernier de Delhi, à quelques amis, que, s'il y avait moyen de me mettre sur la liste des extraordinaires maîtres des requêtes, mon nom n'y paraîtrait sans doute pas beaucoup plus extraordinaire que plusieurs autres. Mais je ne crois pas que cela se puisse faire, à moins d'un changement d'hommes, que j'ai la probité politique de ne pas trop souhaiter, quoique je trouve à redire à quelques-uns des hommes d'aujourd'hui, dont un m'a toujours été souverainement antipathique, — S***, il va sans dire, — et dont un autre, jadis quelque peu mon protégé de collége, quand nous avions vingt-deux et vingt-trois ans, me le devint, en devenant nul : M....

Casimir Périer est à lui seul tout l'exécutif. Homme d'affaires, homme d'Etat, homme de tribune, nature forte et puissante. Je rends l'hommage le plus sincère à son amour du pays, et ne diffère avec le système qu'il poursuit vigoureusement que sur quelques points isolés.

Mille mercis du soin que vous avez bien voulu prendre de ma candide requête en faveur de notre brave compatriote de Lahore. Si, quand viendra la réponse que vous prévoyez, lord William est encore Grand Mogol, priez-le de faire passer à M. Allard ce

que vous aurez à lui envoyer, papier ou brimborion, ,
n'importe, en lui disant en deux mots ce que c'est.
Lord William Bentinck sera charmé de faire une commission si agréable, et notre général pundjâbi ne le
sera pas moins de l'intermédiaire que vous aurez
choisi. Si lord William n'y est plus, envoyez la paco-
tille par la poste et dûment scellée :

> *Care of Captain C.-M. Wade, Political Agent,*
>> *At Loodianah.*

Je compte bien, en outre, sur votre amitié pour
faire transcrire, de la belle main de votre secrétaire,
quelques lignes officielles de compliment à notre
Pundjâbi. Comme vous êtes notre petit Grand Mongol
en Asie, cette mince corvée vous tombe d'office.

En lisant l'autre jour la loi nouvelle sur notre soi-
disant pairie, j'ai trouvé, parmi les éligibles, les gouverneurs coloniaux après cinq ans de fonctions. Il
faut donc que vous fassiez votre temps pendant que
vous y êtes, et ce sera là votre retraite. Elle ne sera
pas bien brillante ; mais vous vous rappellerez que
nous vivons sous une monarchie à institutions républicaines, peu fringante conséquemment ; et, comme
c'est l'*otium* qu'il vous faut ou vous faudra alors, vous
l'aurez là, *cum dignitate*, selon la mesure des temps.
Et, pour peu que votre gouvernement indien vous
permette au retour le modeste cabriolet, vous aurez
encore le plaisir de pouvoir éclabousser dans la rue
quelques-uns de vos *nobles* collègues moins magnifiques.

Adieu; le choléra est ici, terrible, dans ma maison même, où j'ai perdu hier le meilleur de mes serviteurs; mais je prends garde, me défie, et ne crains pas.

Adieu encore; tout à vous du meilleur de mon cœur.

CIX

AU MÊME.

Poonah, le 11 août 1832.

Cher Monsieur,

J'ai pensé faire un voyage beaucoup plus long qu'il n'entrait dans mes vues. Plus long, c'est une question, comme dit Hamlet. Le fait est que j'ai eu une attaque de dyssenterie qui, pendant quatre jours, m'a mis entre le ziste et le zeste. Les médecins anglais se sont emparés de moi, et m'ont bourré de calomel et d'autres anodins qui n'y faisaient rien, quand je me suis avisé de piloter moi-même ma barque, et, au moyen de soixante sangsues et de lavements bénins, émollients, gommeux, etc., etc., l'ai remise à flot. Il y a quinze jours de cela; et il y en a huit qu'il n'y paraît plus. Je suis plus gaillard que devant. J'espère que la dyssenterie me dispensera du choléra, qui, après avoir tué les Indiens de Poonah comme des chiens, expédie maintenant passablement d'Européens.

Voici venir bientôt le temps où je comptais descen-

dre à Bombay; mais on m'écrit qu'il est impossible
d'y sortir de sa maison, et qu'il me faut attendre encore un mois. Alors, il y aura un peu moins de pluie,
un peu moins de boue, mais un peu plus de *jungle-
fever*.

Revenu ici, je filerai par Sattarah et Belgaum sur
Goa, où je tiendrai conseil avec moi-même et flairerai
de mon mieux *les superpositions* ou *jonctions de terrain* à rencontrer vers le sud, pour mettre le cap au
point convenable et louvoyer savamment vers Mahé.
L'objet des présentes est de vous demander une lettre
d'introduction près de l'officier qui commande à Mahé,
lettre dont je me prévaudrai pour lui écrire et le son-
der sur les abords par terre de sa modeste capitale,
routes, moyens de transport, etc., etc.; pluie et beau
temps, sujet des moins oiseux pour un nomade. Tout
ce que je sais de ce tributaire de votre couronne, c'est
qu'il s'appelle Jourdain et est officier de marine.

Si vous avez rompu la glace de l'*english* et le lisez
sans efforts, je vous recommande un livre appelé
*Auber's analysis of the Constitution of the East-India
Company*. Il se trouve à Madras certainement. C'est
un gros volume dont il suffit de lire la cinquième ou
sixième partie, le reste consistant en pièces à l'appui,
actes du Parlement pour la plupart; en une semaine,
à deux heures par jour, M. Auber vous en apprendra
long sur la boutique de nos voisins, dans laquelle il
est un des intéressés. Il y a un livre plus nouveau et
très-nouveau, intitulé *On the Land tax in India*, par le

colonel Briggs, le plus habile homme de Madras, et de présent administrateur de Mysore; je vous le recommande aussi comme un ouvrage excellent; un seul volume, imprimé très-gros.

Nous nous disposons ici à faire une petite guerre à une horde de voleurs qui habitent dans le soi-disant désert situé entre le Runn et l'Indus, et dont Parkur est le quartier général. Je regrette mes amis du Bengale et de l'Hindoustan. Il est certain que, dans ces provinces, le caractère anglais éprouve un changement considérable, et pour le mieux. Ici, ils sont comme chez eux, et ils s'en piquent. Poonah, qui, il y a quinze ans, était encore la capitale d'un grand État indépendant, ressemble plus à une ville anglaise que Calcutta. Les Anglais ici n'ont adopté aucune des coutumes indiennes. Il n'y a ni éléphants, ni chameaux, ni écarlate, ni brocarts, ni arquebuses autour d'eux. Cet entourage oriental est fort pittoresque dans l'Hindoustan. Mon séjour dans le Pundjâb et à Cachemire m'a complétement indianisé. J'y ai plus appris en huit mois comment pensent les Orientaux que dans tout le reste de mes voyages en deçà du Sutledje. Je m'y suis presque imbibé du préjugé de caste, et suis souvent vexé ici de voir des hommes de ma caste, de la caste des *sahèb* ou seigneurs, agir contrairement à ce que l'on attend d'eux.

Il est arrivé tout récemment quelques lettres de Perse. Elles rapportent que le choléra faisait de grands ravages à Paris, et que la populace, ameutée contre les médecins, qu'elle accusait d'empoisonner les malades, en avait massacré plusieurs.

Point de guerre.

Adieu, cher monsieur de Meslay; gardez-vous des *visitations of God*, que je traduis par visites du diable. *To die by the visitation of God*, c'est la formule anglaise légale pour dire : mourir de mort naturelle. Peste soit de l'importun !

Tout à vous de cœur.

Les quelques lignes pour M. Jourdain sous mon adresse :

At Poonah.

CX

AU MÊME.

Poonah, le 23 auguste 1832.
(Excusez l'outrecuidance de cet *auguste*-là ; ce n'est pas du français voltairien prémédité, c'est de l'anglais qui m'a échappé.)

Cher Monsieur,

Je suis dans l'agréable habitude de recevoir chaque matin, depuis trois jours, un monstrueux paquet de Chandernagor. On m'envoie de Paris jusqu'à des Almanachs. Il est vrai que c'est l'*Annuaire du bureau des longitudes*, où Arago insère d'excellents articles, et que mon père, jadis tribun tant soit peu factieux, et qui vota contre la Légion d'honneur, insère une petite

croix entre les pages de l'Almanach. Demain arrivera,
pour la clôture, la lettre d'avis de M. d'Argout, avec
copie d'ordonnance royale, etc.

Voici quelque chose d'assez plaisant : éclairez-moi.
Dans une lettre de février 1831, au ministre de l'intérieur, dans laquelle je criais famine, je lui disais que
c'était à nos revenus indiens à supporter les frais de
mon voyage indien, citant les quatre laks annuels de
la Compagnie.

Or, la commission d'examen des comptes à la chambre des députés déclare que les quatre laks, ou le million indien, figurent pour la première fois au budget
des recettes de l'État dans l'exercice de 1831, et que,
dans l'exercice de 1829 et tous les exercices antérieurs
apurés jusque-là, ce million n'est mentionné nulle part.

Ainsi, cher monsieur de Meslay, tandis que vous
vous rogniez les morceaux à Pondichéry, pour envoyer
aussi ronds que possible les quatre laks en question,
les amateurs du Garde-Meuble les donnaient sans doute
à M. de Latil ou autre, se réservant, comme de raison_
et comme de droit en transactions de ce genre, une
honnête commission. L'idée est venue à mes amis que
c'est le hasard de ma mention des quatre laks dans
ma lettre au ministre, lettre qui lui a été remise ouverte par son secrétaire, qui est mon camarade (Mé-
riméc, un ami de l'Écluse), mais que d'autres députés avaient pu lire ; il paraît, dis-je, que c'est
le hasard de ma citation qui a fait figurer les laks
au budget de 1831.

En ce cas, vos neuf mille francs d'indemnité sont mon droit de commission.

Vous m'obligeriez, ou plutôt m'amuseriez beaucoup, si vous pouviez me dire ce que vous savez de l'histoire de vos quatre laks en 1830. Mais vous les aurez fait, sans doute, embarquer en papier sur Paris, le ministre vous aura accusé réception de votre lettre de change, et, là, vous les aurez perdus de vue. Et c'est là seulement qu'il deviendrait amusant de les voir voyager des coffres du grand peuple dans les poches des coquins [1].

M. de Rigny en propose l'emploi suivant pour l'exercice 1832 :

Allocation pour l'Inde.	60,000 fr.
— — le Sénégal	250,000
— — Terre-Neuve	105,000
— — la Guyane	525,000
Secours communs à toutes les colonies.	60,000

Mais parlons d'affaires.

Les gens de Paris désirent que je revienne au 31 décembre 1833, ainsi qu'il était convenu depuis longtemps. Et il me convient d'effectuer mon retour à peu près en ce temps-là. Ce sera, sans doute, de deux, trois ou quatre mois plus tard que j'arriverai à Paris. Il n'y aura pas de difficulté pour les affaires d'ar-

---

[1] Voir plus loin une lettre de Victor Jacquemont, du 23 septembre 1832, dans laquelle il modifie son jugement au sujet des quatre laks de l'Inde.

gent; mais je n'aurai pas trop d'une année à peu-
près pleine pour bien voir le sud de la Péninsule et
les Nilgherri. En novembre donc, — novembre 1833
ou octobre, — je tomberai de ces montagnes sur votre
capitale. Puis-je espérer d'y trouver en ce temps-là des
bâtiments français pour Bordeaux, Nantes ou le Havre?
En avez-vous habituellement? S'il n'y a pas de bâtiments marchands, n'y aurait-il pas sur la rade
quelque bonne et belle et grande corvette de Sa
Majesté Très-Chrétienne, disposée pour le retour de
Votre Excellence à Brest, Rochefort, Cherbourg ou
même Toulon? Pourriez-vous m'y donner passage?
Sans doute vous avez ce droit; mais avez-vous le droit
de m'accorder passage à la table du capitaine, ce qui
me semble plus convenable aux trente-deux ans sonnés
que j'aurai alors? Et puis la cuisine des officiers de *la
Zélée* était bien mauvaise! Celle que Poutier vous faisait
faire n'était pas merveilleuse, mais elle était meilleure
pourtant, et, quand il s'agit de trois ou quatre mois, à
la mer surtout, le dîner mérite considération.

Si vous croyez de votre chef ne pouvoir m'accorder le
passage à la table de votre capitaine, voulez-vous que
je fasse prier M. d'Argout de demander pour vous
à son collègue du Garde-Meuble l'autorisation nécessaire? Mais, en vérité, je suis persuadé que personne
à Paris ne trouvera mauvaise votre faveur, et qu'entre
votre crédit et celui de mes amis, personne ne dira
mot.

Si cette chance charmante de retourner avec vous,

votre hôte à la mer et votre commensal (sans trictrac
à bord, afin que nous ne puissions pas nous brouiller),
m'échappe, si je ne puis y compter, veuillez me dire
bien particulièrement les moyens de retour par le commerce qu'offrira votre port en novembre, décembre 1833 et janvier 1834.

Mes motifs pour ne m'embarquer qu'à cette époque
ne sont pas relatifs seulement aux pierres et aux herbes
des Nilgherri, mais à ma santé. Je préférerais arriver
en France au printemps, pour me refaire graduellement au froid.

Adieu, cher monsieur de Meslay. Vous savez, sans
doute, par Madras, la grande nouvelle du renvoi des
ministres anglais. Mais leur renvoi a excité un mouvement si général d'opposition à la marche de la
machine publique, que le roi Guillaume sera, à mon
avis, obligé de les rappeler, faute de budget; et les
pairs anglais, pour leur peine, auront le déboire d'une
centaine de nouveaux collègues. J'espère que cela
s'arrangera ainsi sans têtes cassées.

Chez nous, rien de bien saillant.

Mon frère l'Haïtien est reparti pour son Haïti, sans
que ce lambin de S*** ait rien décidé en sa faveur
pour le consulat général de l'île. Mais il lui en a formellement donné la promesse ou quasi-promesse. Il
est parfaitement rétabli d'une quasi-attaque d'apo-
plexie et a repris les affaires. On a chargé mon frère
d'un recouvrement (un recouvrement à Saint-Domingue!... je vous vois déjà sourire) des intérêts de l'em-

prunt de trente millions fait par la République, pour payer le premier terme des fameux cent cinquante millions de M. de Mackau.

Comme il ne s'agit que de dix-huit à dix-neuf cent mille francs par an, peut-être que mon frère en accrochera quelque chose, ce qui n'a pas été possible jusqu'ici à d'autres. Il a bon espoir. Il me semble qu'on lui a confié cette affaire pour juger de son adresse là-bas, et que, s'il réussit, sa nomination au consulat général suivra sur-le-champ.

Adieu ; de grâce, écrivez-moi ici à Poonah, et croyez à tous mes sentiments d'attachement, modifiés, comme le veut la différence de nos âges, mais bien vifs et bien sincères.

CXI

AU MÊME.

Poonah, le 3 septembre 1832.

Cher monsieur de Meslay,

J'ai reçu, il y a une heure, votre aimable lettre du 23 août dernier. J'ai sur-le-champ broché huit pages de questions seulement à M. Jourdain, avec exorde et péroraison de ma meilleure prose adulatrice (car, depuis mon voyage à Lahore et mon séjour à la cour à cheval ou par terre de Rundjet-Singh, je suis devenu

II.   15 flatteur), et déjà ma prose, *supported by* la vôtre, court sur la route de Mahé, *via Mangalore*, attendu que les gens de la poste, ici, ont l'impertinence de ne pas savoir dans quelle partie du monde brille ce joyau de la couronne de France.

(Voilà une phrase assez longue... Ouf!...)

Il me reste à vous remercier de l'empressement que vous avez bien voulu mettre à laisser les soins de votre empire pour faire droit à ma requête. Il va sans dire que, votre petite lettre à M. Jourdain étant ouverte, je me suis donné le plaisir de la lire avant de l'expédier. Leschenault s'appelait naturaliste du roi, et, pour varier ses plaisirs, physicien du roi, ce que les Anglais ne manquaient pas de traduire par *physician to the king*, c'est-à-dire médecin du roi, ce qui sonne assez haut. Moi, pauvre diable, je suis pour les uns physicien, pour les autres naturaliste, voyageur pour d'autres, à quoi d'aucun ajoutent, apparemment comme un titre ou comme une dignité, l'incomparable adjectif de *français*. Ou bien l'on combine deux à deux ou trois à trois (comme Berzélius, dans son admirable théorie atomistique, combine les atomes chimiques en binaires, ternaires, quaternaires, etc., etc.) ces quatre éléments.

Cependant, on n'a pas encore épuisé toutes les combinaisons. La vôtre (c'est physicien-naturaliste que vous avez dit à M. Jourdain) est, parmi les binaires, la plus forte, et, j'espère, fera merveille.

Mais le trouvera-t-elle encore à Mahé? C'est là la

question. Je me souviens fort bien du sieur Scipion,
qui me rappelait toujours une histoire de Courier. —
Courier le Grec, Paul-Louis Courier, artilleur à cheval
dans je ne sais quelle de nos armées (invincibles), —
rencontra un jour un train de fourgons sur la toile desquels était écrit en très-grosses lettres : *Général César
Berthier*. Il s'indigna de cette profanation, car César
Berthier avait une belle réputation de circonspection,
tira son sabre, et, sur tous les fourgons, découpa artistement le mot César, laissant à la place un grand
trou. Les conducteurs se fâchèrent; mais Courier, malgré son grec, avait la main près du coude; il donna
donc aux gens de César quelques coups de plat de sabre par-dessus le marché, et, comme vous dites, vous
autres marins, fila son nœud tranquillement.

Votre Scipion donc me rappelait le *César Berthier*
de Courier, et, si j'étais roi absolu, je l'autoriserais à
changer de nom, et, roi constitutionnel, je lui donnerais un titre pour cela : par exemple, baron Leblanc
ou baron Leroux, baron Lenoir, Lebrun, Legrand, etc.,
peu importe.

Je regrette d'autant qu'on l'ait fait, au lieu de cela,
baron ou seigneur de Mahé, que le portrait que vous
me faites de M. Jourdain me plaît extrêmement. Au
reste, il n'est pas écrit là-haut que je doive, coûte que
coûte, aller à Mahé. Mais je comptais en passer assez
près, en allant aux montagnes Bleues (*Nilgherri*), et
j'aurais volontiers touché barre une dernière fois à la
côte du Malabar, pour voir comment elle est faite (non

topographiquement, mais géologiquement) avant de lui tourner le dos à angle droit.

Si la réponse de M. Jourdain ne me donne pas à penser qu'il y a là pour moi des oiseaux à dénicher; si elle m'apprend qu'il y a de la fièvre sur la route, des chemins exécrables, disette de chevaux de bât ou de chameaux, etc., etc., eh bien, de Seringapatam, je filerai droit aux Nilgherri, où j'arriverai tout au commencement des chaleurs, et d'où Leschenault ne nous a jamais envoyé à Paris que deux cents jolies plantes, artistement desséchées et non moins artistement collées sur de jolis papiers, encadrés de dorures, etc., comme les herbiers *sentimentaux* que faisait J.-J. Rousseau pour les belles dames dont il était amoureux. C'était le siècle de Louis XV en botanique que ces jolies plantes des Nilgherri envoyées par Leschenault.

Des Nilgherri à votre capitale, cher monsieur de Meslay, il me semble qu'il n'y a qu'un pas. Je m'y vois donc déjà en perspective au mois de septembre prochain; perspective charmante, puisque c'est dans un des pavillons de votre hôtel que mon imagination tend mes tapis à terre, dresse mon lit de voyage ou *tcharpoy* ال شپی, et que je m'établis dans mon fauteuil, devant ma table de voyage, entouré de mes ballots, de mes livres et de mes papiers, et que c'est dans votre calèche que je prends l'air après dîner, au lieu d'aller seul, en véritable Anglais, galoper pendant une heure, ce à quoi je suis réduit ici pour faire la digestion.

Il y a longtemps que vous avez dû vous apercevoir que j'étais radicalement Parisien (vous l'êtes passablement aussi, et, ma foi, c'est un compliment que cette remarque); or, pour ceux de notre *caste*, ce sont des plaisirs fort sérieux que ceux qui, depuis bien des années, ont été seuls à mon usage, et celui de jaser avec vous sur le cours Chabrol sera pour moi un immense *luxury*.

C'est donc parole d'évangile (évangile, la bonne nouvelle par excellence!) que vous me rapportez des intentions de MM. du Garde-Meuble. Ah! ah! comme je m'en donnerai, du bon temps, quand je serai à Pondichéry!... comme je m'en rirai, du choléra et de la dyssenterie, des boues du Bengale, des glaces de l'Himalaya et des fusils à mèche du Pundjâb!... Parbleu! je ferai comme le paisible Leschenault et sortirai rarement de vos frontières!

Dites-moi vrai : quand je vous dis adieu sur votre cours Chabrol, croyiez-vous que j'y reviendrais jamais? ou que je m'escrimerais aussi vigoureusement contre l'espace? Duvaucel, jadis, le beau-fils de Cuvier, partit un jour de Calcutta dans un beau et grand bateau comme les feues galiotes de Saint-Cloud, et n'était pas à Chandernagor qu'il datait déjà ses lettres : « Sur le Gange, en route vers ses sources. » Il alla jusqu'à Bénarès dans son bateau et pas au delà. Le pauvre diable cependant n'a jamais revu Paris et j'ai vu la source de la Jumna, toute voisine de celle du Gange, et celle de l'Hydaspe, et bien d'autres encore, et me voici en train de gagner ma partie. Que voulez-vous! _c'est comme au trictrac... un peu de bien joué y fait quelque chose... et, comme au trictrac, j'ai assez bien joué, je m'en flatte, entre nous.

Adieu, cher monsieur de Meslay; je voulais ne vous écrire que quelques lignes de remercîment. Mais je n'apprendrai jamais à vous brocher une courte lettre; il me faut donc *apologiser* pour la longueur de celle-ci avant de vous renouveler l'assurance de mes sentiments d'attachement.

CXII

AU MÊME.

Tannah. dans l'île de Salsette, le dimanche 23 septembre 1832.

Cher Monsieur,

En arrivant hier ici de Poonah, j'ai eu le plaisir d'y trouver votre lettre du 7, qui m'avait dépassé sur la route. Il est vrai que, traversant les Ghattes, j'ai dû regarder sous le nez de toutes les herbes et de toutes les pierres afin d'en dévisager de nouvelles, et ce petit voyage de trente lieues m'a occupé sept jours. Mais j'arrive chargé de richesses.

Mille remercîments pour les renseignements que vous avez bien voulu me donner sur le *shipping* de votre soi-disant ou quasi-port de Pondichéry. Ils sont très-peu *satisfactory*; cependant, où irais-je, des Nil-

gherri, si ce n'est dans la capitale de l'Inde française (comme l'appelle M. Eugène Burnouf)? Reposé
chez vous, si je n'y trouve pas de bateau pour le doux
pays de France, j'irai à la ville voisine, Madras, en
chercher un.

Comme le terne sort quelquefois du cornet jusqu'à
six fois de suite, contre toutes les probabilités, je vais,
à tout hasard, prier M. d'Argout d'arranger, s'il est
possible, à mes souhaits l'affaire du passage sur un
vaisseau du roi, le cas échéant. Mais, d'après ce que
vous me dites, je ne puis prévoir ni désirer le cas où
ce cas se présenterait. De *disgrâce*, vous n'en aviez à
craindre que dans les premiers jours d'août 1830, alors
que les ministres étaient à la remorque des dénoncia-
teurs. Ce petit mot que vous me dites d'un fils de
directeur colonial indique une grande froideur entre le
père et vous. Mais, avec votre ami M. de Rigny et votre
ancien passager le roi citoyen, je me flatte que vous
êtes *tabou* et architabou pour les tritons secondaires
de votre empire du Garde-Meuble. Restez donc vos
cinq ans à Pondichéry; après quoi, revenez à Paris,
soyez officier général [1], et, s'il y a encore en ce temps-
là de la pairie ou quasi-pairie, prenez votre retraite,
soyez pair et redevenez ainsi un bon bourgeois de
Paris. Voilà comme j'arrange votre avenir.

La broderie verte dont vous me parlez ne se brode

---

[1] M. de Meslay fut nommé contre-amiral au mois de janvier de
l'année suivante.

pas sur l'habit des absents. Il me faudra quelques
années de travail à Paris avant d'oser y songer.

· Vraiment je suis charmé que vos quatre laks aient été
dépensés comme ils le devaient être. Mon vilain mot
toutefois ne pouvait s'appliquer à aucun de vos camarades. Mais il est bien connu que la cour faisait des
perruques et que plus d'un ministère était complice.
-Le maréchal -Gouvion-Saint-Cyr était assurément un
des plus honnêtes gens de tous les ministres restaura-
teurs. Eh bien, je suis presque certain· (mais je ne
pourrais en jurer cependant) que, pour avoir la paix
avec Louis XVIII et être maître dans sa boutique, il
faisait ou laissait faire un bon pot-de-vin à ce prodigue. Je crois que le maréchal en convenait presque
sous la manche avec quelques-uns de nos amis, qui
l'absolvaient pleinement du *moyen* en vertu de la *fin :*
le moyen était de corrompre, d'acheter le roi ; la fin,
de mettre hors de l'armée les officiers admis par Fel-
tre, qui n'avaient jamais appris à faire défiler une
escouade. M. de Serres était aussi un honnête homme,
et pourtant je crois que, sur son chétif budget de la
justice, il faisait aussi des cadeaux à Louis XVIII.

Sic vos non vobis.

Ce n'étaient pas les gens de bureau aidant à ces di-
lapidations qui en profitaient. Nous autres, gens du
tiers, nous sommes assez honnêtes gens, et les plus
honnêtes de tous, je le crois ; mais nous avons ensuite
le droit de soupçonner les gens de cour et leurs alen-
tours.

Le jour où nous débarquâmes à Bourbon, je descendis avec Sallabery dans une honteuse gargote, où nous dînâmes le soir pour nos cinq francs et couchâmes pour un petit écu. Nos hôtes étaient deux trafiquants de nègres, et la compagnie à table *ejusdem farinæ*. Ils nous mirent fort volontiers au courant de leurs petites affaires, et nous dirent comme quoi, le lendemain matin, à Saint-Paul, ils feraient débarquer une cargaison de Madécasses. Passez-moi donc l'ignorance de vos seigneurs du Garde-Meuble, pour n'avoir pas à leur faire de plus graves reproches. Mais, entre nous, vous n'excuserez pas leur ineptie, l'ignorance d'aucun des fonctionnaires de l'île, à l'exception peut-être du bonhomme de gouverneur.

Frédéric (mon frère l'Haïtien) n'a emporté aucune commission du gouvernement, mais seulement des pouvoirs de la maison Ferrère-Laffitte (le neveu et le successeur de Laffitte), pour accrocher ce qui se pourra, non de piastres, mais de sacs de café, en payement partiel de l'intérêt de l'emprunt de la République; affaire de quatorze à quinze cent mille francs par an, réduite, je ne sais trop comment, à la moitié. J'ai vu assez d'Haïti pour être profondément sceptique sur les écus de cette quasi-république. Le ministre de la marine était absurde au plus haut degré et honteusement ignorant sur tout ce qui la regarde. Mon frère l'a vu beaucoup, et a été peu de son opinion. Mais M. Périer savait tout et goûtait fort les rapports de mon frère. S'il ne l'a pas nommé ou fait nommer au consulat général avant de mourir, je crois les chances de Frédéric très-faibles maintenant que le voilà mort.

J'avais deviné juste de nos voisins en cessant de croire à la possibilité d'un autre cabinet tory. L'attitude de la chambre des communes, à la première nouvelle de la défaite de lord Grey par les lords, m'assurait du retour des ministres whigs, ou d'une culbute. Le *Sailor king* a été plus sage que notre *ex-roi chevalier*, et a reculé à temps...

Je vais me dépêcher de voir ici tout ce qui fait l'intérêt de ces îles, car elles sont excessivement malsaines en cette saison. Au 1er novembre, j'espère en avoir fini avec elles, et remonter sur le frais plateau du Deccan.

Avec votre lettre, j'en ai trouvé du Pundjâb et de Cachemire, les unes en français, d'autres en persan, de mes amis les saints et les princes détrônés. Celles de notre brave compatriote le général Allard ont chatouillé fort agréablement ma vanité, par l'étonnement qu'il m'exprime de la lecture d'une longue épître persane de mon cru, qu'il a été impossible à sa curiosité, m'avoue-t-il, de ne pas lire avant de l'expédier à Cachemire.

Adieu, cher monsieur de Meslay. Scipion l'Asiatique a sans doute pris les rênes du gouvernement de Mahé, car mon interrogante épître à l'*honourable the Governor of Mahé* reste sans réponse. Peste soit de l'animal!

Adieu encore et pour de bon cette fois, car j'ai déjà trop longtemps abusé de votre longanimité. Mille tendresses et mille respects.

CXIII

AU MÊME.

Tannah, île de Salsette, le lundi 8 octobre 1832.

Cette île, si agréablement cultivée et civilisée sur ses bords, n'est dans son intérieur qu'un amas d'assez grandes montagnes, couvertes de forêts épaisses. C'est dans ses rocs les plus âpres, au sein de ses solitudes les plus profondes que sont creusés les temples souterrains de Kennery, monuments mystérieux du culte de Bouddha, qui a disparu, personne ne sait quand, de tout le nord et de l'ouest de l'Inde. Hier, j'étais allé y passer la journée après une marche très-longue et très-pénible. Seul dans un temple désert, au sommet des montagnes, j'admirais le superbe panorama étendu à mes pieds, et faisais tranquillement l'agréable inspection d'une quantité de trésors botaniques, quand un voyageur allemand, appelé le baron de Hügel, qui est venu à Bombay pour voir quelques-unes des merveilles de ce pays, entra dans la cellule bouddhique où j'étais établi. Nous nous y étions donné rendez-vous pour herboriser ensemble. M. de Hügel m'apportait les journaux de Bombay du matin. Il gâta ainsi mon bonheur. Ils contenaient ces désastreuses nouvelles dont vous paraissez cependant, cher monsieur de Meslay, savoir encore plus qu'ils ne m'en ont appris. Le soir, en revenant ici, j'y trouvai votre lettre du 26 du mois dernier. Je ne sais ce que c'est que cette fâcheuse protestation par laquelle nos amis se sont encore compromis de nouveau. Mais, embarqués comme ils le sont dans une fausse route, chaque jour doit les entraîner à de plus grands écarts. C'est déplorable. Je ne retournerai donc à Paris que pour y prendre l'habit de garde national et faire la fusillade sans cesse dans les rues ! Mon journal de Bombay dit la duchesse de Berry en Vendée avec Bourmont, et la loi martiale proclamée dans les départements insurgés de l'Ouest. Dans de telles circonstances, je ne comprends pas qu'il puisse rester la moindre division entre les hommes de sens et de bien, quelle que soit la diversité de leurs opinions théoriques. Les Cosaques pourront revenir une troisième fois sans les rallier. C'est affreux !

Je savais déjà la mort de Cuvier. Prodigieuse intelligence qui n'est plus ! Il a créé des sciences nouvelles, admirablement fécondes; la géologie serait peu de chose sans son anatomie comparée. Il perfectionnait tout ce qu'il touchait. Mais il était égoïste et dur, dur jusqu'à la méchanceté, et les individus n'étaient rien pour lui. Il considérait le genre humain abstractivement, comme les géomètres sont enclins à le faire. Les regrets que vous me témoignez de mon éloignement à l'ouverture de cette riche succession sont bien aimables, et je vous en remercie de tout mon cœur ; mais je n'ai rien à en espérer. Les matériaux que j'ai rassemblés sont encore bruts. Il me faudra trois ou quatre ans de travail à Paris, pour accomplir ma tâche. Jusque-là, je serai sans droits à l'héritage des vieux qui mourront. Depuis ma dernière, j'ai reçu un mot de M. Jourdain m'annonçant son départ de Mahé. J'ai reçu aussi de votre voisin de Madras, M. Lushington, auquel j'avais écrit pour requérir aide et protection dans ses États, où bientôt j'entrerai, une longue lettre fort obligeante, et quatorze lettres de recommandation pour les principaux officiers de son gouvernement, stationnés dans les lieux où me fait passer mon itinéraire projeté. Il me semble que M. Lushington a fait au delà du nécessaire en gracieuseté. Quand vous serez d'humeur dictante, voulez-vous lui écrire quelques mots pour le remercier de sa bonté pour votre *travelling countryman?* Cela serait encore du luxe de politesse, et, à titre de luxe, ce n'est pas chose nécessaire. N'en faites donc rien, pour peu que la phrase convenable ne vous vienne pas à l'instant.

Qui a succédé à M. Périer? Mon journal ne le dit pas. Il me semble pourtant que Soult et Montalivet réunis font l'intérim de la présidence. J'ai vu une proclamation du dernier. Elle n'est pas adroite, ce me semble.

Si vous avez des journaux français, quand personne chez vous n'en voudra plus, veuillez les faire empaqueter six par six, et me les envoyer par la poste, sans plus de scrupule que le scrupuleux lord William Bentinck, qui usait avec moi, l'an passé, largement ainsi de son privilége de *franking*. Vous avez ce privilége comme lui.

Après demain, j'irai à Bombay, où je n'aurai que quinze jours à passer. Adieu ; la besogne me déborde de tous côtés. J'ai santé parfaite pour y tenir tête. Adieu, cher monsieur de Meslay ; mille et mille tendresses.

CXIV

AU MÊME.

Tannah en Salsette, le 11 octobre 1832.

Cher Monsieur,

Pour chercher une maudite *superposition de terrain* (qui m'aurait dit, non pas l'*anno Domini*, mais l'âge relatif du soulèvement des Ghattes et vraisemblablement de la péninsule tout entière, et que je n'ai pas encore pu réussir à trouver), j'ai dû prendre, depuis mon arrivée ici, de si fortes doses de soleil, que je me sens un peu chiffonné ; et, prudemment, je me tiens coi pour quelques jours, la besogne, d'ailleurs, ne me manquant pas au logis.

Nous avons eu hier des nouvelles d'Europe jusqu'à la mi-juillet, venues par la Perse. Les profonds du genre prétendent que le gouverneur a reçu par cette occasion des dépêches très-importantes dont l'objet doit rester ignoré du *profanum vulgus*. Ils nous donnent cependant à entendre que ce sont les Russes qui viennent. Il va sans dire que c'est une mystification.

Le fait est qu'un des membres les plus vigoureux du conseil privé, lord Durham (gendre, je crois, du comte Grey), a été envoyé à Pétersbourg en mission extraordinaire, immédiatement après des débats très-animés dans le Parlement sur la question de l'absorption complète de la Pologne par la Russie. Et il paraît, d'après les journaux anglais, que lord Grey, débarrassé désormais des difficultés de son bill de réforme à faire passer, se propose d'être plus libéral au dehors, sûr qu'il est du concours du Parlement. Cependant, il y a je ne sais quelle querelle d'argent, d'emprunt à vider entre l'Angleterre, la Russie et la Hollande, dont lord Durham s'est fait le rapporteur devant le Parlement, et je présume que sa mission soi-disant polonaise n'a d'autre objet que le règlement de cette affaire de finance.

Il est vrai que le prince royal de Perse, qui, en attendant d'être roi, passe son temps généralement à faire la guerre aux provinces de l'empire qui se révoltent périodiquement, a écrit au seigneur de Caboul, Dost-Mouhammed-Khan, de préparer cinquante mille rations pour lui au printemps qui vient. Du moins, Dost-Mouhammed a écrit à notre compatriote Allard qu'il avait reçu d'Abbas-Mirza une semblable communication. Sans doute il a dit vrai, car c'est un fort honnête homme, pour un Afghan du moins, que ce Dost-Mou-

hammed-Khan! Mais Abbas-Mirza n'a guère plus de
pouvoir à Caboul que vous à Madras ; en sorte que son
injonction au chef de Caboul est encore une mystification. Le pacha d'Égypte mène rondement le Grand
Turc... Où s'arrêtera-t-il ? Les excommunications n'y
font rien ; les bataillons semi-disciplinés de Constanti-
nople pas davantage.

Pas encore de premier ministre chez nous. Mais Tal-
leyrand dans la coulisse paraît en jouer le rôle. —
Mille bruits sur la duchesse de Berry. Les uns la disent
brûlée dans une grange ; d'autres la disent réfugiée
à Guernesey. — La loi martiale révoquée à Paris ; mais
zizanie entre le gouvernement et la Cour de cassation,
qui casse les jugements des cours martiales. Le brave
Dupont (de l'Eure) a fortement républicanisé cette
cour, jésuitisée auparavant par le Peyronnet. Carlistes
et républicains, peut-être, s'y entendent là comme
ailleurs pour mettre le bâton dans la roue. Colère du
procureur général Dupin à ce sujet. De dépit, il se
serait laissé faire premier ministre. — La convocation
des Chambres attendue de jour en jour, à l'effet de
donner aux ministres un bill d'indemnité (selon les
précédents anglais) pour les mesures extra-légales auxquelles ils ont eu recours au plus chaud du combat. Il
paraît que des gens raisonnables leur reprochent de
ne les avoir pas révoquées assez tôt.

Parmi les carlistes arrêtés à Paris comme correspondants du Bourmont, je vois le nom d'un marquis de
Laubespin, frère d'un beau-frère de Victor de Tracy ;

ce qui me vexe pour Tracy, à cause des inductions possibles des gens qui ne le connaissent pas.

Le marquis d'Anglesey doit succéder, dit-on, à lord William Bentinck. C'est le plus brillant officier de cavalerie des Anglais; amputé d'une jambe à Waterloo.

Les gazettes anglaises ne sont pas catégoriques sur nos mouvements en Italie; mais il paraîtrait que nous avons quitté Ancône, gardé Alger, et que le sultan a néanmoins consenti, le pauvre homme, à tout ce qu'on a voulu pour la Grèce, dont Sa Majesté Othon de Bavière — majesté de quinze ans! — ira prendre possession à la tête de quelques régiments de gendarmes français, *carabinieri reali* d'Allemagne, et de soixante millions de francs payables par la France, l'Angleterre et la Russie également.

Adieu, cher monsieur de Meslay; j'ai vidé mon sac. Ne nous moquons pas trop du soleil indien.

Tout à vous de cœur.

CXV

A M. JOSEPH DE HEZETA, A CALCUTTA.

Tannah, île de Salsette, le 13 octobre 1832

Je vous remercie bien, mon cher ami, des renseignements que vous avez eu la complaisance de me fournir sur le produit de l'indigo dans ces dernières années;

prenez votre temps pour compléter cet intéressant tableau. Je suis encore pour un an dans l'Inde. Ainsi
rien ne presse. C'est le diable, en vérité, que votre métier si hasardeux d'indigotier. Mais quelle est la fabrication, quel est le genre de spéculation commerciale
qui n'enferme, même pour les plus sages et les plus
prudents, quelque chance de perte parmi les billets
-gagnants ?-Je ne suis pas joueur, et le commerce me
fait peur. J'ai un frère négociant, je l'ai vu ruiné et
remis à flot déjà plus d'une fois, quoiqu'il n'ait que
deux ans de plus que moi. J'ai été souvent fort malheureux à son occasion, et souvent j'ai regretté qu'il ne
fût pas, comme mon aîné, un obscur capitaine d'artillerie, ce qui est bien humble, mais ce qui est bien
sûr. Je voudrais bien savoir que le bleu se vend mieux
que vous n'espériez, et que cette année de travail
ajoutera quelque chose à la petite fortune que vous
avez si courageusement entrepris de faire.

J'ai quitté le Pundjâb le mois dernier, et j'ai fait, en
venant ici, une superbe herborisation dans les Ghattes,
au pied desquels j'ai depuis cherché, mais inutilement,
quelques lambeaux de terrains tertiaires ou de vieux
terrains de transport, dont l'horizontalité ou le re-
dressement m'eût appris l'âge géologique du soulèvement de toute la chaîne. J'ai un ami et camarade d'é-
tudes, appelé Élie de Beaumont, qui fait faire à
la géologie d'immenses progrès. M. de Humboldt
et lui étendent immensément le domaine de cette
science, qui devient bien belle entre leurs mains. J'ai

dû, en quête de mes *wanted strata*, aller bien au soleil
sur la côte malsaine du Concan, et, depuis huit jours
que j'ai fait peut-être un excès de ce genre (de soleil),
je ne me porte que bien, ce qui n'est pas assez pour
me satisfaire; à moins de très-bien, je ne suis pas content, et, jusqu'à ce que je sois remonté à ce degré, je
continuerai à me reposer ici. Cette île est charmante,
et, quoique bien inférieure pourtant en beautés naturelles à celle qui vous a vu naître, si je juge de Cuba
par Saint-Domingue, que je ne me lasse pas d'admirer dans mes souvenirs. Mon hôte est un Anglais très-
continentalisé et d'origine française, huguenot des
Cévennes. La besogne ne me manque pas au logis, je
n'y suffis pas.

Que de grandes et tristes nouvelles d'Europe, de
mon pays surtout! J'en ai le cœur navré! Cinq cents
mille cartouches brûlées par des Français sur des Français en deux jours, et pour qui? pour ce vieux Gascon
de général Lamarque, qui, du temps du *grand homme*,
janissaire fidèle, eût fusillé sans délibérer quiconque
le héros lui eût montré du doigt. Je suis bien fâché de
la part que quelques-uns de mes amis paraissent avoir
prise aux oraisons funèbres de ce jour-là. Si force plus
grande doit rester au gouvernement après cette san-
glante épreuve, je m'en consolerai pourtant. Je ne
crains pas le despotisme de Louis-Philippe et de ses
ministres. Je sais très-bien qu'avec de telles gens, il ne
s'agit que d'un peu plus tôt ou un peu plus tard, du
plus ou du moins, et qu'il n'y a aucune conspiration

secrète contre la liberté, mais, au contraire, un désir sincère d'en donner au peuple tout ce que son éducation politique, malheureusement si grossière, lui permet d'exercer.

Le succès de don Pedro est pour moi très-douteux. Il me fait l'effet d'avoir peur aux Açores. Sinon, pourquoi n'aurait-il pas commencé la danse plus tôt? Les gens qui n'ont pas beaucoup de courage et qui ne peuvent éviter de se battre, qui doivent, bon gré mal gré, finir par là, ne doivent pas se donner le temps de la réflexion, car elle ne leur fait pas venir le courage; au contraire, elle ébranle ce qu'ils en ont.

Je doute que lord Durham soit allé en Russie pour représenter contre l'absorption complète et définitive de la Pologne. Ce serait trop *quixotic* pour le cabinet anglais, qui ne se pique pas de chevalerie ni de sentimentalité dans sa politique extérieure; il faut attendre pourtant, et nous verrons. Je suis, depuis le commencement de mars, sans lettres de ma famille ni de mon pays, et, comme il est mort à Paris neuf mille personnes du choléra, il me tarde d'en recevoir pour avoir l'esprit en repos sur tous ceux que j'aime.

Mon hôte m'a fait lire après dîner un petit livre fort spirituel de mistress Trollope sur les Américains : *Domestic manners of the Americans*, dont vous avez dû voir des extraits dans les journaux de Calcutta. Ce sont souvent des caricatures, mais qu'elles ressemblent! Le livre me paraît délicieusement écrit. Toutes les inductions antirépublicaines de cette vieille dame

ne sont pas également logiques; mais certainement
tous les faits qu'elle raconte sont d'une vérité par-
lante pour nous autres qui avons vu ce pays-là.
Il me semble reconnaître tous mes amis de l'autre
côté de l'Atlantique. Lisez ces deux petits volumes si
vous en avez le moyen.

Walter Scott était mourant aux premiers jours de
juillet. Cuvier était mort! Voilà les hommes utiles; j'y
ajouterai Canova et Rossini. Que de millions d'hommes
doivent à Scott un grand nombre d'heures de plaisir
économique et innocent! L'art que pratiquait Canova
parlait à un plus petit nombre; mais que de plaisirs, et
quels plaisirs nobles, ses ouvrages ne donneront-ils
pas toujours à tous ceux (les Américains exceptés) qui
pourront les voir! Cuvier, de sa main puissante, avait
pris le timon des sciences naturelles, et en tenait sans
cesse ou en ramenait l'étude dans une direction phi-
losophique. Il ne découvrait pas des faits seulement,
mais sa prodigieuse faculté de généraliser ses idées
lui faisait créer des sciences. Que serait la géologie,
si Cuvier n'avait pas existé pour créer l'anatomie
comparée?... Quelle masse énorme de sensations agréables a versée Rossini dans les sociétés humaines! Il
est, ne vous en déplaise, mon cher Hezeta, beaucoup
plus utile que vous. Oui, utile : ce que vous faites, mille
autres le pourraient faire, et, si vous ne le faisiez, ils le
feraient. Quel substitut aurons-nous pour Cuvier et
Scott? Les hommes qui sont cause pour d'autres de
sensations agréables, sans l'être pour personne de

sensations pénibles, voilà les hommes utiles par excellence.

Ce n'est pas la doctrine des *utilitarians* anglais. Il n'y a d'utile pour eux que ce qui sert à la satisfaction des besoins physiques. L'homme qui engraisse les bœufs, celui qui fait le dîner, le manufacturier qui fabrique de bons chapeaux, de bons habits, de bonnes chaises percées, ce sont-là les hommes utiles. Scott, Cuvier, Rossini ne sont que des superfluités agréables, et c'est profaner le nom d'*utile* que de le leur donner.

Le père de sir Robert Peel a filé plus de coton et fabriqué plus de pièces de calicot en sa vie que qui que ce soit; *ergo*, c'était l'homme le plus utile. Mais, s'il n'avait pas existé, n'est-il pas évident que son voisin, M. Thompson ou M. Smith, en aurait filé autant pour satisfaire aux demandes du marché? Tandis qu'en supposant que Walter Scott et Cuvier n'eussent pas existé, il ne s'ensuit pas que *Waverley* eût été écrit par quelque autre auteur, ni qu'un autre eût inventé l'anatomie comparée.

Adieu, mon cher Hezeta; pourrez-vous lire ce verbiage? Ne craignez pas d'ajouter une feuille de renfort à vos lettres : elles m'arrivent comme les miennes arrivent à vous, lentement, mais sûrement, et c'est l'essentiel. Servons-nous toujours de la microscopique excellence de Chandernagor pour faire payer à *John Company* les frais de notre correspondance.

Adieu, mon ami; je vous embrasse de tout mon cœur.

CXVI

A M. DE MESLAY, A PONDICHÉRY.

Tannah, île de Salsette, le 25 octobre 1832.

Cher Monsieur,

Vous êtes un prophète de malheur. Dans une de vos dernières, lettres vous me dissuadiez de cette côte basse et malsaine, de peur qu'en y cherchant des superpositions de terrain (ou, ce qui est bien plus beau encore que des superpositions et des jonctions, des *relèvements*), je n'y trouvasse aussi la fièvre. Eh bien, c'est ce qui m'est arrivé. Heureusement qu'elle n'aurait pu être plus bénigne. Mais, comme elle est, dans le jargon de l'école, *consécutive* et non essentielle, ce n'est pas à elle-même qu'il faut s'adresser pour la mettre dehors, c'est à la fameuse membrane muqueuse de l'estomac, qui l'engendre par son irritation. Je me traite par les anodins, ce qui est long et plus ennuyeux que les remèdes de charlatans parisiens et de médecins anglais, lesquels, par le principe des dérivations ou contre-irritations, remettent promptement leur homme sur ses jambes, ou le couchent sur le flanc jusqu'au jour du jugement dernier. Je suis retenu ici par cette anicroche fort au delà du séjour que je m'étais proposé d'y faire, et je serai forcé de raccourcir d'autant ma visite à Bombay. Au reste, je vois ici une partie de ce que je désirais voir à la ville, savoir : les hommes. Mon hôte, collecteur à trente-six mille roupies par an, reçoit le samedi et le dimanche force gens de Bombay, ses amis, les secrétaires du gouvernement et autres grosses perruques (ce qui, dans l'idiome anglais, signifie gros bonnets); plusieurs sont aimables, et me mettent fort bien au fait des choses de leur petit empire, leurs rapports avec la Perse et les petits États arabes de l'Arabie et de la côte d'Afrique : tout cela est fort curieux et fort ignoré de nous autres.

La richesse commerciale est ici dans les mains des Guèbres ou Parsis, race dont vous n'avez sans doute jamais vu un individu dans votre royaume. Ce sont les mieux décrassés de tous les Orientaux. Mais leur civilisation — leur apprivoisement — est absolument sans conséquences politiques, attendu que, comme nous autres Européens, ils sont étrangers à cette terre; ce sont les juifs de l'Europe centrale, rien de plus. Cependant, il y a une autre race, caste ou nation, appelée les Bhoras, qui, semblables également aux juifs par leurs habitudes de trafic, leur ressemblent bien plus encore par leurs institutions religieuses et civiles. Ce sont sans doute des Arabes de l'Ouest, des hérétiques de l'islamisme. Ils se disent mahométans, mais ils sont reniés des mahométans.

Le *Zend Avesta* a cessé d'être intelligible pour qui que ce soit de ses sectateurs. Les prêtres parsis ou guèbres entretiennent soigneusement le feu sacré qui brûle dans leurs temples; mais celui de la science, ils

l'ont laissé s'éteindre. Sans les Anglais, il en serait
bientôt ainsi du sanscrit lui-même.

Outre Goa, qui a quelques lieues carrées de territoire,
les Portugais, sur cette côte, possèdent Daman, à
un degré et demi au nord de Tannah. Ces malheureux
se font la guerre, se dénoncent, s'emprisonnent et se
fusillent assez souvent. C'est juste comme en Portugal,
et, dans ce pays, c'est une disgrâce pour le nom européen.

Lord C*** était allé de Poonah à Settarah avec le
projet de pousser sa promenade jusqu'à Viziapoor et à
Goa, sous le prétexte, bien entendu, de voir avec l'œil
du maître. Mais il paraît qu'il vient de recevoir de la
cour des directeurs une lettre dont il ne se vante pas,
et par laquelle toutes promenades de ce genre lui sont
interdites, à moins qu'il n'en veuille payer la dépense,
ce à quoi ses appointements ne suffiraient pas. Outre
le plaisir qu'il y a toujours à voir le maître dans l'embarras, les gens d'ici s'accordent tous à approuver la
défense des directeurs par des motifs d'intérêt public.
Ces voyages, horriblement dispendieux, ne servent à
rien généralement, qu'à gratifier la curiosité du lord
pro tempore, et leur effet politique, dit-on, est quelquefois nuisible. Je le crois volontiers.

De Calcutta à Rooper, où lord William, l'an passé
au jour qu'il est, fit échange de civilités avec Rundjet-
Singh, il y a la bagatelle de douze cents milles ou cinq
cents lieues. Il y alla avec quinze mille individus, car il
ne bouge pas à moins de cela derrière lui. Jugez de la

dépense! cent sept éléphants, mille quatre cents chameaux, quelques milliers de chars à bœufs, etc., etc.
Vous verrez tout cela changer après 1833. Les Anglais
se plaignent que l'âge d'or et l'âge d'argent sont depuis
longtemps passés pour eux en ce pays. Mon hôte, avec
ses trente-six mille francs par an, n'a que trente-qua-
tre ans, et, depuis son entrée au service, il est allé s'é-
battre trois ans en Europe, à cinq cents guinées par an
pour son temps de congé, ce qui est la règle. Et il
grogne parce qu'il lui faut encore servir neuf ans,
avant d'être admissible à la retraite définitive, avec
mille guinées par an sa vie durant, et quatre cents à
sa veuve après lui, s'il est marié !

Votre riche voisin de Madras et le gouverneur de
Bombay seront réformés les premiers. Ils ne seront
plus bientôt que des lieutenants-gouverneurs. Les généraux en chef de Madras et de Bombay seront également supprimés. Il n'y aura qu'un centre de gouvernement, Calcutta. C'est comme cela dès à présent pour
toutes les choses importantes. *The governors in coun-
cil* des deux présidences subordonnées n'agissent de
leur chef, sans en référer à Calcutta, que dans l'exécution des détails administratifs ; cependant, ils sont
payés comme des états-majors de gouvernements distincts.

Adieu, cher monsieur de Meslay.

Believe me ever yours.

P.-S. — Pour tenir la peste au large, on a saisi, *vo-*

lens nolens, tous les bateaux côtiers auxquels, on fait faire un service de quarantaine, en les payant, bien entendu, et grassement. Les Indiens s'imaginent ou font semblant de croire que c'est des Russes, et non de la peste, que nous avons peur.

CXVII [1]

A M. DE TRACY PÈRE, A PARAY[2].

Maubeuge, le 10 septembre 1820.

Monsieur,

Je n'ai pas oublié la promesse que vous m'avez faite, avant mon départ, de lire avec quelque intérêt les notes que j'aurais pu prendre, dans le cours de mon voyage, sur la culture des riches provinces que je devais traverser; mais, je vous l'avoue, le retard involontaire que j'ai mis à vous écrire depuis mon arrivée redouble le juste embarras que j'éprouve en

---

[1] Les éditeurs de cet ouvrage font observer que les lettres suivantes n'ont pu être classées dans l'ordre chronologique, parce qu'elles leur sont parvenues durant l'impression.

[2] Victor Jacquemont avait à peine dix-neuf ans, lorsque, pendant un voyage qu'il faisait dans le nord de la France, il adressa cette lettre à M. de Tracy père, qui s'adonnait à l'agriculture dans sa terre de Paray. Quoiqu'elle traite un sujet tout spécial et renferme des détails techniques dont la lecture peut être un peu aride, nous la joignons à notre collection, pour montrer quelles étaient déjà, à l'âge de dix-neuf ans, la maturité et les aptitudes de ce précoce esprit.

vous entretenant d'un sujet que je n'ai fait qu'entrevoir, et dont je crains bien de ne vous donner qu'une
idée incomplète. Vous savez combien il est difficile
de se procurer des renseignements sur ce qui a rapport à l'industrie agricole ; cet obstacle, que j'ai rencontré continuellement dans mon voyage, n'a pas
laissé que d'en diminuer l'intérêt pour moi-même,
et me fera passer bien rapidement sur les lieux où je
n'ai pas séjourné.

La partie de la Picardie que j'ai traversée, de Paris
jusqu'à Abbeville, présente peu d'intérêt. Le terrain
est généralement argileux-calcaire, et, sur les coteaux,
la pierre calcaire est à nu. On y suit généralement l'assolement triennal avec l'année de jachère ; cependant,
on ne laisse pas que de voir des trèfles et des sainfoins
assez productifs, mais trop rares pour permettre aux
cultivateurs l'entretien de troupeaux considérables.
Aussi les blés semés sur des fumures récentes sont
infestés d'herbes adventices et surtout de traînasse,
qui rendent moins belles les récoltes de grains. Les
prairies artificielles deviennent plus nombreuses auprès d'Abbeville, où la mauvaise qualité des foins naturels donne à leur produit une valeur considérable.
Les rigueurs de l'hiver en avaient détruit un grand
nombre. Cette perte a donné l'éveil aux cultivateurs,
qui, pour y être moins exposés désormais, ont semé,
au printemps, du trèfle avec toutes leurs avoines et
leurs blés de mars, dans lesquels ils réussissent également bien, et les façons de roulage et de hersage

qu'ils donnent à ces culture naissantes en favorisent singulièrement le succès.

Au delà d'Abbeville, les hivernages de vesces et de gesses mélangées avec des féveroles remplacent les trèfles, et l'escourgeon succède avec l'avoine aux récoltes du froment. Les fermes sont assez fortes généralement, et les plus considérables sont les mieux cultivées. Je passai l'Authie à Labroie, et j'entrai en Artois, où je fis un séjour assez prolongé à Hesdin, chez des personnes de ma famille.

Cette partie de l'Artois, située entre Hesdin, Montreuil et Saint-Pol, est assez mal cultivée, si j'en excepte les vallées de Canche, de Ternoise et de plusieurs ruisseaux qui présentent toutes l'image de la plus grande richesse; elles recèlent, à une profondeur de sept à huit pieds, une épaisseur de tourbe assez considérable, que l'on exploite partout avec avantage; et, pour ramener à leur premier niveau les terrains tombés, on y creuse de larges fossés, dans lesquels on fait arriver, lors des débordements, les eaux, qui ne tardent pas à les combler d'alluvions précieuses. La culture des plaines ressemble assez à celle de la Picardie; l'assolement y est le même; seulement, la nature plus sèche des terres y fait remplacer le trèfle par la minette, qui ne semble pas moins productive, et qui, vous le savez, n'a pas les mêmes inconvénients. Cette luzerne me semble être un excellent fourrage; j'en ai vu de fort belles pièces dans des terres médiocres, et je ne serais pas étonné qu'elle réussît dans les vôtres de Paray. Le sainfoin, dont on devrait étendre davantage la culture, est relégué dans les terrains les plus calcaires, où la minette ne pourrait croître. Quelques propriétaires cultivateurs, gens très-rares dans le pays, y ont essayé la culture du trèfle incarnat et du trèfle blanc. Le premier rend très-peu, du moins dans les terres où je l'ai vu cultivé; et le-second, dont les produits sont plus considérables, partage avec le trèfle commun l'inconvénient de météoriser les animaux, quoiqu'à un moindre degré. Le marnage se fait avec une pierre blanche et molle qui ne tarde pas à s'effleurir à l'air. N'est-il pas singulier que cette addition de calcaire améliore des terres qui semblent déjà pécher par excès de ce principe?

La partie du Boulonnais que j'ai vue en allant d'Hesdin à Boulogne est assez médiocre; les prairies artificielles y sont plus rares encore. On les remplace par de grandes cultures de féveroles semées à la volée, qui fournissent une nourriture excellente pour les chevaux, mais peu abondante. Vous connaissez les environs de Boulogne; le terrain y est formé d'argile presque pure, et aucun cultivateur n'a eu l'idée de porter sur ses terres le sable de la mer, qui les amenderait probablement de la manière la plus énergique. Ce sable, dans son état de pureté, n'est point absolument stérile; dans les dunes situées entre l'embouchure de la Canche et de l'Authie, j'ai vu plusieurs hameaux entourés de céréales, de chanvre, de pommes

de terre, etc. Cependant, le malheureux cultivateur de
ces lieux ne donne à ses cultures d'autres soins que
de misérables clôtures sèches pour les garantir de
l'invasion des sables.

Je fis aussi une excursion à la vallée de l'Authie;
malheureusement, je ne pus descendre la rivière jusqu'à son embouchure, auprès de laquelle ont été exé-
cutés de grands travaux de desséchement, et où l'on
a déjà obtenu les résultats les plus avantageux. Dans
une longueur de quatre lieues que je l'ai visitée, elle
n'est pas encore affermie au point de porter des
cultures; mais la force étonnante de la végétation
grossière dont elle est couverte permet d'espérer
qu'elle ne le cédera pas en fertilité et en revenus aux
autres vallées de ce pays.

Je quittai Hesdin pour me rendre à Arras. Peu à
peu les colzas et les lins, jusque-là cultivés seulement
dans les enclos, deviennent communs dans les champs.
On voit des plaines immenses de féveroles plantées
avec soin; et les œillettes, qui sont plus belles à mesure que l'on approche davantage, couvrent presque
entièrement la plaine où est situé Arras; en un mot, la
culture est changée complétement. Comme elle est de
beaucoup la plus belle que j'aie vue, bien que depuis
j'aie passé par Lille et des lieux plus riches encore, je
vous en parlerai plus longuement; ce que je vous en
dirai est applicable à un rayon moyen de six lieues
autour d'Arras. La plupart de ces renseignements
m'ont été communiqués par des amis, propriétaires et

longtemps cultivateurs d'une des belles fermes de
pays, auprès de Bapaume, chez lesquels j'ai passé une
partie du mois de juillet.

La terre est forte dans cette belle partie de l'Artois;
mais, bien que l'argile y prédomine, elle ne manque
pas de principe calcaire, comme celle de la Brie, dont
elle a, d'ailleurs, le grain, la couleur et la ténacité; la
propriété-y est peu divisée, et il n'y a guère de fermes
au-dessous de soixante à quatre-vingts hectares; elles
varient généralement de cette étendue au double. Les
détails nombreux d'une surveillance active sur tous
les objets de la culture ne permettent pas qu'il y ait
de ces exploitations immenses qu'une seule tête peut
diriger, comme dans les pays d'élève.

Le mobilier d'une ferme et les frais de culture étant
très-considérables, il n'y a de fermiers que les gens
riches, ordinairement déjà cultivateurs de leurs propres terres; les baux se passent généralement à dix-
huit et vingt-sept ans, de sorte qu'il n'y a point de
différence, pour ainsi dire, entre les fermiers et les
propriétaires cultivateurs; les uns et les autres culti-
vent de la même manière, et leurs terres et celles
dont ils ont le fermage seulement. Le loyer des terres
n'est point fixé à tant par an; leur produit varie
chaque année; il est égal pour une mesure (soixante-
deux ares environ) à la valeur moyenne de deux hec-
tolitres de froment, prise à plusieurs marchés différents et déterminés; de sorte que le propriétaire
partage le bénéfice du fermier dans les années de

cherté, et ses pertes dans les années de bas prix. De
cette manière, les revenus du fermier sont toujours
plus égaux que ceux du propriétaire, et de cette égalité résultent de grands avantages pour la culture. Il
en est de même de la location des services domestiques ; tous les agents de la culture attachés aux fermes
reçoivent tant par an pour leur salaire, et une quantité
de grains en nature, fixe et indépendante de sa valeur ;
ce qui assure toujours leur existence. D'autres ouvriers,
tels que les moissonneurs et les batteurs, reçoivent
aussi, et totalement en nature, leur salaire ; les premiers
lient pour eux la dixième gerbe, et les seconds prennent le seizième ou le vingtième boisseau, suivant les
années.

Les labours se font à plat, avec des instruments
aratoires appropriés à la nature du sol ; ce sont le
bineau et la charrue de Brabant, que j'ai retrouvés
dans tous les lieux que j'ai parcourus depuis. En général, tous ces instruments sont faits avec soin et intelligence ; et, pour ne pas les fatiguer, on les trans-
porte dans les champs sur un petit traîneau semblable
à celui des brasseurs de Paris. Les écuries sont bien
garnies ; c'est là le luxe des cultivateurs, et c'est un
luxe fort cher, comme vous savez. Les vaches sont
nombreuses et nourries à l'étable toute l'année ; leur
produit est considérable. La spéculation sur les bêtes
à laine est ici toute différente de ce qu'elle est commu-
nément dans le reste de la France ; on n'y vise point
à la production de la laine, mais bien à celle du suif ;

aussi n'y a-t-il pas de bêtes fines, et conserve-t-on avec soin la race flamande, comme s'engraissant plus facilement. Le cultivateur renouvelle tous les ans son troupeau, qu'il vend séparément en deux ou trois lots, à mesure que les bêtes sont engraissées ; le marchand qui les lui achète dans cet état, pour les envoyer au marché de Lille ou de Poissy, lui en amène un plus grand nombre de maigres, parmi lesquelles le cultivateur en choisit autant qu'il en a livré, et il reçoit quatre, cinq ou six francs pour chacune. Il est singulier qu'avec ces échanges continuels de bêtes à laine, les maladies épizootiques soient extrêmement rares dans ce pays, et que le claveau, par exemple, qui se propage avec tant de facilité, soit totalement inconnu. La proximité des marchés et l'étendue de la consommation rendent assez considérables les revenus de la basse-cour ; cependant, il y a des cultivateurs qui commencent à détruire leurs colombiers, à cause du tort que font les pigeons au colza en graine ; et il serait, je crois, à désirer que, pour l'intérêt de tous, chacun les détruisît, car les dégâts de ces oiseaux sont vraiment énormes.

Il me reste maintenant, monsieur, avant de vous exposer le système d'assolement, à vous donner les rapports les plus ordinaires du nombre des animaux avec l'étendue de la culture d'une ferme, pour que vous puissiez prendre une idée de la quantité des engrais dont le cultivateur peut disposer.

Les attelages sont de cinq chevaux et représentent

environ cinquante hectares. — Les bêtes à cornes
(vaches et élèves) sont dans le rapport de quinze à
vingt, et les moutons de cent à deux cents pour cent
hectares. Du reste, comme il n'y a point de terres va-
gues, de pâtures, ces animaux sont nourris à l'étable
toute l'année, excepté les moutons, que l'on fait par-
quer pendant quatre mois, et dont le parcage produit
sur les terres un peu froides des effets admirables.

L'assolement quadriennal, que l'on suit dans cette
belle partie de l'Artois, est certainement l'une des
causes les plus puissantes de sa richesse toujours
croissante. Voici l'ordre de succession des cultures
adopté généralement, et que l'expérience a démontré
depuis longtemps être le plus avantageux :

Première année, blé froment.

Deuxième, colza de saison et de printemps, hivernage
(forte fumure).

Troisième, avoine avec trèfle, escourgeon, seigle.

Quatrième, trèfle (non fumé), lin, œillette (forte
fumure).

Vous voyez que, dans cet assolement, les céréales
sont toujours semées sans engrais sur une culture fortement fumée et sarclée soigneusement, ou sur un
retroublage de trèfle; aussi les produits en sont-ils
superbes. Les pailles ne sont salies que par la traînasse et la spergule, qui forment, après la moisson,
une excellente pâture pour l'engraissement des moutons. Les sarclages multipliés que l'on donne aux
plantes oléagineuses en rendent la culture peu épui-

sante, et maintiennent la terre dans un état d'ameublissement qui rend très-faciles les labeurs d'automne.

Le seigle n'est cultivé que pour avoir de la paille propre à faire des liens; j'ai oublié d'en demander le produit: c'est, au surplus, un objet fort peu important. Mais ce que je regrette de ne pas connaître avec précision, c'est le produit énorme des plantes fourragères. Rien n'égale la beauté des hivernages et surtout des féveroles. Celles-ci s'élèvent jusqu'à six pieds; leurs tiges épaisses et presque ligneuses, que les animaux recherchent néanmoins avec avidité, servent de support à d'autres légumineuses plus faibles, telles que les lentilles et les vesces, qui s'élèvent alors beaucoup plus que de coutume. L'humidité du climat contrarie assez souvent la dessication de ces fourrages, ainsi que celle du trèfle; aussi est-on obligé souvent d'attendre leur maturité pour les couper, parce que, alors, leur tissu étant beaucoup moins aqueux, quelques jours suffisent pour les dessécher entièrement.

Les sarclages se font à la journée, ce qui réclame de la part du cultivateur une vigilance sévère. Ce sont généralement les femmes qui font ces sortes de travaux.

Je quittai la ferme de Saint-Aubin pour me rendre à Lille; je repassai par Arras, où je vis avec intérêt les travaux d'une sucrerie de betterave, anciennement établie, et qui, tous les ans, reçoit une nouvelle extension. La culture est la même jusqu'à Douai, où les œillettes deviennent plus rares et sont remplacées par

la cameline, dont la culture, le produit et la valeur
sont à peu près les mêmes. L'avoine noire est également
ment remplacée par l'avoine blanche, que l'on cultive
seule dans toute la Flandre. Mêmes assolements,
même culture jusqu'à deux lieues de Lille, où l'on
aperçoit déjà le voisinage d'une grande ville. La propriété se divise extrêmement, et l'on finit par ne plus
voir que des cultures sarclées, même des céréales. Les
plantes oléifères, filamenteuses, et les racines y sont
plus généralement cultivées; mais ce ne sont, pour
ainsi dire, que de petites cultures, comme on 'en voit
auprès de toutes les grandes villes.

La facilité de s'y procurer des engrais précieux et
abondants, et d'y trouver un débouché certain aux
produits du sol donne à l'industrie qui l'exploite une
activité extraordinaire. En outre, si - l'on considère
l'extrême fertilité naturelle du terrain, combinée avec
le climat pluvieux de la Flandre, et par-dessus tout avec
un excellent système de culture, on verra toutes les
causes de la richesse agricole de la châtellenie de Lille.
L'assolement, toujours parfaitement raisonné, n'est
pas aussi régulier qu'en Artois, où les exploitations
sont plus grandes ; il est de même généralement quadriennal, et les navets y entrent avec succès. Outre les
fumiers animaux, la terre reçoit aussi les gadoues de
la ville, et les tourteaux de graines oléagineuses dont
trois cents moulins expriment l'huile. Les gens de la
campagne viennent chercher, tous les matins, les
gadoues, qu'on laisse peu séjourner dans les fosses. Ils

les délayent dans une grande quantité d'eau, et les répandent dans cet état sur les terres prêtes à ensemencer. C'est surtout aux plantes filamenteuses que cet engrais est réservé; on prétend qu'il donne un goût désagréable au tabac et aux racines alimentaires. Les tourteaux de graines grasses se répandent à la volée sur les terres que l'on doit ensemencer en colza ou toute autre graine oléifère. Cet engrais, également énergique mais moins durable, est employé dans toute la Flandre, dans tous les lieux où l'on fabrique de l'huile. Son prix élevé en interdit l'usage dans la grande culture.

Avant de quitter Lille, je vous ferai une remarque dont l'objet est plus sensible encore aux environs de cette ville que dans le reste de la Flandre et de l'Artois : c'est le manque presque absolu de plantations et la mauvaise conduite du très-petit nombre de celles qui existent. Il est cependant peu de pays aussi favorisés pour ce genre d'industrie. Les bois de toute espèce y ont un prix fort élevé, et vous jugez s'ils doivent croître facilement dans des terres humides mais saines, qui n'ont pas moins de sept à huit pieds de profondeur.

Me voilà pour ainsi dire arrivé au terme de mon voyage; car, de Lille à Maubeuge, c'est une répétition continuelle de la culture d'Arras et de Douai, si ce n'est à Saint-Amand, où le terrain devient plus bas, plus humide et sablonneux. On y retrouve la petite culture, comme à Lille, mais plus belle encore et plus productive. Pour vous donner une idée de la fertilité

de ces terres, aidée de tous les soins de la culture la
plus soignée, je vous dirai y avoir vu vendre sur pied,
par adjudication (comme c'est l'usage), des lins ramés,
à raison de sept mille francs le bouier (ou hectare),
dont le fonds n'en vaut que de quatre à six mille. Il en
est de même de toutes les autres cultures : elles sont,
sans contredit, les plus belles de la Flandre. Après
Valenciennes, le pays devient un peu montueux ; la
terre est plus forte et repose sur des schistes calcaires,
que l'on exploite dans les environs de cette ville. Les
plantes oléifères disparaissent entièrement, à l'exception du colza et du lin, et la culture rappelle beaucoup
celle du Boulonnais.

Voilà, monsieur, l'exposé sommaire de la culture
des lieux que j'ai parcourus. Depuis mon séjour ici, je
n'ai pas fait de courses lointaines ; mais j'entreprends
demain le voyage de Bruxelles, pour voir les belles
cultures de la Belgique, dont je n'ai guère vu jusqu'ici
que les frontières. Mon retour de ce voyage précédera
de peu mon départ pour Paris, où je reviendrai par le
Laonais, en me détournant cependant jusqu'à Arras,
pour revoir, à une époque différente, les travaux de la
ferme de Saint-Aubin.

J'espère, monsieur, que vous recueillez maintenant
dans la vôtre le fruit de vos soins, et que les amélio-
rations que vous y voyez s'introduire tous les jours en
augmentent de plus en plus l'intérêt à vos yeux. Votre
troupeau, devenu plus considérable, doit vous permettre d'augmenter votre emblavure cette année ; et,

si la saison a été dans votre pays aussi favorable aux
semis de trèfle que dans celui-ci, vous ne serez point
désormais à court de fourrages. Enfin, vous allez
bientôt savoir les résultats intéressants de la culture
des pommes de terre avec la houe composée, dont le
succès réalisera sans doute vos espérances.

Recevez, etc.

CXVIII

A M. DOVERGNE, PHARMACIEN A HESDIN.

Paris, le 8 décembre 1820.

Monsieur,

Vous m'avez donné trop de preuves d'obligeance pendant mon séjour à Hesdin, pour que je ne doive pas,
maintenant que je suis de retour de mon long voyage,
vous exprimer la reconnaissance que j'éprouve envers
vous ; et le zèle que vous avez mis à me faire connaître
les plantes intéressantes de vos environs, les fatigues
d'une excursion plus lointaine que vous avez partagées
avec moi, sont des titres que je n'oublierai jamais et
que j'aimerai toujours à me rappeler : enfin les relations que j'ai eues avec vous de près, m'ont été si
agréables et si utiles, que je désirerais bien les continuer de loin, avec le degré d'activité que pourra leur
donner le peu d'objets nouveaux d'étude que nous avons
de part et d'autre sous les yeux, et que nous pourrons

nous communiquer réciproquement. J'en ai trouvé, monsieur, dans les plantes que nous avons recueillies ensemble, ou que j'ai trouvées seul aux environs d'Hesdin et dans notre voyage au bord de la mer. La jolie fougère que nous trouvâmes ensemble à Imbry, sous les chemins couverts, est bien, comme je le croyais, l'*Aspidium fragile* (Decandolle, *Flore fr.*) dont vous devrez enrichir la Flore de vos environs, lorsque vous la publierez un jour, comme je l'espère. Vous y ajouterez aussi l'*Eriophorum Vaillantii* (non Decandolle : Mérat, *Flore des environs de Paris*, 1812), superbe espèce que j'ai trouvée abondamment dans les prés humides, sur la gauche, en allant au Vieil-Hesdin par la vallée. Cette plante, distinguée seulement depuis peu de temps de l'*E. angustifolium*, est fort rare ; je vous en enverrai un échantillon pour que vous puissiez la reconnaître et m'en envoyer, l'année prochaine, une grande quantité, si, comme je n'en doute pas, vous trouvez la localité où elle est très-abondante et très-apparente au mois de juin. L'autre *Eriophorum* que nous avons trouvé à la vallée d'Authie, croissant parmi les *Comarum*, est le *gracile*, qui est également fort rare. Si vous retournez à Dourier, je me recommande à vous pour cette plante dont je n'ai rapporté qu'un seul individu ; il en est de même de la *Cineraria palustris* dont ma provision est déjà épuisée : cette belle espèce manque ici dans tous les herbiers. L'*Anthyllis vulneraria*, que nous avons recueillie dans les dunes, à Berck, paraît être une variété nouvelle et bien prononcée de cette plante, dont le type est

tout à fait différent. Le *Tormentilla reptans* est bien
une véritable espèce, elle a été retrouvée dans les autres parties du nord de la France, en Normandie. Vous
rappelez-vous un joli petit champignon à disque blanc,
taché de points noirs et luisants, parasite sur des fumiers de vaches, et que nous rapportâmes encore de
cette excursion : c'est le *Sphœria punctata* (Decandolle, *Flore fr.*), je l'ai déterminé sans peine. J'ai aussi
rapporté de ce voyage une graminée, un *poa* qui crois-
sait dans le même endroit, avec l'*Aster trifolium*, le
Triglochin maritimum; et, auprès de Berck, son apparence des plus vulgaires vous le fit dédaigner ; mais,
voyant le grand nombre de fleurs dans chaque épiller, je
regardai cette plante comme inconnue, pour moi du
moins, et j'en fis bonne provision. Je la crois maintenant tout à fait nouvelle et non décrite. M. Desfontaines
se charge de l'étudier; je vous ferai part du résultat de
ses recherches, s'il m'est favorable.

La vérification est faite, c'est le *Poa distans* (Decandolle, *Flore fr.*). Cette espèce est dans la Flore d'Abbeville ; si vous l'avez, je vous prierais de m'en envoyer
un échantillon, ou d'en demander un à M. Baillon pour
confronter avec les miens.

Permettez maintenant, monsieur, que je vous trace en
peu de lignes le reste de mon voyage. D'Hesdin, je me
rendis à Arras. Je ne fis rien là en botanique, la culture est trop soignée, et ne laisse aucune place en
friches. Douai, où je passai pour me rendre à Lille,
offre quelques stations marécageuses comme la vallée

d'Authie, mais où je ne trouvai rien de nouveau. Il
n'en est pas de même de Lille, où je recueillis le *Stra-*
tiotes aloïdes, superbe hydrocharidée échappée sans
doute des canaux de la Hollande, et que je vous com-
muniquerai avec plaisir. Néanmoins, les environs de
cette ville ne me parurent pas assez riches pour m'y
retenir longtemps. Je ne tardai pas à me rendre chez
mon frère aîné pour y passer le reste de l'été, comme
c'était mon projet ; pendant mon séjour à Maubeuge, je
fis diverses excursions en Belgique, que je poussai
même une fois jusqu'à Bruxelles ; là, l'inexactitude de
mes passe-ports me fit coucher une nuit au violon, où,
je puis vous l'assurer, on dort très-bien quand on a la
certitude d'en sortir le lendemain matin. Je rapportai
très-peu de chose de ces divers voyages, et les *Parony-*
chia verticillata, *Schœnus albus*, *Juncus subverticil-*
latus, *J. pygmœus*, *J. squarrosus*, *Gentiana pneumo-*
nanthe, *Gentiana germanica*, *Sclerauthus perennis*,
l'*Antura deltoïdes* sont, pour ainsi dire, les seules
espèces que j'ose vous nommer et vous offrir.

J'ai écrit ces jours-ci à M. Baillon en le priant de
vouloir bien me remettre directement, ou vous remettre pour moi, la note des espèces parisiennes qui lui
manquent et que je pourrai peut-être lui communiquer : faites-en autant, monsieur, je vous prie, et croyez
que ce sera avec bien du plaisir que je satisferai à
votre demande. Cependant, malgré ma bonne volonté,
je craindrais bien de rester en arrière avec vous, sans la
certitude presque entière de faire, cet été, un voyage dans

les montagnes d'Auvergne, d'où je rapporterai, j'espère, des choses qui vous feront plaisir.

Vous savez, monsieur, que l'examen des pratiques agricoles a été pour moi un objet d'étude dans mon voyage : je vois maintenant les matériaux qui me manquent pour faire un petit travail analytique que j'ai projeté, et qui devrait compléter les notes que j'ai prises relativement à la culture. Auriez-vous donc la bonté de recueillir pour moi de la tourbe de la vallée d'Authie (ou de vous en procurer), un échantillon de terre de cette vallée, pris à la surface et dans les lieux déjà cultivés, comme nous en avons vu à Douriez ; un échantillon de terre pris également auprès d'Hesdin dans la vallée de Canche (lieux cultivés, à Marconnelle, par exemple) ; un semblable échantillon de terre pris dans des plaines voisines et que je connaisse, dont le terrain ne soit ni calcaire, ni rouge ferrugineux, et d'ajouter à tout cela quelques morceaux de pierres blanches dont on se sert pour marner, du côté de Vacquerette ; le tout soigneusement étiqueté (environ cent à deux cents grammes de chaque sorte).

J'ai demandé ces divers objets à M. Baillon pour ce qui concerne ses environs, en le priant de vous les adresser, pensant que vous auriez peut-être des occasions de me les faire parvenir par les Bonnetiers. J'espère que vous voudrez bien y ajouter ceux que j'attends de votre obligeance.

Voudrez-vous m'envoyer aussi du sable de mer, pris

dans les dunes, que les mareyeurs de Berck pourront vous apporter facilement.

Recevez, monsieur, l'assurance de la considération respectueuse et des sentiments distingués avec lesquels j'ai l'honneur d'être votre dévoué serviteur.

CXIX

AU MÊME.

Paris, le 10 mars 1821.

Monsieur,

J'ai reçu il y a une quinzaine de jours votre lettre du 20 février et avant-hier l'envoi que vous avez bien voulu m'adresser par la voie de M. Carpentier, et dont je vous suis reconnaissant. Tous les objets dont il se compose sont convenablement étiquetés, et rien n'y manque ; je compte en analyser quelques-uns l'hiver prochain, notamment la pierre marneuse que je soupçonne être magnésifère. La concrétion que vous m'avez envoyée est un calcul biliaire ; elle est formée de cholestérine, sorte de matière grasse cristallisable et *sui generis*, qui n'a encore été trouvée que dans ces sortes de calculs. Je vous le renverrai au surplus, si vous le désirez, cela n'est nullement précieux.

Vous avez pris, monsieur, le meilleur parti, en rele-

vant le catalogue des espèces de la Flore française qui
manquent à votre herbier. Je ne vous envoie, cette fois,
qu'une quinzaine de celles qui y sont notées, et de
quelques-unes fort peu, parce qu'il y a bien des espèces
que je ne possède que par communication de mes amis,
et alors pour échantillon simple ou double seulement.
Vous ne trouverez pas de *Stratiotes aloïdes* que je vous
avais promis, parce qu'il ne m'en reste plus que de fort
mauvais échantillons sans fleur, et que j'en recevrai un
paquet de Lille, cet été, dont je vous enverrai les plus
beaux. C'était une erreur de synonymie qui me faisait
vous promettre le *Juncus pygmœus*. Je ne possède que
le *J. subverticillatus*. Je vous renvoie l'*Eriophorum* que
vous m'avez envoyé sous le nom de *Vaillantii*. Ce n'est
point lui, c'est seulement l'*E. Polystachyon*, ou peut-
être une nouvelle espèce aussi commune et très-voisine
de celui-ci, encore inédite. J'y ai ajouté mon dernier
exemplaire du véritable *E. Vaillantii* avec une petite
note sur sa localité précise et sur ses caractères dis-
tinctifs, qui vous le feront aisément distinguer de
toutes les espèces congénères. Depuis que je vous
ai vu, j'ai examiné de nouveau avec soin les plantes de
notre belle herborisation des dunes, et je l'ai trouvée
beaucoup plus riche que nous ne le croyions.

D'abord le *Zanichellia palustris*, recueilli dans les
fossés avant d'arriver à Berck, est une espèce fort rare :
Z. dentata, indiquée dans la *Flore parisienne*, mais que
Decandolle a oubliée dans le supplément. Le *Poa distans* et le *Potamogeton marinum* sont également des

espèces fort rares qui méritent bien, je vous assure, que vous refassiez le voyage cet été, pour en rapporter de grandes quantités. Enfin il y a abondamment, dans les prés humides sur la droite où croît encore l'*Aster tripolium*, tout près de Berck, une espèce de trifolium que j'avais ramassée négligemment, la prenant pour une variété du *Trif. repens*, et qui est peut-être une espèce nouvelle, ou au moins fort rare. Elle est très-abondante dans les prés qui bordent le chemin à droite. Enfin, monsieur, notre *Carex* des dunes, que M. Baillon m'avait déjà donné, est décidément une espèce nouvelle, et que j'ai laissé le soin de décrire et de publier dans un journal de physique à un de mes amis, qui connaît mieux que personne ce genre difficile. La bonté avec laquelle M. Baillon me reçut à Abbeville sans me connaître, et, je crois, sa priorité comme collecteur de cette plante, me font désirer qu'il veuille bien donner son nom à cette espèce. A mon retour à Paris, je lui avais écrit une longue lettre, et je n'en ai point eu de réponse; je pense que ma lettre aura été égarée ou ne lui sera pas parvenue, parce que je l'avais adressée à Abbeville sans adresse précise; vous m'obligeriez infiniment, en lui écrivant, de lui demander ce qui en est, et de lui exprimer mes regrets, dans le cas où ma lettre ne lui serait point parvenue; je vous prierais en même temps de le prier de vouloir bien me laisser le plaisir d'attacher son nom à une espèce qu'il découvrit, et qu'il me donna avec tant d'autres si généreusement; dites-lui enfin que, devant faire, cette année, un très-long voyage botanique, j'espère qu'il voudra bien me permettre de reconnaître ses bontés, et d'échanger des végétaux de la Méditerranée pour ceux de l'Océan qu'il m'a donnés à mon passage. L'*Hiéracium* des dunes de Merlimont n'est qu'une des très-nombreuses variétés de cette plante et ne peut être regardée comme une espèce distincte. Vous savez combien cette plante est variable; il y en a des variétés qui s'écartent beaucoup plus encore du type de l'espèce. J'avais recueilli à Boulogne le petit *poa* que vous m'envoyiez des dunes de Berck; j'en ai trouvé un échantillon dans l'herbier de M. Desfontaines, mais sans étiquette de lieu ni de nom. L'espèce dont elle se rapproche le plus, et dont cependant elle est bien distincte, est le *Poa cinerea* (Decandolle, *Flore fr.*, tome III, suppl.); c'est une plante inédite, je le crois; et je compte la faire connaître, l'année prochaine, lorsque je me serai convaincu qu'elle n'est décrite encore dans aucun ouvrage; appelons-la *Poa sabulosa*. Je vous la recommande lorsque vous retournerez sur les bords de la mer. Vous trouverez aussi dans mon petit envoi une magnifique fetuque, *F. arundinacea*, que j'ai trouvée sur des falaises à Boulogne dans la terre boueuse et argileuse, tout le long de l'escarpement jusqu'à Wimereux; elle forme des touffes qui la font reconnaître de loin. C'est une plante extrêmement rare, qui manquait dans les herbiers de ces MM. du Jardin des Plantes, et qui vaut bien la peine que vous écriviez à Boulogne, si vous y avez quelque connaissance que vous croyiez capable de la trouver et de la préparer avec soin, et ses racines. C'est au commencement de juin que je la récoltais, ce sera une des plus belles espèces de la Flore du Pas-de-Calais, que je vous engage bien à ne pas perdre de vue. Vous trouverez dans votre paquet une plante nouvelle que je vous envoie pour cette Flore ; c'est la *Gentiana germanica*, recueillie par moi au mois d'octobre sur les berges calcaires, communes de Mory et d'Ervilliers, département du Pas-de-Calais. J'ai trouvé dans le même endroit le *Centaurea solstitialis* que vous ne connaissez peut-être pas dans votre département. Parmi les plantes que vous m'avez adressées, j'ai trouvé un petit champignon parasite de couleur rose ; c'est le *Tubercularia vulgaris* (Decand., *Flore fr.*), plante commune sur les tiges de cassis mort, etc, etc., et de plusieurs autres arbres.

Bien que je ne m'occupe que depuis deux hivers de cryptogamie et que je ne possède guère que 300 plantes de cette classe, le peu que j'ai cependant est parfaitement bien nommé, et je verrai avec plaisir la vôtre, mais l'hiver prochain, car, dans cinq semaines, je quitterai Paris. Mes projets de voyage, primitivement, étaient simplement de visiter l'Auvergne ; depuis, je les ai étendus beaucoup, et le désir de voir le ciel brûlant de la Méditerranée, un pays tout à fait nouveau pour moi par toutes ses productions, me fait prendre la route de Nice, d'où je reviendrai en côtoyant les bords de la mer jusqu'à Toulon, Marseille et Montpellier ; puis je prendrai la route de l'Auvergne en traversant les montagnes de la Lozère et des Cévennes. En montant.

ainsi dans la montagne au mois de juin, et quittant le
sol brûlé des plaines du Midi, je retrouverai le printemps et une végétation nouvelle que j'emploierai six
semaines à connaître, dans le mont d'Or et sur le
Cantal. Vous ne doutez pas, j'espère, qu'après ce voyage,
je ne puisse rayer beaucoup d'espèces de votre catalogue. De mon côté, je vous engage à revoir les bords de
la mer avec l'énorme boîte de votre élève, que vous ne
sauriez trop remplir des belles plantes que je vous ai
indiquées, et dont je suis épuisé. Vous y trouverez sans
doute encore quelque chose de nouveau. Je vous rappellerai aussi quelques plantes de vos environs dont je
vous prie de me récolter, ou de me faire récolter par
vos élèves une certaine quantité en fleur, parce que je
ne les possède qu'en fruits, du moins quelques-unes ;
ce sont le *Ductaria bulbifera, Chrysosplenium opposi-
tifolium, Helleborus viridis, Lathræa squammaria,* que
vous devriez bien tâcher de ne pas manquer ce printemps ; puis, en été, le *Dunium bulbocassanum* avec
ses racines, l'*OEgopodium podagraria,* le *Tormentilla
reptans* avec ses racines, etc., etc., le tout en grande
quantité ; l'*Atropa,* etc., etc., *Cineraria palustris cam-
pestris., Alchemilla vulg.*

J'ai eu, ces jours derniers, la visite d'un botaniste
souvent cité dans la *Flore* pour la cryptogamie, M. Cla-
rion, actuellement professeur à l'École de pharmacie.
Il m'avait vu étudiant, chez M. Desfontaines, nos graminées des dunes, et désirait les avoir ; je lui en donnai
quelques-unes dont il me restait encore ; et m'ayant

prié de lui montrer toutes mes plantes graminées et
quelques autres familles où il trouvait apparemment
des choses qui lui convenaient, je crus qu'il emporte-
rait tout mon herbier, par l'indiscrétion qu'il y mettait.
Je l'ai congédié le plus vite que j'ai pu, mais poliment,
et je suis allé depuis chez lui où il m'avait promis de
me donner beaucoup de belles choses qui se sont ré-
duites à quelques échantillons très-mauvais de plantes
qu'il possède en quantité. M'ayant demandé quels secours m'avaient guidé dans l'herborisation du nord de
la France, j'eus naturellement occasion de vous citer.
Il m'a demandé votre adresse pour établir, m'a-t-il dit,
des correspondances avec vous. Quand j'ai vu la manière
dont il s'acquittait envers ses correspondants, j'ai regretté de vous avoir nommé; et je me suis bien promis
de vous informer de l'indiscrétion, pour ne pas dire plus,
de ce botaniste, afin que vous ne soyez pas sa dupe.
Comme il est venu chez moi sans que je le connusse,
il est sans doute homme à vous écrire de but en blanc
pour vous proposer d'entrer en correspondance avec
lui. Il a à la vérité un fort bel herbier, mais nullement
à l'usage de ses connaissances, si j'en juge par la manière tout à fait ladre dont il m'a traité, moi présent,
de sorte que, s'il vous propose de faire avec vous quelques échanges, laissez-lui prendre l'initiative. Je vous
devais ce conseil d'amitié.

— Adieu, monsieur; veuillez me faire le plaisir d'écrire
à M. Baillon pour ce que je vous ai dit plus haut,
vous m'obligerez tout à fait. J'espère avoir de vous une

lettre avant mon départ, fixé au 17 avril. Vous voudrez
bien m'informer de la réponse que vous fera M. Baillon,
et de son adresse précise à Abbeville. J'espère que
vous m'annoncerez de nombreux voyages dans le département du Pas-de-Calais. Soyez persuadé que je
n'oublierai ni en Provence, ni en Auvergne, les secours
dont vous m'avez été pour connaître les environs
d'Hesdin, et que je ne négligerai rien pour m'acquitter
envers vous. Votre dévoué serviteur.

P.-S. — M. Mérat achève maintenant la seconde édition
de sa *Flore parisienne*, qui va paraître en deux volumes
in-12, dont le premier comprend la cryptogamie. Celui-
ci n'est qu'un abrégé de la *Flore française*. Le deuxième
volume sera à peu près la même chose que la première
édition ; il y a de plus quelques plantes nouvellement
trouvées dans nos environs, entre autres un *narcissus*
de ma façon, et de moins, une trentaine de plantes
qui avaient été semées, et qui se sont détruites depuis
quelques années. Les deux volumes, qui coûteront, je
crois, six ou sept francs ensemble, ne se vendront
pas séparément chez Méquignon-Marvis, libraire, rue
de l'École-de-Médecine. Si je suis encore à Paris lors
de la publication, je vous les enverrai par M. Carpentier, pour épargner les frais de poste.

CXX

AU MÊME.

Paris. le 11 février 1822

J'ai reçu dimanche, monsieur, le paquet que vous avez pris la peine de m'envoyer de la part de M. Baillon, avec sa lettre et celle que vous avez bien voulu y joindre, le tout en très-bon état. Mais vous me parlez dans cette lettre d'un paquet que vous m'avez envoyé dans le mois de décembre dernier ; je ne vous écris si à la hâte aujourd'hui que pour vous demander des nouvelles du paquet dont je n'ai aucunement entendu parler et que vous m'annoncez dans cette lettre. J'ai avant-hier passé au bureau des Bonnetiers, pensant que vous m'auriez peut-être envoyé ce paquet par M. Ricard ; mais non, M. Ricard, m'a-t-on dit, est absent depuis plusieurs mois et l'on n'a rien reçu pour lui, depuis deux mois, qui ressemblât à un paquet de plantes.

Veuillez donc me dire, monsieur, où je dois le réclamer. Je finis maintenant l'intercalation dans mon herbier des plantes que j'ai rapportées de mon voyage. Voilà donc mes doubles disponibles. J'ai retrouvé votre desiderata ; je vais en faire usage avec grand plaisir, je vous assure ; mais j'y vois manquer un grand nombre de plantes du supplément de la *Flore française* que vous n'avez cependant pas, sans doute, et qui sont rares, très-difficiles à se procurer. De la plage de Montpellier, des rivages de la Provence, nous rapportons un assez grand nombre de ces plantes, et pour celles-là je ne consulterai pas votre desiderata, la plupart devant vous manquer. Je vais faire ce travail pour plusieurs personnes à la fois, et je vous enverrai avec votre paquet celui de M. Baillon, que vous voudrez bien lui faire passer, ayant pour cela, je pense, beaucoup de facilité.

Dites-moi, je vous prie, comment je devrai vous le faire parvenir; il sera prêt dans un mois au plus tard. J'ignore précisément le prix des *Thalassiophytes* de Lamouroux, mais ce n'est pas un livre très-cher.

Adieu, monsieur; veuillez me donner réponse tout de suite pour le paquet, car je serais désolé de le perdre.

Je suis bien sincèrement votre très-humble et obéissant serviteur.

CXXI

AU MÊME.

Herry par la Charité sur-Loire, 2 avril 1822.

La personne à qui vous aviez donné le paquet de plantes que vous m'avez adressé ne me les avait pas fait remettre, et ce n'est qu'après avoir reçu votre

dernière lettre, monsieur, que j'ai su son adresse et
que je les ai envoyé chercher chez elle. Il y avait deux
mois qu'elles y étaient et sans doute dans un lieu humide, car la plupart étaient gâtées, et j'ai dû en jeter
la plus grande partie. J'ai cependant conservé le
Lathræa squammaria, quoique entièrement moisi. Je ne
l'avais pas, et cette plante est rare dans nos environs.
Je regrette vivement, monsieur, que vous ne m'ayiez pas
prévenu par une lettre de cet envoi, que j'aurais sauvé si
j'avais su tout de suite quand et chez qui je devais l'envoyer chercher : il y avait de belles choses que j'ai re-
grettées, surtout les *Stellaria*, dont l'un, le petit de la
forêt d'Hesdin, est le *S. aquatica* de la *Fl. franç.*, et
l'autre plus grand, de la vallée d'Authie, le *S. glauca* du
même auteur. Tous deux étaient entièrement moisis.

J'avais déjà fait le relevé de votre desiderata, auquel
j'ai bien vu que manquaient les espèces de supplément,
dont j'ai rapporté un assez grand nombre de la Provence, de Nice et du Languedoc : j'avais fait le même
travail sur celui de M. Baillon et j'allais mettre de
côté pour vous et pour lui les espèces que j'avais notées,
quand il y a quinze jours j'ai dû quitter Paris précipi-
tamment. Un ami qui m'est cher vient de faire une
perte cruelle : je l'ai accompagné ici à sa campagne
avec sa famille, et nous allons le faire voyager, cet été,
pour distraire sa douleur. Quand la saison le permettra,
nous partirons pour le Dauphiné et sans doute la Savoie et la Suisse. J'y ferai bien assurément un peu de
botanique; mais je voyage en voiture et avec deux

dames : ce n'est pas un équipage convenable pour parcourir les montagnes ; cependant, les grandes routes de
la Suisse (et nous ne pourrons voir que celles-là avec
nos voitures) traversent des lieux très-élevés, et, si nous
passons le Simplon, j'y recueillerai assurément de belles
plantes.

Croyez, monsieur, que j'ai été vivement contrarié du
retard auquel je me vois forcé ; j'espère, pour le compenser, pouvoir y joindre à mon retour quelques belles
choses des grandes Alpes.

Si vous avez à m'écrire, adressez-moi toujours vos
lettres à Paris.

Agréez tous les sentiments d'estime et d'attachement de votre très-humble serviteur.

CXXII

AU MÊME

Paris, le 25 avril 1825.

Votre lettre du 13 avril à mon père m'explique enfin
pourquoi je n'avais pas reçu de vous de réponse à la
lettre par laquelle je vous ai accusé réception du paquet très-précieux de plantes que vous avez bien voulu
m'envoyer pendant mon absence, et où je vous de-
mandais les moyens de vous faire parvenir celui que je

venais d'achever pour vous ; c'était à la fin de décembre, et, depuis ce temps, ce paquet est là qui attendait votre réponse. Je regrette d'autant plus, monsieur, que ma lettre se soit égarée, que je vous y parlais assez longuement des mousses que vous m'aviez envoyées, et que je venais de déterminer soigneusement, dans le beau recueil des cryptogames séchés des Vosges, par I. Mougeot. J'avais affranchi cette lettre un peu volumineuse, et je le regrette maintenant en pensant que la poste est toujours beaucoup plus négligente à l'égard des lettres affranchies que des autres. Ne nous faisons donc point à l'avenir le compliment de ports de lettres, et intéressons les gens de la poste à être plus exacts. Déjà le voyage que j'ai fait, l'an dernier, est loin derrière moi, et ce que je vous en dirai aujourd'hui ne saurait vous intéresser autant que ce que je vous en décrivais il y a quatre mois, peu de temps après mon retour, qui a eu lieu en novembre ; en voici cependant l'itinéraire rapide. C'est du Berry que je vous annonçais, l'an dernier à pareille époque, mon départ précipité et inattendu ; je dois vous avoir dit aussi le triste motif qui me faisait suivre encore l'ami avec lequel j'avais parcouru, l'année précédente, les bords de la Méditerranée et l'Auvergne. J'allai avec lui et sa famille passer six semaines en mai et juin à Grenoble, où habite une partie de sa famille ; mais, obligés à des devoirs de société, nous n'avons pu redevenir là voyageurs comme nous l'avions été. Nous faisions cependant des herborisations assez riches dans les environs de Grenoble, mais nos

regrets n'en étaient que doublés par l'idée des richesses
sans nombre que nous ne pouvions aller chercher en
un tour, plus haut dans les Alpes voisines ; de mon
côté, j'associais à mes études, dans nos courses, des
recherches géologiques, et, sans une excursion de huit
jours que nous fîmes dans les plus hautes Alpes dauphinoises voisines de la Tarentaise, nos collections ne
se seraient que médiocrement accrues de notre voyage
en Dauphiné. Mon ami tomba malade dans cette excursion, où nous eûmes beaucoup à souffrir du froid, de
la malpropreté et des mauvais aliments, vivant avec
les pâtres dans les haberts (ce sont les chalets des
Alpes), où l'on ne trouve guère autre chose avec un peu
de cordialité de la part des gens ; et, si nous étions bien
placés pour trouver des plantes, nous l'étions bien mal
pour les conserver ; aussi ne pûmes-nous prendre de
doubles qu'avec une extrême réserve, et n'ai-je pu
vous en envoyer qu'un très-petit nombre d'espèces
dauphinoises. Je ramenai à Grenoble mon ami malade,
et, quand il fut guéri de la fièvre violente que ces fatigues lui avaient causée, au lieu de venir avec moi faire
à pied le tour de la Suisse, ce que ses forces affaiblies
ne lui permettaient pas, il dut tristement remonter en
voiture, et reprendre la route du Berry. Je quittai
Grenoble le 9 juillet et j'allai par le pays plat ou seulement montueux de la Savoie à Genève, où je restai
plus d'une semaine. J'en partis vers le 25 ; et, de là,
faisant le tour septentrional du Léman, je vis les
Alpes vaudoises qui en sont voisines, le bas Valais, et,

passant la grande chaîne, je cheminai trois jours en
Piémont au revers méridional du mont Blanc, dont je
fis le tour dans une excursion qui dura onze jours.
J'allai ensuite, par le haut Valais, me détournant dans
quelques-unes des vallées latérales qui descendent des
cimes qui le séparent de l'Italie, passer le Simplon, et
je descendis jusqu'au lac Majeur, d'où je revins par le
Saint-Gothard et les Alpes bernoises à Berne, à Lau-
sanne où j'avais déjà passé, et enfin à Genève par la
rive savoisienne du Léman. Je revins de Genève dans
les derniers jours de septembre par le Jura, que je ne
connaissais pas, en Bourbonnais, chez des amis où j'ai
coutume d'aller passer le temps de la belle saison, et,
de là, en Berry chez mon compagnon de voyage que je
ne quittai qu'en novembre pour revenir ici.

A juger par le tour que j'ai fait en Suisse et dans les
Alpes, en Piémont, en Savoie, et par le temps que j'y suis
resté, il semblerait que j'eusse dû faire de grandes récoltes ; et point du tout. Je vois là dans mes notes que
je n'ai recueilli durant ce voyage que 52 espèces ; il
est vrai que généralement je n'ai pu et dû prendre que
celles que je n'eusse point encore trouvées, et déjà, en
Auvergne et en Dauphiné, j'avais vu bien des plantes
montagnardes. D'ailleurs, je n'aurais pu me charger de
davantage, voyageant seul, sans domestique, ne prenant que rarement des guides, et seulement lorsqu'ils
m'étaient nécessaires pour ne pas m'égarer, parce que
je ne sais rien de si ennuyeux que d'être suivi du
matin au soir d'un acolyte indifférent, chargé du pe-

sant attirail d'un minéralogiste, et des collections plus lourdes d'un géologue. Une fois, pendant un mois, sans trouver gîte où m'en débarrasser, il restait peu de place autour de mon dos pour y attacher de lourds paquets de plantes; aussi je n'ai pas trop regretté l'extrême précocité de l'année et les chaleurs prématurées qui avaient déjà grillé, au commencement d'août, les hautes Alpes, lesquelles restent habituellement vertes et fleuries jusqu'au 15 septembre.

Il faudrait, pour bien faire, aller s'y établir pendant un mois, dans un village fort élevé et voisin de montagnes très-riches, avec la charge d'un mulet en papier gris; on redescendrait de là avec de superbes collections. Si je n'ai pu le faire, j'ai au moins trouvé un homme que sa position met à même de le faire; c'est un savant minéralogiste allemand, M. de Charpentier, qui est directeur des mines du canton de Vaud et habite au milieu des montagnes. Je lui étais recommandé, et je me suis lié étroitement d'amitié avec lui; cela est bientôt fait entre gens qui ont les mêmes goûts et qui suivent les mêmes études, lorsque des rivalités d'ambition ne les font pas ennemis, comme il arrive généralement parmi nos savants. M. de Charpentier s'occupe, depuis qu'il habite les Alpes, de botanique, et je serai bien fourni à l'avenir de plantes de cette contrée, dont il me promet pour l'automne une lourde cargaison dans des lettres que je reçois de lui à l'instant.

En attendant, monsieur, je vous rappelle que la mienne qui, sans être volumineuse, aura, je pense, néanmoins de

l'intérêt pour vous, n'attend que vos commandements
pour se mettre en marche. Votre desiderata, quoique assez
étendu, ne l'est pas encore autant que je le voudrais ;
vous êtes trop riche déjà pour qu'on puisse vous enrichir beaucoup ; j'ai cependant mis quelques plantes qui
n'y sont pas marquées, ou parce qu'elles sont plus belles
ou plus rares, ou en bel'état, et que j'ai pensé qu'elles
vous feraient encore plaisir ; le total est d'une centaine
environ, 98, si j'ai bien compté. Je l'ai élevé à ce nombre,
ces jours derniers, en y ajoutant quelques plantes qui me
sont arrivées de Marseille, où j'ai un correspondant, et
qui vous manquaient. Il y en a dont vous trouverez un
grand nombre d'échantillons, ce sont celles que j'ai
recueillies dans des lieux où j'étais commodément pour
les sécher beaucoup ; ainsi sont quelques plantes du
Berry dont vous pourrez fournir les herbiers de tout le
Pas-de-Calais : *Poa pelosa*, *Marsilea quadrifolia*, l'*An-*
dropogon ischæmum, etc. D'autres, au contraire, vous
n'en trouverez qu'un échantillon simple ou double ;
c'est que j'ai dû les tirer non de mes doubles, mais de
mon herbier, et alors j'ai toujours eu soin de ne prendre
que des échantillons complets et bien caractérisés.
L'*Isoètes lacustris* (L. Decand.), que je vous envoie
parfaitement fructifié, a été distingué par M. Bosc sous
le nom de *rosacea* ; mais je ne connais cette plante en
France que dans les Vosges et à Montpellier, d'où vient
la mienne, et je ne m'étonne pas que la différence des
localités ne produise aussi les différences, d'ailleurs
très-faibles, qui caractérisent cette espèce.

Le *Ranunculus aconitifolius* que je vous envoie n'est pas sur votre desiderata; je vous l'envoie parce que c'est le véritable *aconitifolius*, bien distinct du *platanifolius* avec lequel il est à tort confondu par Decandolle, et que vous possédez peut-être seul. Vous remarquerez le *Polygala monspeliaca*, qui est une plante fort rare et peu connue, mal décrite ; elle ne croît en France qu'à Montpellier, où elle est peu commune. Mais j'ai été dirigé dans mes herborisations autour de cette ville par le professeur de botanique de l'École de médecine, et quelques-uns de ses élèves plus anciens avaient conservé les traditions de M. Decandolle. C'est ainsi que j'ai trouvé un assez grand nombre d'espèces de son supplément à la *Fl. fr.*, qui sont généralement encore des plantes fort rares dans les herbiers, parce qu'elles sont publiées depuis peu de temps seulement ; il y en a qui ne sont que des variétés élevées à tort au rang d'espèces. Il semble aux floristes que leurs Flores sont d'autant meilleures qu'elles en comprennent un plus grand nombre, et c'est une idée bien fausse, comme aussi celle d'étendre le rayon géographique au delà des cercles naturels qui devraient le terminer. C'est ainsi qu'aucune des Flores de Montpellier ne donne une idée juste de la végétation des environs de cette ville, parce que toujours on y a mis les plantes montagnardes des hautes Cévennes et de la Lozère, qui n'appartiennent aucunement à la végétation de la région des oliviers, et sont en désaccord avec elle.

Vous dites à mon père que vous désirez me consulter

au sujet d'un travail que vous vous proposez de faire
sur la botanique ; je présume que c'est de la Flore du
Pas-de-Calais qu'il s'agit, et déjà vous m'avez parlé de
ce projet dans lequel je m'étais efforcé de vous confirmer,
pensant que ce travail serait utile. Le littoral fournira
un grand nombre d'espèces, dont quelques-unes sont
alpines. Telle est la *Viola tricolor* qui se trouve dans vos
dunes avec d'autres semblables. Répondez-moi donc là-
dessus, monsieur, en me disant les moyens de vous faire
parvenir votre paquet de plantes ; j'y joindrai en même
temps le prospectus de la *Flore du Léman* par M. Decandolle, une seule feuille d'impression pleine de choses
excellentes pour tous, et en particulier pour les floristes.
Adieu, monsieur ; recevez de nouveau l'assurance du
regret que j'ai eu de voir notre correspondance ainsi
suspendue de votre part pendant un an, et du désir bien
sincère et plus vif que j'ai de l'entretenir.

Je suis, bien cordialement, votre très-humble et dévoué serviteur.

CXXIII

AU MÊME.

Paris, le 12 mai 1825.

J'ai reçu il y a huit jours, monsieur, votre lettre du
2 courant, à laquelle je n'ai point encore répondu,
parce que, depuis deux semaines, je suis fort souffrant

d'un rhume de poitrine qui me rend fatigante l'attitude d'écrire ; mais me voici actuellement presque remis de cette indisposition, et, puisque avant de commencer votre travail vous désirez avoir mon avis sur le mois le plus avantageux pour l'exécuter, je m'empresse de vous le dire, après y avoir mûrement réfléchi.

L'intérêt d'une Flore locale, comme celle que vous vous proposez de publier, est toujours limité, comme l'étendue du pays dont elle fait connaître la végétation. Un trop petit nombre d'espèces, dans nos provinces du Nord surtout, composent les Flores départementales, pour que leur disposition méthodique offre de bien grands avantages sur un arrangement systématique quelconque ; et je regarde l'une et l'autre comme pouvant servir indistinctement de base à un travail de ce genre. Plusieurs ouvrages sur la Flore française, plus ou moins bons, plus ou moins complets, mais dont deux ont au moins ce dernier mérite, le *Flora Gallica* et la *Flore* de Decandolle, font connaître d'une manière assez détaillée les habitations des plantes qui ne croissent pas indistinctement dans toute la France, ou ne s'y rencontrent que plus rarement dans des stations analogues disséminées de loin en loin sur sa surface. Voilà conséquemment déjà une grande partie du mérite de la nouveauté enlevée à toutes les Flores locales entreprises après ces deux ouvrages, puisqu'ils renferment une partie assez considérable des matériaux dont elles doivent être composées. Je reconnais cependant que, dans leur ordonnance plus vaste, l'exécution de ces détails a dû être souvent négligée, ainsi il restera toujours assurément au floriste d'un département des omissions de ce genre à relever. Peut-être même, s'il habite un pays moins visité, et, comme le vôtre, assez nettement caractérisé par ses traits physiques, après des excursions multipliées et des recherches rigoureuses dans le cabinet, soit dans l'herbier, soit dans les livres, parviendra-t-il à reconnaître un certain nombre de faits nouveaux, soit de plantes tout à fait nouvelles, soit de meilleures observations sur des plantes déjà connues mais mal décrites, soit enfin des considérations de géographie botanique nouvelles.

Voilà, monsieur, tous les éléments que, dans votre position, vous avez à mettre en œuvre : or, ils ne sont ni assez nombreux, ni assez importants pour que le public botanique vous sache un grand gré de leur communication, si vous ne la lui faites pas avec beaucoup d'art ; et c'est la conclusion où je voulais arriver, que le principal mérite de ces sortes d'ouvrages, c'est la *perfection* de leur exécution.

Une mauvaise Flore du Thibet, ou de l'intérieur de la Chine et de la Nouvelle-Hollande, qui sont des pays tout à fait inconnus, aurait encore un immense intérêt et serait accueillie avec empressement ; mais il n'en est pas de même de notre vieille Europe, où il devient chaque jour plus difficile de se distinguer dans quelque genre que ce soit.

Les auteurs de ces essais imparfaits, mais entièrement nouveaux, sont généralement très-pressés de les publier

afin de prendre date, et de peur d'être prévenus par
quelque autre ; ils ont raison sans doute. Mais ces motifs
de tant se presser n'existent aucunement pour ceux
dont la perfection et non la nouveauté doit être le
but, parce qu'elle est toujours longue, souvent difficile
à atteindre, et que, quelle que soit la route dans laquelle
on la poursuive, on y trouve peu de concurrents. Laissez donc M. Démazières prendre date pour un mauvais
catalogue fait sans soin, sans aucune critique, et dépourvu de toute espèce d'intérêt et de mérite, et prenez
le temps nécessaire pour faire quelque chose de bon,
d'aussi parfait que la matière le comporte. Je vous
parle peut-être bien sévèrement du livre de M. Démazières que je n'ai pas seulement parcouru, mais je connais un peu l'auteur, qui est le plus grand amateur
d'œillets et d'auricules de Lille, présomption déjà défa-
vorable contre lui, et je sais, pour l'avoir entendu
causer, qu'il ne connaît de botanique que des noms
avec le faciès des plantes, comme ses planches de tu-
lipes et de renoncules. Cette habitude de distinguer de
simples variétés de fleurs et ce tact de fleuriste très-fin,
sens que M. Démazières doit posséder sans doute, a pu
lui servir à reconnaître parmi les plantes de ses environs quelques espèces nouvelles. Eh bien, c'est autant
de fait pour vous, et, si votre livre d'ailleurs est mieux
digéré, comme il doit l'être, si vous ne vous pressez pas
trop de le publier, croyez qu'il rendra vaine et inutile
la prise de date de M. Démazières.

Maintenant se présente à discuter la circonscription

de votre Flore. Je n'insérerais dans le texte que les
espèces qui croissent dans le département du Pas-de-
Calais ; vous n'avez pas de division naturelle, comme
des bassins de rivières, qui puissent vous servir avanta-
geusement de limites. Si vous habitiez Amiens, je
vous conseillerais de faire la Flore des eaux de la
Somme ; c'est-à-dire de la vallée de cette rivière et des
vallées de ses affluents, et de toutes les terres compri-
ses entre celle-ci, mais vous n'êtes pas à portée. Il me
semble seulement que vous pourrez vous permettre
dans des notes de dire, quand il y aura lieu, les espèces plus rares, ou moins bien connues, qui se trouvent
dans le département voisin, soit du Nord, soit de la
Somme ; de temps à autre, une page de considérations
de géographie botanique sur la végétation de vos vallées du Pas-de-Calais comparées entre elles et à celles
de la Somme, à celle de la Lys, si vous la connaissez ;
indiquer les plantes qui remontent des bords de la mer
dans les vallées ; dire où elles s'y arrêtent ; dans les
unes et les autres, déterminer les causes de ces mi-
grations, ce qui les favorise, ce qui les arrête ; tout
cela rompra l'uniformité de votre Flore et répandra sur
elle un véritable intérêt, parce que ça la rendra in-
structive pour tout le monde.

Beaucoup de ces matériaux vous manquent assurément, mais vous avez le temps de les amasser. Vous
devez voir actuellement quelles observations vous devez faire dans vos excursions. Un voyage dans les Alpes,
où, sur un plus grand théâtre, l'objet de toutes ces re-

cherches devient plus saillant, vous donnerait cette
habitude de voir et de retenir toutes les plantes qui
habitent une vallée au nord, pour les comparer à
celles de la vallée qui descend à l'opposite vers le sud,
parce que, là, de grandes différences existent entre les
espèces de l'une et de l'autre, et souvent des variétés
de port, quelquefois même de légères modifications
des caractères spécifiques, entre les mêmes espèces
communes à l'un et à l'autre versant de la chaîne. —
Voilà ce qui peut donner beaucoup d'intérêt à une
Flore locale; voilà, monsieur, ce qu'il faut mettre dans
la vôtre.

D'après tout ceci, déjà vous devez voir que je penche
plutôt pour une Flore avec des descriptions que vers un
simple catalogue, et c'est un travail assez considérable
que vous entreprenez là, mais sa longueur n'a rien de
rebutant parce qu'elle est accompagnée de difficultés
qui le rendent piquant en même temps; celles-ci ne
sont point insurmontables dans l'isolement de votre
position. Parmi les secours dont vous pourrez vous
aider, je mets avant tout les *Centuriæ cryptogamicæ
Vogeso-Rhenanæ exsiccatæ*, de Mougeot et Nestler, dont
il y a déjà huit volumes et qu'il faut vous procurer in-
dispensablement. Chaque Centurie coûte 15 francs; u
de mes amis qui est en correspondance avec M. Mougeot, se chargera volontiers de les faire venir ici. Je
présume qu'à votre voyage à Paris, vous avez vu cett
collection; elle est au Jardin du Roi et fort répandu
d'ailleurs. Ce qu'il y a de mieux ensuite pour les mous

ses : c'est un ouvrage en anglais et en latin, *Muscologia britannica, by Hooker and Taylor*, où toutes les parties caractéristiques de toutes les espèces sont figurées. Ce livre coûte une trentaine de francs, mais sa valeur augmente. Quant aux cryptogames, tout secours de livres devient presque inutile pour qui a le *Mougeot*, et d'ailleurs le livre de Hooker coûte très-cher. Vous vous tirerez des champignons comme vous pourrez. La collection de Mougeot renferme ceux qui peuvent se sécher : ceux de *Peziza*, de *Télephora*, ..., quelques petits *Agarics*, etc., et les *Hypoginées*. Il y a aussi les *Ulves* d'eau douce ; vous en avez peu de marines sur vos côtes, et je me chargerai très-volontiers de vous les faire déterminer et collationner sur les herbiers de M. Lamouroux et les planches de M. Agardt. Plusieurs de mes amis s'occupent spécialement de cette partie de la cryptogamie. La bibliothèque de Boulogne est assez belle, et le bibliothécaire, homme d'esprit, dit-on ; peut-être pourra-t-il vous prêter le Bulliard pour un été pendant lequel vous détermineriez tout ce que vous pourriez trouver de champignons mous.

Quant à la forme des descriptions, il y a un ouvrage nouveau que je vous proposerais pour modèle. C'est la *Flore du département de Lot-et-Garonne* ou *Flore agenaise* de M. de Saint-Amans ; elle est pleine de finesse, de critique, et en même temps le fruit de longues recherches ; M. de Saint-Amans est un homme de beaucoup d'esprit qui s'occupe depuis plus de trente ans de botanique. Surtout gardez-vous de la manière diffuse

et lâche de M. Decandolle, où les caractères essentiels
sont noyés et perdus dans une foule de banalités insi-
gnifiantes. La *Flore de Maine-et-Loire*, par Bastard, est
aussi des meilleures. Ces deux ouvrages ne sont point
chers et se trouvent tous deux à Paris.

Commencez donc sans délai, monsieur, à tracer le
cadre de votre travail, parcourez les livres d'après lesquels vous devrez arrêter le genre de vos descriptions,
en empruntant ce qu'il y a de bon, et en visant plutôt à
la perfection qu'à la nouveauté et à l'originalité, et, cela
fait, remplissez avec les matériaux que vous possédez
quelques-unes de ces cases, amassez-en par de nouvelles excursions et par des recherches comparatives
plus approfondies que vous disposerez toujours selon
l'ordre que vous vous serez prescrit, et *dans quelques
années* vous aurez entre les mains un bon ouvrage à
publier. M. de Saint-Amans a mis quinze ans à faire le
sien, ne vous effrayez pas d'en avoir encore cinq devant
votre publication : plus elle sera tardive, meilleure elle
sera. Je ne vous conseillerai jamais de faire à la hâte
quelque chose de très-ordinaire dans un genre où la
médiocrité est à la portée des plus faibles.

Pour répondre aux autres articles de votre lettre, je
vous dirai qu'il y a du temps déjà que j'avais déterminé
le *Carex* des dunes de Berck, que j'avais longtemps
gardé sans nom placé à côté du *C. stricta* Dc. et que
j'avais ainsi caractérisé: *C. stygmalibus 2. capsula gla-
bra, ovato-acuta, striata, squammam variegatam lan-
ceolatam, paululum, superanti; semine orbiculari di-*

*midiam capsulæ partem tantum superante. Spical.
mascul. 1-2; fæmineis inferioribus 2-3, culmo triquetro,
lœvi, foliis asperis.* Votre détermination est exacte.
C'est le *C. trinervis* du *Flora Gallica,* nom assez mauvais que Decandolle a consacré dans son supplément,
où il l'a rapporté sous le n° 1730. Cette plante manque
dans le *Schkuhr.*

Quant au Poa, que j'avais appelé *sabulosa,* faute de
lui trouver un nom soit dans les livres, soit dans les
herbiers, je crois enfin l'avoir déterminé dans le mien très-
modeste, mais dont les éléments peu nombreux sont au
moins assemblés avec critique et le rendent extrêmement
commode pour l'étude. Sous la rubrique *Poa alpina,* j'ai
plus de dix feuilles de plantes provenant de localités diverses d'Auvergne, des Cévennes, des Pyrénées et des
Alpes, de Provence, de Dauphiné et de Suisse. Ce Poa, en
raison de la diversité des hauteurs où il croît, est une
des plantes les plus variables, et deux de ses variétés
uniquement de station, suivant moi, ont été élevées au
rang d'espèces par quelques-uns : l'une très-petite et
tout à fait naine, de Suisse, sous le nom de *P. frigida ;*
l'autre moins grande que l'espèce ordinaire, mais sans
être tout à fait rabougrie, et qui vient des Alpes, de
Provence et des Cévennes, sous le nom de *Poa brevifolia,* Dec., supp. pl. 1ʳᵉ T. VI. Je rapporte à cette
espèce ou à cette variété la plante de Berk que j'avais
auparavant recueillie à Boulogne dans des lieux très-
secs, où ses racines sont moins chevelues et plus ram-
pantes, ses feuilles plus dures et plus courtes, ses œillets

un peu plus petits, ses bulbes plus velues à leur base,
et où elle ressemble davantage à la plante des Cévennes
et ne saurait presque en être distinguée. Je n'ai point
de doute sur la justesse de ce rapprochement. Au reste,
ce fait d'une plante alpine transportée au bord de la
mer n'a rien d'étonnant : le *Poa brevifolia* n'est d'ailleurs
qu'une plante des basses Alpes, et il y en a un certain
nombre dans les dunes, le *Viola tricolor*, etc. L'*Hippo-
phaë rhamnoïdes* encombre le cours de l'Arve à Cha-
mouni, sous le mont Blanc, etc. Je ne saurais rien vous
dire sur les *Potamogeton* qui vous tiennent indécis; ceux
que vous m'avez envoyés n'étaient pas en assez parfait
état pour que je pusse les déterminer avec certitude.
Je regarde comme vraisemblable que les eaux saumâ-
tres de vos côtes en contiennent des espèces mal connues.

Relativement au paquet de plantes que cette lettre
accompagne, je vous rappellerai que vous pouvez en
regarder la nomenclature comme authentique. Toutes
ont été déterminées avec l'aide de M. Desfontaines,
la plupart sur l'herbier de Barbarie, d'après lequel il a
fait la *Flore atlantique*, les autres sur le grand herbier
qui renferme un nombre considérable d'espèces envoyées par Wildemer ou par Smith ; souvent aussi pour
les espèces de France par M. Decandolle. Au reste, à
mon dernier passage à Genève, où j'ai eu l'avantage de
voir beaucoup ce dernier savant, j'ai parcouru avec soin
ses collections pour y vérifier toutes les espèces de son
supplément de la *Fl. fr.* qui sont en ma possession, et,

là encore, je me suis convaincu qu'aucune erreur ne s'était glissée parmi mes déterminations.

Je ne savais pas d'ailleurs l'acquisition que vous aviez faite cet été; je vous en félicite, et j'espère en même temps qu'elle n'aura pas trop diminué l'intérêt de mon offrande présente. Je verrai avec plaisir votre ancien élève, et vous pouvez l'en assurer; il ne s'est pas encore présenté chez moi; d'ailleurs, je ne pense pas qu'il trouve beaucoup d'agrément ni d'intérêt à me suivre dans mes excursions (auxquelles je l'associerais très-volontiers si cela pouvait lui être agréable), parce que je mêle beaucoup de recherches géologiques à celles de botanique, et que, même actuellement, celles-ci sont subordonnées aux premières. C'est au Jardin des Plantes que je vais herboriser lorsque l'envie m'en prend; habitué comme je le suis aux riches herborisations des Alpes et de la Provence, forcé, d'ailleurs, d'être très-avare de mon temps, je trouve que ce n'est guère la peine de passer une journée dehors pour faire connaissance avec une ou deux espèces de genres nombreux.

Je compte adresser à la fin de l'automne prochain un envoi considérable de plantes de nos environs, auxquelles j'en joindrai aussi du Midi et d'autres que j'attends des Alpes (sur lesquelles je prélèverai d'abord celles notées sur votre desiderata), à un docteur américain avec qui je suis en relation et qui, de son côté, m'enverra en nature la Flore de l'État de New-York qu'il habite, et, de Philadelphie, où il va souvent. Si vous trouvez l'occa-

sion de m'envoyer quelques-unes de vos plantes d'Hesdin
que nous n'avons pas ici, vous m'obligerez en me per-
mettant de les ajouter à cet envoi ; vous avez un certain
nombre d'espèces que je recevrais presque de fondation
toujours avec plaisir.

Adieu, monsieur ; je désire que cette longue lettre ait
servi à fixer vos irrésolutions, et qu'en même temps
l'éloignement où je place le but que vous vous propo-
siez ne vous le fasse pas perdre de vue. Cette lettre a
été interrompue, comme la date vous le prouve, par un
violent accès de fièvre qui m'a surpris la plume à la
main, et qui n'a eu d'autres suites que de me débarrasser d'un rhume opiniâtre dont je souffrais depuis
quinze jours. Je vais la fermer, mais elle attendra encore
pour partir qu'un de mes amis à qui j'ai prêté le prospectus de la *Flore du Léman* par M. Decandolle me
l'ait renvoyé, je le lui ai fait redemander.

Recevez l'assurance de tous mes sentiments.

Le 19 mai.

Je rouvre cette lettre pour vous dire que la personne
à laquelle j'avais prêté le prospectus en question, l'a
envoyé par mégarde avec d'autres livres à sa campagne,
mais elle y sera prochainement et me le renverra tout
de suite ; ainsi vous l'aurez dans l'été.

Je viens d'avoir la visite de votre élève M. Delarue ;
c'est un jeune homme qui se recommande tout à fait

par ses bonnes manières. Il m'a fait voir la liste des
plantes que vous lui demandez et dont la plupart ne
se trouvent pas dans nos environs, quoi qu'en disent les
Flores. Il commence à herboriser ici; je lui ai dit les
meilleurs cours de botanique à suivre, et aussi de quels
professeurs les herborisations étaient les plus instruc-
tives; il va se mettre aux cases et aux graminées qui
lui avaient fait peur jusqu'ici, et viendra me consulter
quand il aura des doutes. Votre recommandation, monsieur, ajoute beaucoup au plaisir que j'aurai à l'o-
bliger.

CXXIV

AU MÊME.

Paris, le 30 août 1825.

Monsieur,

J'ai reçu avec grand plaisir votre lettre du 11 de ce
mois, qui m'accuse réception du paquet de plantes que
je vous ai adressées ce printemps, et me dit en même
temps qu'elles vous ont été agréables. J'espérais effectivement aussi que le petit nombre de celles plus rares
du Berry et du Bourbonnais, que j'avais ajoutées sans
aucun motif de générosité à celles du Midi et des montagnes, en grande quantité, vous serviraient à faire des
échanges, et, à ce titre, je me recommande à vous pour
m'enrichir par le même moyen. Vos environs renferment un certain nombre d'espèces intéressantes que

vous connaissez parfaitement, et que vous pourrez recueillir sans peine parce qu'elles sont tout à fait voisines
et abondantes, tandis que, manquant dans le Midi et
les Alpes, j'obligerai toujours les personnes de ce pays
avec lesquelles je suis en relation en les leur envoyant.

Mais ce que je partagerai avec plus de plaisir encore
avec vous, ce sont les plantes que je ne possède pas du
tout ou que je n'ai qu'en fort mauvais état; de ce nombre est le *Malaxis lœselii*. Je m'étonne que vous ayez
trouvé l'*Allium sphœrocephalum*, qui habite les plus
hautes Alpes, au bord des torrents qui s'échappent des
glaciers. Au reste, il y en a une variété qui descend jusqu'aux bords du lac Léman, et je suppose que c'est
celle que vous avez rencontrée ; ensuite, je présume
aussi que vous l'avez rapportée des dunes, où il
y a également plusieurs plantes alpines.

Je vous félicite de la connaissance que vous avez
faite auprès d'Abbeville d'une personne qui partage vos
goûts et vos études; elle augmente sans doute aussi vos
plaisirs en les partageant, car je sais par expérience
combien une herborisation est plus intéressante quand
on ne la fait pas seul. Les fucus que M. de Maulott
vous a donnés sont un véritable cadeau si leur nomenclature est exacte.

Je crois, monsieur, que vous trouverez plus de plaisir
à continuer à vous occuper de botanique dans le sens
où vous le faites maintenant, c'est-à-dire pour vous seul,
qu'en entreprenant un ouvrage dont beaucoup de parties sont fastidieuses à composer. Faites des monogra-

phies des espèces indigènes de genres difficiles, trou-
vez-leur de meilleurs caractères que ceux au moyen
desquels on les a distinguées jusqu'à ce jour, et gardez
ce travail en portefeuille jusqu'à ce que, pouvant y ajouter les congénères étrangères, vous soyez en mesure de
le compléter, et alors d'en faire profiter les autres.
C'est là le genre d'occupations botaniques qui convient
le mieux à un observateur privé des ressources des bi-
bliothèques, des jardins et des collections de Paris et
de Montpellier.

M. Delarue m'est venu voir, ne trouvant pas chez les
libraires les livres que vous lui demandez. J'ai passé
chez plusieurs sans être plus heureux, et je n'en suis
point étonné, ayant vu hier sur les exemplaires que j'en
connais ici qu'ils ne se vendent l'un qu'à Agen, l'autre
qu'à Angers. Quant au *Dictionnaire encyclopédique*, c'est
un ouvrage assez cher, même sans les illustrations; il y
en a treize volumes avec les suppléments. Le prix est
d'environ 150 francs. Le *Muscologia britannica, by
Hooker and Taylor*, ne se vend pas ici; mais Treuttel et
Wurth, libraires pour les livres allemands et anglais,
me le feront venir.

Je vous remercie, monsieur, de votre offre des plantes
de Bretagne; j'en ai bien quelques-unes rares de ce
pays, mais je suis assuré pourtant qu'il m'en manque.
Comme le nombre des unes et des autres est assez petit,
je pense, il me semble qu'au lieu de vous envoyer un
desiderata qui me demanderait du temps à faire, attendu
que je n'ai pas de catalogue, il sera plus simple que

vous me disiez le petit nombre des espèces dont vous pourrez disposer pour moi.

M. Delarue vous remettra le prospectus de la *Flore du Léman* de Decandolle, lecture intéressante à faire. Comme je n'en ai que cet exemplaire, je ne puis que vous le prêter ; mais je ne suis nullement pressé de le ravoir, ainsi il viendra une fois avec des plantes.

Je pars à la fin de cette semaine pour aller passer un mois à la campagne, mais dans des lieux où je n'ai plus à faire de récoltes botaniques, et où, d'ailleurs, je n'aurai pas cette fois le loisir d'herboriser, y étant appelé pour des affaires. Ne vous pressez donc pas de me répondre. Cependant, vous pourriez peut-être me rendre un service avant ce temps, et alors je vous prierais de vouloir bien m'en informer tout de suite.

Voici ce dont il s'agit :

M. Lefrançois, notre notaire au Vieil-Hesdin, a encore une somme d'argent de quatre à cinq cents francs, je crois, à nous faire passer, et n'en trouve pas les moyens. Si vous aviez à faire ici des recouvrements d'une somme à peu près équivalente, nous pourrions toucher pour vous et vous, toucheriez pareillement de M. Lefrançois.

Adieu, monsieur ; recevez l'assurance de tous mes sentiments distingués.

CXXV

A M. DELARUE, A PARIS.

Paris, le 31 août 1823.

Voici, monsieur, la lettre dont je vous prie de vouloir bien vous charger pour M. Dovergne. Je lui mande que les deux *Flores* que vous avez inutilement cherchées chez plusieurs libraires, ne se vendent effectivement pas à Paris, mais seulement à Agen et Angers ; je lui dis aussi le prix du *Dictionnaire encyclopédique*, et, s'il désire encore tous ces ouvrages, avec du temps je pourrai les lui faire avoir.

Je n'ai pas été peu contrarié, monsieur, en apprenant chez M. Orfila qu'il était parti lundi dernier pour aller présider, dans la juridiction médicale de la faculté de Paris, les jurys d'admission. Croyez que j'aurais eu un véritable plaisir à lui demander pour vous une lettre de recommandation pour M. Soderi, et que je suis aux regrets de n'avoir pu vous être de quelque utilité en cette circonstance.

Je suis bien sincèrement votre dévoué serviteur.

CXXVI

A M. DOVERGNE, A HESDIN.

Paris, le 30 septembre 1824.

Il y a bien longtemps, monsieur, que je me propose toujours de vous remercier de l'envoi de plantes que vous m'avez fait à la fin de cet hiver, et de répondre en même temps à votre lettre du 28 janvier par laquelle vous me l'annonciez, en me chargeant en même temps de rechercher pour vous le *Dictionnaire encyclopédique de botanique.* J'ai bien songé à vous, et tout de suite je me suis enquis des moyens d'avoir cet ouvrage au meilleur marché possible. M. Desfontaines en a parlé pour moi à M. Poiret, qui l'a continué, vous savez, depuis la cécité du pauvre vieux Lamarck ; mais Poiret a vendu depuis longtemps tous les exemplaires qu'il avait reçus du libraire Agasse comme auteur de l'ouvrage. Il y a peu de temps qu'il est terminé d'ailleurs ; les dernières livraisons de planches qui le complètent n'ont paru que cet hiver même. Tous ceux qui l'ont acheté s'en trouvent bien et le gardent, de sorte qu'on ne le trouve absolument que chez l'éditeur, ou au même prix chez les autres libraires. Voici ces prix, dont j'ai la note depuis longtemps.

Encyclopédie, Dictionnaire botanique, 13 volumes,

savoir : Botanique, texte, 8 volumes 128 francs.

Texte, supplément, 5 volumes.... 80 »

Planches, 11 volumes contenant 1,000, planches et 3 volumes d'illustrations...................... 330 »

Total. 538 francs.

Je possédais un seul échantillon originaire de la Sologne du *Carex binervis* que vous avez bien voulu m'envoyer cet hiver, ainsi le vôtre m'a fait un extrême plaisir. Je n'ai jamais moi-même trouvé cette plante ; comme elle est nouvellement distinguée, peut-être se rencontrera-t-elle plus souvent quand on saura mieux la reconnaître ; mais elle est encore fort rare ici dans les herbiers. Le *C. trinervis*, qui est si commun dans nos dunes depuis Berck jusqu'à Boulogne, manque également et pour la même raison dans la plupart des collections.

J'ai reçu ce printemps un petit envoi de plantes d'Amérique que j'attendais ; mais il est peu considérable et d'ailleurs peu intéressant, parce que ces plantes ont été recueillies dans les États du Nord, presque toutes dans celui de New-York, et qu'elles appartiennent pour la plupart à des genres européens. Mes études médicales ne m'ont point fait abandonner tout à fait la botanique, mais elles me laissent bien peu de loisirs à y consacrer ; j'ai dû attendre le temps de la vacance de plusieurs cours pour collationner cette petite collection dans l'herbier de Michaux au Jardin du Roi, et je ne

sais où trouver le temps de l'intercaler dans mon herbier. J'espère, monsieur, que vous voudrez bien agréer
cette excuse sincère de mon long silence envers vous.
Vous avez été bien heureux de pouvoir vous soustraire
de temps à autre à vos occupations journalières pour
vous en délasser dans l'étude ou dans la recherche des
plantes; cette course que vous avez faite à Saint-Omer
me rappelle tous les plaisirs que j'ai goûtés avec vous
il y a quatre ans, quand nous herborisions ensemble à
la vallée d'Authie et au bord de la mer. Vous êtes
bien aimable de penser à moi dans vos promenades,
surtout quand vous en rapportez de belles plantes rares et curieuses comme le *Stratiotes aloïdes*; j'ai trouvé
aussi cette plante à Lille, mais des pieds mâles seulement; et cette circonstance, jointe à celle de la localité
presque domestique où elle se rencontre, m'avait fait
croire qu'elle y avait été naturalisée et apportée de la
Hollande à Saint-Omer; or, dans le lieu que vous me
dites, elle est assurément indigène, et je vous serais
bien reconnaissant si vous pouviez m'en envoyer un
individu femelle, je ne l'ai jamais vu; il en est de
même de l'*Hydrocharis*, dont je ne connais que le
mâle.

Un de mes amis, mon ancien compagnon de voyage,
est retourné cet été au mont Dore, pour y prendre les eaux, et il y a fait en même temps de la botanique; bien que nous ayons visité ensemble les montagnes avec beaucoup de soin, j'espère néanmoins,
monsieur, trouver dans sa collection de cette année

quelques espèces rares que je pourrai supposer vous manquer et que je vous enverrai quand j'en trouverai l'occasion. En attendant, disposez de moi, je vous prie, pour les livres que vous voudrez vous procurer. L'*Encyclopédie*, est bien chère ; mais, si vous avez des plantes étrangères et de jardin à déterminer, c'est le livre le plus commode. Le *Prodrome* de Decandolle est toujours au premier volume ; le deuxième, dit-on, ne tardera pas à paraître avec une nouvelle édition beaucoup plus courte de la *Flore française*.

Recevez monsieur, l'assurance de mes sentiments les plus distingués et de mon entier dévouement.

CXXVII

AU MÊME.

Paris, 25 mars 1825.

Monsieur,

N'accusez que l'extrême multiplicité de mes occupations et le défaut absolu de loisir, si je ne vous ai pas encore remercié de l'aimable envoi que vous avez bien voulu me faire, et que j'ai reçu en très-bon état cette fois, le 7 janvier dernier. Je suis maintenant, grâce à vos complaisances, bien fourni des espèces les plus rares du nord de la France, et, comme j'ai très-peu de relations botaniques, cette petite provision me durera long-temps. Je n'ai point étudié hors de mon herbier le *Stellaria* que vous avez recueilli près de la mer et que

vous avez nommé *S. crassifolia* ; et j'avoue que je n'y
puis voir qu'une simple variété du *Naquatria* (?). Vous
savez combien toutes les feuilles des plantes s'épaissis-
sent et comment toutes leurs parties deviennent plus
charnues lorsqu'elles croissent dans une atmosphère sa-
lée. Je possédais le *Carex binervis* que vous avez trouvé
à Saint-Josse, mais le Carex est encore rare dans les
herbiers et je ne savais pas qu'il se trouvât dans le
Nord ; je le croyais particulier aux provinces de l'Ouest.
Les *Malaxis lœselii* que vous m'avez envoyés fleuris
sont ce qui m'a fait le plus de plaisir, parce que je
ne possédais cette plante qu'en fruit et que je n'ai
aucune des autres espèces étrangères de ce genre.

Vous me parlez, monsieur, dans votre lettre de novembre 1824 (qui accompagnait votre envoi reçu le
7 janvier), vous me parlez, dis-je, d'un herbier de Philadelphie dont on vous a proposé de faire l'acquisition :
il faudrait non-seulement savoir le nombre d'espèces
qu'il renferme, mais encore le voir pour connaître l'état
de conservation de tout, et le nombre des échantillons,
pour en fixer approximativement la valeur; dans tous
les cas, elle ne peut être fort élevée.

Depuis, monsieur, j'ai reçu de vous une nouvelle lettre
du 4 de ce mois, où vous vous plaignez de n'avoir pas
reçu du Muséum d'histoire naturelle les graines dont
vous aviez fait la demande en décembre dernier dans
un desiderata affranchi selon la coutume. J'ai passé tout
de suite au Jardin des Plantes chez le successeur de
M. André Thouin, M. Bosc, pour savoir la cause de cette

négligence et la faire réparer s'il en était temps encore.
M. Bosc, nommé seulement depuis un mois à la chaire
d'économie rurale du Jardin du Roi, n'a pu présider cet
hiver à la distribution des graines ; mais cette besogne
a été faite par l'aide naturaliste attaché à cette partie,
M. Oscar Leclerc, qui était neveu de M. Thouin et qui,
depuis plusieurs années, faisait pour son oncle cette correspondance. Ils m'ont promis l'un et l'autre de faire
rechercher à leur bureau pourquoi vous avez été oublié,
la distribution s'étant faite cet hiver comme à l'ordinaire.

Il est probable que votre lettre aura été perdue à la
poste, ce qui arrive très-rarement, mais ce qui arrive
pourtant quelquefois. Je n'ai pas encore eu leur réponse. Au reste, il est malheureusement trop tard aujourd'hui pour que vous receviez un envoi, toutes les
graines de plantes peu communes étant entièrement
distribuées.

Il n'existe pas de collections assorties comme vous
semblez le croire. On n'envoie jamais que des choses
demandées et précisées ; il y aurait sans cela trop de
doubles emplois et de distributions inutiles.

Je puis vous promettre au moins qu'à l'avenir vos
affaires au Jardin du Roi seront mieux traitées, s'il est
vrai qu'il y ait eu cette année négligence de la part de
l'administration. J'ai l'avantage de connaître M. Bosc,
tandis que, auparavant, je ne connaissais là que M. Leclerc. M. Desfontaines est tout à fait étranger à cette
partie de l'administration du Jardin.

Je désirerais bien, monsieur, à défaut de graines à

cultiver et de plantes étrangères à étudier, pouvoir
vous dédommager par quelques jolies espèces indigènes que vous n'eussiez pas. Mais, comme depuis trois
ans j'ai cessé de voyager, et comme j'ai eu toujours,
depuis, très-peu de temps à donner à la botanique,
mes doubles ne s'enrichissent chaque année que d'un
petit choix d'espèces plus rares que me rapporte chaque hiver un de mes amis qui va tous les ans prendre
les eaux du mont Dore. Il y a là-bas peu de chose pour
un homme qui a parcouru les Alpes, ou qui a son herbier fourni de leurs espèces. Cependant, j'en ai quelques-unes en petit nombre qui vous intéresseront sûrement. Je les ai séparées pour vous, et, si je savais une
occasion de vous les faire parvenir, je vous les enverrais tout de suite. Il y a de la modestie de ma part à ne
pas différer un envoi si exigu.

J'ai passé ici chez plusieurs pharmaciens pour voir
le *spigélia* qu'ils emploient. Ce médicament est si peu
usité, qu'aucun d'eux n'a pu m'en montrer.

Vous trouverez très-singulier que je ne puisse vous
donner une réponse positive sur le petit morceau de
terre dont vous me parlez dans votre dernière ; le fait
est pourtant que mon père, ni moi, ne savons s'il nous
appartient. Il y a deux ou trois ans, M. Lefrançois, notre
notaire au Vieil-Hesdin, a vendu, à ce que nous croyons,
toutes nos propriétés autour d'Hesdin. Voyez-le pour
savoir s'il nous reste encore quelque chose à Cavron.
Nous présumons que ce petit champ doit appartenir à
la sœur de mon père, madame Noizet de Saint-Paul, qui

demeure à Arras. M. Lefrançois fait aussi les affaires
de cette dame et saura vous donner des renseignements
exacts. S'il vous apprend que cette terre est à nous,
ne doutez pas du plaisir que nous aurions à traiter avec
une personne à qui vous vous intéressez.

Je suis bien cordialement, monsieur, votre dévoué
serviteur.

CXXVIII

A. M. LE BARON GÉRARD, PEINTRE D'HISTOIRE, A PARIS[1].

Paris, mai 1828.

Monsieur,

Voici en peu de mots mon histoire telle qu'elle est,
et telle que vous devez la dire sans détour au duc de
Wellington, puisque vous avez l'extrême bonté de
vouloir bien me recommander à lui.

Je vais, commissionné par le gouvernement français
(car le Muséum du Jardin des Plantes ressortit au
ministère de l'intérieur), je vais, avec le titre de naturaliste voyageur du Muséum royal, faire dans l'Inde
des recherches d'histoire naturelle qui m'y retiendront

---

[1] Les lettres adressées par Victor Jacquemont au baron Gérard nous
ont été communiquées par M. Henri Gérard, neveu de l'illustre artiste,
qui a bien voulu nous permettre de les joindre à notre collection.

plusieurs années. Mon voyage n'a aucun autre but
c'est dans la résidence de Calcutta, et surtout dans
celle de Bombay que je multiplierai mes observations
et que je prolongerai mon séjour. Maintenant, je me
rends à Londres pour m'y procurer des lettres de recommandation auprès des officiers de la très-haute
Compagnie, ou auprès des négociants anglais établis
dans ces provinces de l'Inde que je compte explorer;
c'est afin d'y obtenir d'eux protection pour voyager
librement, et, s'il se peut, accueil et bienveillance.

Lord Wellington a servi longtemps dans l'Inde; il
doit assurément y avoir conservé des amis, des camarades qui, n'ayant pas eu. la même fortune que lui, y
sont demeurés et y occupent des postes élevés dans
l'ordre militaire ou civil. C'est à eux, et comme particuliers, que je désirerais qu'il m'adressât ou me fît
recommander.

Vous voudrez bien, monsieur, marquer nettement
que je m'occupe exclusivement des sciences naturelles,
et qu'un naturaliste n'est ni Français, ni Allemand, ni
Anglais, mais naturaliste seulement.

Ensuite, si vous voulez dire plus de bien de moi que
vous n'en pensez, je me garderai bien de vous contre-
dire, et je tâcherai seulement de vous justifier dans
l'avenir.

Prosper Mérimée dit que la suscription de votre
lettre doit être celle-ci, tout simplement : « A Sa Grâce
le duc de Wellington, premier lord de la Trésorerie. »
Quant à lord Landsdown, il est très-possible qu'il ait

aussi des relations dans l'Inde ; aussi, à tout hasard, et si une seconde lettre à écrire ne vous ennuie pas trop, je vous serai bien reconnaissant de ce second sacrifice de vos précieux moments. Ces nobles anglais ont un immense patronage, et ils conservent ainsi une grande influence hors des affaires publiques.

Agréez, monsieur, l'expression bien vraie de mon respectueux attachement.

CXXIX

AU MÊME.

Paris, août 1823.

Cher et excellent monsieur, voici la note que je viens d'écrire pour M. Bertin de Vaux. Je n'ai pu éviter de la faire un peu longue ; cela était nécessaire pour lui faire connaitre *avec candeur* ma situation[1].

Puisque vous voulez bien la lui porter vous-même, vous *lui toucherez*, suivant que vous le jugerez opportun, les trois mille francs, au lieu de deux mille, à demander à chaque ministre.

Je pars avec l'espérance du succès de cette affaire ; elle est bien importante pour moi. En décidant du

---

[1] Victor Jacquemont était alors en instance pour obtenir une augmentation du traitement que lui donnait le Muséum.

succès de mon voyage, elle marquera peut-être tous ceux de ma vie. Je serai heureux de vous les devoir.

Adieu, monsieur; croyez que je réponds par bien de la tendresse à votre paternelle amitié.

CXXX

À M. JULES TASCHEREAU, A PARIS.

Rio-de-Janeiro, le 6 novembre 1828.

Voilà, mon cher ami, des nouvelles que vous trouverez peut-être aussi neuves que l'équation

$$\overline{A}^2 = \overline{C}^2 + \overline{B}^2.$$

Vous en ferez l'usage que vous jugerez le plus convenable, c'est-à-dire que vous les utiliserez à la satisfaction de certaines nécessités si vous l'agréez ainsi, ou bien que vous en enrichirez en tout ou en partie les colonnes du *Journal des Débats* — ou autre (quoique je préfère de beaucoup celui-là), et, en tout cas, *motus* sans exception, pour qui que ce soit.

Je me porte très-bien, je ne me déplais pas dans cette longue traversée que je vais reprendre après-demain pour pousser jusqu'au Cap, — en attendant Bourbon et Pondichéry, si jamais notre lourd bateau peut nous mener jusque-là. Nous sommes arrivés ici le 28 octobre après soixante-deux jours de traversée, coupés d'une courte relâche à Ténériffe. Écrivez-moi;

mon père sera votre courrier. J'ai mille choses à faire, si près d'un nouveau départ; il est minuit, je tombe de sommeil; adieu donc sans plus de façon. Je vous embrasse de tout mon cœur. Mes tendres respects à votre maman. Dites aux miens que tout, de mon côté, est au mieux dans le meilleur des mondes possibles et que je ne leur écris pas faute de temps. Adieu.

15 novembre.

P.-S. — Je supprime une page sur les noirs et l'esclavage en ce pays, parce que, depuis le jour où je vous avais écrit ceci, j'ai appris beaucoup sur cette affaire, et je préfère vous écrire à fond là-dessus, en allant au Cap. Bonjour, mon ami. Il y a huit jours, en sortant à midi de la rade, le capitaine a accroché comme un sot un honnête navire marchand mouillé à l'ancre au milieu de la baie; avaries de part et d'autre que le contribuable français payera. De plus, on s'est beaucoup moqué de nous, avec grande raison. On nous répare depuis huit jours. Demain, nous reprendrons la mer.

CXXXI

A M. LE BARON GÉRARD, A PARIS.

Ile de Bourbon, le 25 février 1829.

Cher monsieur,

Je ne veux pas commencer la dernière étape de mon

long voyage, et me séparer pour deux mois encore du
reste du monde, sans vous dire quel attachement et
quelle tendre reconnaissance m'ont inspirés vos bontés.
Je bénis souvent ces vieilles amitiés de mon père qui
se réveillent en ma faveur. C'est un doux héritage que
celui des sentiments bienveillants avec lesquels je me
suis souvent trouvé accueilli par ses vieux amis ; j'en
ai joui doublement, j'en ai toujours été touché bien
profondément. Je désire que ce retour naïf ne soit pas
pour vous sans quelque douceur.

Mon voyage a failli se terminer à Bourbon par la
destruction du navire sur lequel j'étais embarqué : il
s'est trouvé engagé dans l'ouragan qui a ravagé cette
colonie le 10 de ce mois, et qui, de soixante-sept
bâtiments mouillés sur les rades et obligés de prendre
le large, n'en a encore, après quinze jours, laissé repa-
raître que trente-neuf. *La Zélée*, plus heureuse, est
rentrée au port, mais avec de très-forces avaries. Elle
continuera néanmoins son voyage ; ce soir, nous appa-
reillons pour Pondichéry. Jusque-là, je ne croyais pas
aux tempêtes, et je faisais honneur de leur invention
à l'imagination des peintres et des poëtes. Le doute,
désormais, n'est plus permis : j'en ai vu une qui n'en
doit guère à celles de lord Byron et de Vernet. Mais
ce plaisir m'a coûté mille écus : j'ai perdu presque
tout ce que j'avais à bord. C'est beaucoup trop cher.

J'ai reçu au cap de Bonne-Espérance, cher monsieur,
une lettre bien aimable de M. Alexandre de Humboldt
pour lord William Bentinck, que M. Koreff avait eu la

bonté de m'expédier en toute diligence. C'était la
seule grande recommandation que je regrettasse de ne
pas porter dans l'Inde. A cet égard, maintenant, mon
équipement est des plus complets. Quant au zèle, c'est
de mon âge et de ma nature ; et la santé, qui n'est pas
un mince élément de succès dans un voyage comme
celui que je dois faire, ne me manque pas davantage.
Je suis si frileux, que je ne voudrais rien retrancher
des chaleurs de l'été de Bourbon. Tout sera au mieux
si la très-importante négociation où vous avez bien
voulu me servir auprès de M. Bertin de Vaux peut
tourner à bien. Il y aurait alors l'harmonie la plus
désirable entre tous mes moyens de succès. J'espère
fermement, cher monsieur, vous avoir toute ma vie
cette immense obligation. La reconnaissance me la
rendra douce.

Adieu, monsieur ; soignez votre santé, et ménagez
vos yeux surtout. Pardonnez ces tendres recommandations à un jeune homme qui, sans oublier combien
lui-même en aurait besoin quelquefois, s'inquiète pour
tout ce qui lui est cher.

CXXXII

AU MÊME.

Calcutta, le 2 septembre 1829.

Il y a vraiment longtemps, cher monsieur, qu'une

belle dame (je n'ose le dire) m'a prié de vous gronder.
C'est milady William Bentinck. Elle et son mari m'ont
comblé de bontés. Peu de temps après mon arrivée,
au mois de juin, j'ai eu l'honneur de passer huit jours
avec eux en famille, à leur résidence de Barrackpoor.
Lady Bentinck, dans notre promenade du matin, sur
son éléphant, me faisait mille questions sur Paris ; et,
comme elle vint à me demander si j'allais chez vous
quelquefois, je lui dis que j'étais le fils d'un de vos
vieux amis, et que, si vous ne m'eussiez su amplement
pourvu d'introductions près d'elle, j'aurais pu avoir
l'honneur d'être introduit par vous. Et, là-dessus, elle
a dit que ç'avait été bien mal à vous, pour elle et pour
moi, parce que vous deviez savoir qu'aucune recommandation près d'elle ne pouvait lui être plus agréable
que la vôtre. Je suis très-persuadé de la sincérité de
cet aimable reproche. J'ai dû alors parler à lady Bentinck de vous, de votre santé, de vos yeux, de vos
tableaux peints depuis qu'elle a quitté Paris ; et la
petite découverte qu'elle avait faite de la bienveillance
que vous témoignez au fils par amitié pour le père
rendit plus grande encore, s'il était possible, la mesure
des bontés dont elle me comblait.

Les distinctions flatteuses que j'ai reçues du gouverneur général m'auraient fait accueillir partout sans
le secours des recommandations nombreuses et respectables que j'avais apportées pour les hommes les
plus distingués et les plus puissants de ce pays. J'ai eu
le bonheur d'entrer dans leur fantaisie, je ne sais

comment; et j'ai été secondé avec la plus grande libé-
ralité de vues dans les études et les recherches par
lesquelles j'ai dû me préparer à mon aventureuse entreprise.

Leur appui, leur protection, me suivront dans mon
voyage. Ils multiplieront considérablement mes moyens
propres· d'action. Mais ceux-ci, bornés encore à ce
qu'ils étaient au moment de mon départ, m'obligent à
demeurer ici, à faire le mort, jusqu'à ce que j'aie
acquis la certitude de leur augmentation.

Il est triste de rester les bras croisés devant les
chances qui s'offrent à moi, mais je dois me résigner
et attendre. Jusqu'ici, il n'y a aucun temps de perdu,
je devais commencer par ce que je viens de faire.
Mais, si cette situation se prolongeait, il faudrait
renoncer à réaliser l'avenir que j'ai si heureusement
préparé. J'espère qu'après tous ces délais la négociation où votre amitié avait bien voulu s'employer pour
moi est à la fin terminée, et que je recevrai bientôt,
avec la nouvelle de son issue favorable, les moyens de
jouer un petit peu de gloire contre le choléra-morbus,
les dyssenteries, les fièvres de jungles, et toutes les
autres probabilités du genre ambulant dans l'Inde.

J'ai appris avec chagrin, par mon père, que vous
avez été souffrant l'hiver dernier. J'ai le bonheur de
m'être parfaitement bien porté jusqu'ici, tandis qu'autour de moi tout le monde languit et que beaucoup
meurent; et, malgré les probabilités de tout à l'heure,
j'espère fermement, cher monsieur, que mon secret fort

simple, la sobriété, me permettra de voir dans quelques années votre tableau du *Sacre*.

Veuillez offrir à madame Gérard l'hommage de mon respect, et recevoir l'expression bien vraie de ma gratitude et de mon attachement.

Je me recommande au bon souvenir de mademoiselle Godefroid.

CXXXIII

A M. JULES TASCHEREAU, A PARIS.

Sur les bords de l'Hydaspe, à Djellapoor, le 11 avril 1831.

Je vous félicite bien sincèrement, mon cher Jules, de votre début dans les affaires publiques. *Le Constitutionnel*, que je trouve aussi bête sur les bords de l'Hydaspe que sur ceux de la Seine, et que je reçois *assez régulièrement* de milord William Bentinck par des courriers du roi qui font souvent cent lieues pour m'en apporter quelques numéros, — *le Constitutionnel*, dis-je, est rempli depuis quelque temps de nominations nouvelles faites dans tous les départements du service public, et j'y ai vu la vôtre au secrétariat général de la Seine. Je m'imagine que vous ne changeriez pas pour la préfecture de Lyon ou de Bordeaux. Avec vos goûts, peu d'emplois me semblent plus désirables, parce que celui-là me paraît s'accorder tout à fait avec vous. Vous restez à Paris, première condition ; — vous y

conservez quelque loisir pour tourmenter quelques
pauvres morts qui n'en peuvent mais : Racine sans
doute après Corneille, dont le tour est déjà venu, et,
après Racine, quelque autre que j'ignore ; et enfin
votre aptitude pour les affaires, qui vous les rendra ou
piquantes par leur difficulté même ou faciles, vous les
rendra intéressantes en même temps ; car vous les
ferez bien, et ce que l'on fait bien, on le fait toujours
avec plaisir.

Moi, je fais de mon mieux, ce qui ne veut pas dire
que je fasse bien ; cependant, je trouve dans les recherches et les études dont ma vie errante est emplie, un
intérêt soutenu qui me console entièrement de ma
solitude et de mon isolement, seul comme je le suis et
vais le demeurer pendant six mois au milieu d'un peuple étranger.

Mon père me mande que votre amitié pour moi vient
souvent lui demander matière à rappeler mon nom
dans les journaux. Le loisir me manque, mon cher
ami, pour vous envoyer soit des lettres, soit des mémoires qui puissent le faire avec quelque distinction,
et je crois qu'il vaut mieux s'abstenir de faire que de
mal faire. Mais je me flatte que ce temps perdu ne
l'est qu'apparemment. Nous commencerons mon feu
indien sur le respectable public, un peu plus tard, il
est vrai, mais avec plus de munitions ; et, mieux nourri
qu'il ne pourrait l'être à présent, peut-être fera-t-il
plus d'effet.

J'ai adressé d'Ambalah, il y a plus de deux mois,

une espèce de mémoire au ministre de l'intérieur pour lui représenter l'incapacité pécuniaire du Jardin des Plantes et l'impossibilité où cet établissement, avec toute la bienveillance possible pour moi, se trouvait de pourvoir aux dépenses d'un voyageur dans l'Inde. En demandant au ministre des fonds sur son propre budget, j'ai exposé les avantages particuliers que le hasard heureux de mes relations personnelles avec le gouverneur général de l'Inde, la connaissance parfaite des langues, etc., etc., me donnaient pour obtenir d'un voyage très-étendu dans l'Himalaya tous les fruits que les sciences physiques et naturelles peuvent attendre d'une exploration scrupuleuse de cette immense chaîne de montagnes; — j'ai dit par quelle faveur sans précédent il m'était permis d'en visiter une partie fermée aux recherches des voyageurs anglais, Cachemire, où je vais maintenant, et toute cette partie de la chaîne qui s'étend en deçà du Sutledje; — M. Victor de Tracy a été chargé de faire valoir de son mieux ma requête; mais, étranger au mouvement *personnel*, si je puis dire ainsi, des affaires, il se peut que son habileté à me servir soit restée au-dessous du vif désir que lui inspire certainement sa tendre amitié pour moi. Voyez près de mon père où en est cette affaire, dont je n'oublie pas que vous aviez mis à flot déjà la première édition sous feu MM. Martignac et Saint-Cricq; et, si vous y pouvez quelque chose par vos amis, donnez-y le coup de collier.

Adieu, mon bon ami; je ne finirai pas sans vous

gronder de ne m'avoir écrit qu'une fois depuis mon départ. Soyez bon enfant et contez-moi, avec ou sans calembours, la petite chronique scandaleuse du monde politique et littéraire, ce qu'Adrien de Jussieu fait avec une rare amabilité et une grâce charmante pour notre petit monde savant.

J'ai appris avec peine la mort du pauvre Sautelet. Ah çà! n'allez pas faire de mauvaises affaires, ni devenir amoureux, si telle en doit être la conclusion.

Qu'advient-il du baron de Stendhal? — de Demareste? — Je voudrais que lui ou vous fussiez préfet de police; vous seriez des préfets de police aux oiseaux.

Mille tendresses à votre mère. Amitié à la ronde autour de vous, et que chacun dans cette distribution s'adjuge une part proportionnée à celle des sentiments qu'il me porte. Adieu; je vous embrasse de tout mon cœur.

CXXXIV

A MADAME LEBRETON, A PARIS.

Djellapoor, sur les bords de l'Hydaspe, le 11 avril 1831.

Chère madame Lebreton,

Je reçois seulement ici des lettres de mon père du mois de mai dernier qui m'accusent réception des miennes de Bénarès. Je me rappelle que, de cette ville, je vous écrivis un billet de surprise et de chagrin en en recevant une semblable de vous. Vous sembliez avoir douté un instant de mon vif et sincère attachement; et peut-être la peine que me fit éprouver un soupçon si injuste me fit-elle mêler involontairement quelques expressions chagrines aux sérieuses protestations que je vous renouvelai alors de l'inviolabilité de mes sentiments pour vous. Pardonnez-les-moi et oubliez-les. Ce sera la preuve que vous m'aimez comme je vous aime.

Votre amitié sera satisfaite des détails de mes dernières lettres écrites de Lahore à mon père et de celle qui partira avec ce billet. Depuis que j'ai quitté l'Inde anglaise, il y a presque des aventures dans mon voyage, mais elles sont les plus agréables du monde.

M. Cordier a dû recevoir plusieurs lettres de moi. Il ne m'a jamais répondu, à moins toutefois qu'il ne l'ait fait par l'entremise de mademoiselle Duvaucel et par la voie d'Angleterre. Cela me paraît bien singulier. Croyez-vous que les gens si froids au dehors en soient pour cela plus brûlants au dedans? J'en doute. De M. Mirbel et de mademoiselle Duvaucel non plus, pas un mot! Il semble qu'ils se soient donné le mot. Comme, après tout, c'est de la part de ces messieurs au moins un devoir de politesse que de le faire, et aont aucune considération ne saurait les dispenser, je me dispenserai à l'avenir de fatiguer de ma correspondance ceux qui paraissent n'y pas attacher plus de prix.

Je lis *le Constitutionnel* sur les bords de l'Hydaspe, et le trouve aussi Évariste Dumoulin et consorts qu'à

Paris. Il m'apprend cependant que Jules [1] est membre d'une commission chargée d'un travail sur la réorganisation de l'École de médecine, et j'espère y voir un indice de son élévation prochaine à une des chaires de la nouvelle école. Dites-lui combien je m'en réjouirai. Quoique indigne, je drogue et purge de toutes les façons les gens de ce pays, qui viennent à moi comme les gens de la Judée allaient jadis à Jésus-Christ : c'est grand dommage que je n'aie pas le temps de les magnétiser, car je répéterais alors certainement les miracles de notre prophète.

Pardon de la liberté grande! mais, à vivre depuis deux ans parmi les gentils et à entendre parler d'*Issa* (Jésus) comme de Mahomet ou de tout autre prophète, j'ai oublié qu'il était beaucoup mieux que cela. Heureusement que M. *** n'est plus là pour lire le billet avant vous, et que vous ne le montrerez à personne qu'il dût scandaliser.

Adieu; je suis bien portant, gai et content, mais accablé de besogne; et c'est pourquoi, sans plus de façon, je me contente d'ajouter que je vous embrasse de tout mon cœur.

[1] Le docteur Jules Cloquet.

CXXXV

A M. JOSEPH DE HEZETA, A CALCUTTA.

Cachemire, le 14 mai 1831.

« Adieu, mon ami; je vous écrirai au moins tous les mois, et souvent tous les quinze jours; etc., etc. » — Et il y a de cela quatre mois, mon cher Hezeta, car cette ligne est la dernière de votre lettre du 14 janvier, en réponse à celle que je m'étais donné le plaisir de vous écrire de Delhi, le premier de l'an, pour mes étrennes. J'ai reçu la vôtre de Kurnaul le 3 février, et oncques depuis de vous n'ai entendu parler. Que je sois un mauvais correspondant, moi, rien de si naturel, constamment par monts et par vaux, débordé par la besogne, sans repos, ni feu ni lieu, ballotté de Calcutta à Cachemire; jeune, enfin, sec, coriace et filandreux, partant de là avec autant de chances de vie qu'en eut jamais un voyageur; rien de si naturel pour vous que de continuer par hypothèse ma vie réelle au 1er janvier dernier; c'est chose qui va de soi-même. Il n'en est pas ainsi pour moi dans mes conjectures à votre égard. Vous me parliez dans votre dernière lettre, — il y a de cela quatre mois, notez-le bien, mon cher Hezeta! — d'une *incipiente* maladie de foie. Or, tout Espagnol que vous êtes, et de la Havane, qui plus est, par conséquent ami du chaud, le climat du Bengale sur un

foie en souffrance, et sur une âme malade comme la
vôtre, a beau jeu pour mal faire. Je ne puis donc songer à vous sans tristesse, et, quelque envie que j'aie
d'être gai, ces velléités tombent devant la réflexion
que vous êtes peut-être gisant sur un lit de douleur, à
la discrétion des docteurs Calomels de Calcutta. Votre
lettre, en son temps, m'a fort affligé par la peinture de
votre situation isolée, si incertaine dans l'avenir. Je
voudrais non-seulement vous savoir rétabli, mais
occupé. Quand en recevrai-je l'heureuse nouvelle,
mon ami ?

Quatre mois ont passé sur les événements politiques
dont vous me parliez au mois de janvier dernier : mais
les derniers journaux français que j'ai reçus de lord
William sur les bords de l'Hydaspe s'arrêtent au
20 septembre. Je suis donc bien loin de mon pays !
La révolution semblait prendre la marche véhémente
que l'excessive modération des députés me faisait pré-
sager. C'était par amour de la modération que je blâ-
mais celle trop grande de la chambre constituante.
J'aurais voulu que, par l'abolition de tous les priviléges
héréditaires, on fît au peuple une part assez équitable
pour que, satisfait de sa liberté, il rentrât aussitôt dans
ses travaux journaliers, et que le mouvement politique
fût exécuté d'en haut avec calme et discernement, sans
être contrarié ou tumultueusement accéléré par des efforts d'en bas. Vous parlez de la pairie en Espagnol
éclairé ; mais l'état social de la France diffère beaucoup
de celui de votre pays. Il y a chez vous une aristocratie

de fait très-puissante : en France, de fait, il n'y en a aucune. Elle n'existe que dans les prétentions surannées et
très-mal assurées de quelques vieux fous. Je passe avant
un duc de mon âge ; je vaux plus que lui par la con-
sistance de mon caractère, par la dignité de mon genre
de vie, par mon savoir ou par mon esprit. Quelle diable
d'idée qu'une chambre des pairs dans un tel pays! En
Angleterre, elle n'est qu'une extension du droit d'aî-
nesse. La pairie était, — j'aime à croire qu'elle n'est
plus! — elle était, dis-je, une anomalie isolée dans
nos lois, qui ne plaisait qu'aux usufruitiers de l'abus,
sans même flatter beaucoup l'orgueil de leurs familles,
car le public n'y ajoutait aucune considération. Il n'y a
point de lords en France, il n'y a point de grands seigneurs. — Des seigneurs, la révolution de 1789 a fait
maison nette, et toutes les constitutions aristocratiques
que Bonaparte et les Bourbons, depuis, ont tenté d'élever sur le sol nivelé ne sont que des châteaux de cartes
ridicules et que, d'un souffle, on peut renverser sans
ébranler ce qui est dessous. L'union au dedans me
semble préférable à la faveur du dehors, et je regrette
toutes les concessions faites évidemment aux aristocra-
ties étrangères, parce qu'elles sont des brandons de
discordes intestines. Je regrette le mauvais succès que
paraît avoir eu la généreuse proposition de mon ami
Victor de Tracy pour l'abolition de la peine de mort.
Nul homme n'était mieux fait pour faire une telle conquête sur les vieilles législations que la barbarie des
siècles passés nous a léguées. Les journaux de sep-

tembre et d'août n'étaient que des colonnes de nominations faites par le nouveau roi. J'y ai trouvé, dans la
liste des préfets et des procureurs généraux (*king's ad-
vocate general*), qui sont au nombre de vingt-deux,
autant qu'il y a de cours royales ou suprêmes, les
noms de presque tous mes amis, même de plusieurs li-
vrés comme moi à des études toutes spéciales et tout
à fait en dehors de la politique. Je m'en réjouis plus
pour la chose publique que pour eux. Tandis que je
passe tranquillement les jours à étudier les objets nouveaux qui m'entourent, ils éprouvent sans doute bien
des tracasseries, bien des dégoûts ; ils regrettent probablement le calme de leur vie passée, au milieu des
agitations de leur existence nouvelle. J'aurais fait
comme eux à leur place, et déjà peut-être serais-je à
m'en repentir. Il vaut mieux que je sois à Cachemire,
libre de la tentation.

Cachemire, enfin m'y voilà ! Ce n'a pas été sans beaucoup d'obstacles, ni sans quelques dangers. Le 2 mars,
je passai le Sutledje en face de Loodianah ; Rundjet-
Singh avait envoyé, pour me recevoir sur son territoire,
un officier de sa cour d'un rang distingué, le fils du vieillard qui dernièrement complimentait lord William à
Simlah. J'entrai à Lahore le dixième jour et en restai
douze dans cette ville. J'y vis souvent Rundjet, et toujours mes visites étaient fort longues, sans doute parce
qu'elles lui plaisaient. J'aimais en lui la qualité que les
Anglais lui connaissent le moins, son naturel, sa vivacité, sa bonhomie. Je me prêtais aux caprices de sa

conversation, je le suivais dans ses écarts sans lâcher prise ; tandis qu'un Anglais, avec sa *réserve* et sa *stiffness*, l'eût planté là tout d'abord et l'eût laissé galoper seul dans les plaines de son excentricité. Nulle étiquette, nulle affectation de dignité, point d'air étudié de roi. Rundjet m'a paru un homme sans peur, sans foi ni loi. D'ailleurs, bon diable, curieux, sceptique, athée et superstitieux tout ensemble, je veux dire tour à tour. Il a, pour un prince asiatique, beaucoup de qualités remarquables : il n'est point cruel, il ne fait pas le mal à plaisir, et, en dehors de son intérêt privé, qui est, comme de raison, sa première loi, il fait quelquefois presque de bonnes actions.

Il ne croyait d'abord pas un mot des motifs avoués de mon voyage ; mais je crois l'avoir converti : « Les gens de Lahore, me dit-il un jour, sont des imbéciles qui ne conçoivent pas que, pour l'amour de la science علم, et d'une science qui ne rapporte rien, un homme s'aventure si loin de son pays. — Et ne vous ont-ils pas vu, répliquai-je, faire la guerre à Peshawar, risquer votre vie, dépenser des croures ¹ de roupies, pourquoi ? Pour la possession d'un cheval ! Ma science ne vaut-elle pas un cheval ? Et à quoi, d'ailleurs, m'exposé-je en voyageant dans les États d'un peuple ami du mien, du peuple anglais, et dans celui du plus fidèle ami des Anglais, de Votre Majesté ? Hôte de Votre Majesté, que

---

¹ Somme égale à $100,000 \times 100 = 10,000,000$.

puis-je craindre dans vos États? — *Pukka bât* [1] *!* » disait
Rundjet-Singh à tout cela; et c'était la réflexion qu'il faisait en général sur tous mes discours. J'ignore, en vérité,
sur quel sujet ce diable d'homme ne m'attira point, depuis la théologie et la médecine jusqu'à la politique, en
passant par l'art de la guerre, et en faisant un détour
du côté de la bagatelle; car, un jour, tandis que nous
étions à causer, il fit venir sans bruit plusieurs filles
des plus jolies que j'aie vues dans l'Inde, et, jouissant
de ma surprise, il me demanda à brûle-pourpoint comment je les trouvais. Un Anglais, d'un air grave et dé-
daigneux, se fût peut-être offensé, ou du moins en eût
fait fi. Je pensai que cette comédie eût été ridicule
chez un homme de trente ans, et que Rundjet ne serait
point dupe de sa fausseté. Je lui avouai que je les trouvais, comme elles étaient, très-jolies. Il me dit qu'elles
chantaient très-bien, et me demanda si je voulais les
entendre. Elles chantèrent donc à demi-voix; mais je
déclarai avec ma franchise accoutumée qu'elles étaient
plus agréables à voir qu'à entendre. Elles se retirèrent,
et la conversation tomba aux antipodes. Rundjet-Singh
déclarait n'avoir vu aucun *sahib féringhi* [2] aussi
pukka danishmund [3] que votre serviteur. Il m'appelait homme demi-dieu. Il n'était sorte d'attentions aimables dont il ne me comblât. Il m'envoyait tous les

---

[1] Sages paroles.

[2] Un monsieur européen.

[3] Aussi sage et savant dans ses discours.

jours d'admirables raisins blancs de Caboul (rareté des
plus royales au mois de mars), les fruits les plus ex-
quis; car il savait que je ne mangeais pas de viande. Et
cette dernière circonstance, — qui m'était conseillée par
la prudence à la suite d'admiration trop vivement ma-
nifestée aux beautés de Loodianah, — et l'abstinence de
liqueurs spiritueuses défendues par ce régime végé-
tal, Rundjet fut assez bête pour ne pas en deviner la
cause; il en fit honneur à ma haute sagesse; en sorte
que, pour lui, j'étais non-seulement un sage, mais encore un saint; et qu'il m'appelait, comme je viens de
vous le dire, homme demi-dieu. Tous ses égards avaient
l'influence que vous pouvez imaginer dans un État
despotique. Je ne recueillais partout que des respects.
À ses présents de grenades, de raisins et d'oranges, le
radjah en ajoutait de plus solides. Tous les jours, sur la
route de Loodianah à Lahore, mon *mpemandar* venait
me répéter son compliment de la veille, qui commen-
çait par l'offre d'un sac de cent et une roupies ; le jour
de mon arrivée, Rundjet m'en envoya cinq cent une;
puis, le jour où je pris congé de lui et où je reçus le
grand khélat, celui de onze pièces d'étoffe, il m'envoya onze cents autres roupies et deux firmans pour
deux mille cinq cents autres sur les mines de sel de
Pindader-Khan, que je devais visiter d'abord, et sur
le gouverneur de Cachemire. Le khélat ne ressemble
pas au costume grotesque et misérable dont je fus af-
fublé à Dehli par le petit-fils de Tamerlan, et que je
ne garde que par curiosité. J'entends que les femmes

de mes amis me fassent la cour quand elles verront les
châles de Cachemire que Rundjet m'a donnés.

J'ai toujours pensé qu'un Européen devait être un
sot pour ne pas savoir intéresser au plus haut degré
par la conversation un Asiatique ignorant, doué de
quelque esprit naturel. L'Europe est pour eux, dans
tous ses détails et sous tous ses aspects, un monde de
merveilles dont ils écoutent le récit avec la plus vive
curiosité d'en entendre toujours davantage, si l'on
sait choisir pour eux le sujet et le style; point de
grandes phrases, de figures : des nombres, des chif-
fres, des proportions, de la statistique, voilà ce qui
leur plaît le plus, ce qui les étonne davantage; les détails de mœurs des diverses classes de la société chez
nous les charment également. J'en ai fait l'expérience
non-seulement sur Rundjet, mais encore sur une douzaine d'autres, sur des montagnards de l'Himalaya, des
Kanaoris, des Ghoorkhas, le jeune radjah de Nakan, et
depuis, sur le radjah Goulab-Singh, le plus grand seigneur du Pundjâb après Rundjet, qui prenait tant de
plaisir à m'entendre lui disséquer le budget de la
France, celui de l'Angleterre, celui de la ville de Paris, etc., etc., que, lorsque nous descendions de cheval pour nous asseoir à l'ombre et prendre quelque
repos, une demi-douzaine de *moonshees* [1] descendaient
aussi, et, la plume à la main, accrochaient au passage
tous les mots de mon discours. J'ai ouï dire que ce

[1] Secrétaires.

Goulab-Singh était un coquin achevé. Pour moi, je l'ai trouvé fort bon diable, agréable et point grand seigneur du tout, ce que j'ai admiré d'autant plus dans un parvenu. Il vint de Pindader-Khan, où il était campé avec sa petite armée, à quatre journées de marche à ma rencontre; il me rendit ma première visite le lendemain, et, ensuite, nous ne comptâmes plus.

Tant que je voyageai dans les plaines du Pundjâb, je ne rencontrai aucune espèce de difficulté. Mon escorte de dix cavaliers, commandée par un officier tout à fait respectable, ne me servait que de garde d'honneur; car, chaque district où je passais étant responsable de la sûreté de ma personne et de mes effets, j'étais partout bien gardé par les gens du lieu. D'ailleurs, le premier officier de la maison du vizir, le radjah Thean-Singh, me suit partout, porteur des firmans du radjah. C'est lui qui, officiellement, répond de moi à Rundjet.

Celui-ci avait ordonné un équipage de mulets et de porteurs à Mirpoor, première station dans les montagnes, afin que, sans délai, je pusse venir à Cachemire. Mais, en entrant dans l'Himalaya, la scène changea singulièrement. Les gens de Mirpoor n'avaient rien préparé, et, quand mes officiers sykes les pressèrent d'improviser des moyens de transport, ils s'enfermèrent dans leur méchante forteresse, et ce fut à mon escorte à pêcher mules et gens pour porter mon bagage. Dans une contrée presque déserte, il était bien difficile de trouver tous les jours trente-cinq hommes, nombre de porteurs qui m'était nécessaire. J'eus plusieurs jours

d'un temps affreux; ma caravane s'embourbait et n'a-
vançait pas; enfin je fus fait prisonnier par le gouverneur
d'une forteresse qui me prit par trahison, me menaça
de me garder en otage jusqu'à ce que le radjah lui eût
fait justice d'une quantité de torts dont il l'accusait,
et qui, à la fin, me laissa aller moyennant une rançon
de cinq cents roupies qu'il prétendit être, de ma part,
un don gratuit pour ses loyaux et fidèles services. Ma
captivité avait duré quatre heures. Je n'ai pas le loisir
de vous en dire les détails, qui sont très-pittoresques.
J'étais indigné de la perfidie de ce misérable, et, si
j'eusse été sûr que mes cavaliers eussent tous à la fois
tiré leurs sabres pour tomber sur cette canaille à fusils à mèche, dont il y avait deux cents autour de nous,
j'aurais brûlé la cervelle au chef sans hésiter; mais je
doutai heureusement du courage des miens, et c'est à
ce doute que je dois assurément le plaisir de vous
écrire du paradis terrestre aujourd'hui, car il est bien
probable que, si j'eusse tué le chef, dans la quantité de
coups de fusil à bout portant tirés tout aussitôt, quelque balle m'eût rencontré. Échappé des mains de Thean-
Singh, mon fidèle serviteur, comme il s'appelait après
m'avoir volé, j'écrivis aussitôt à Rundjet l'outrage que
j'avais reçu, et je lui en demandai justice. Justice
m'est faite. Hier arriva d'Umritsir au gouverneur de
Lahore un ordre de me conter aussitôt cinq cents roupies, et la nouvelle que Thean-Singh est chassé du service du roi, et que, s'il se présente devant lui, il aura
le nez et les oreilles coupés. Je craignais cette barba-

rie assez commune en ce pays, et j'ai pris la liberté, il
y a plusieurs jours déjà, d'écrire à Rundjet que, s'il voulait m'obliger, il se contenterait de faire donner à mon
voleur cinq cents coups de fouet et de lui faire décla-
rer que c'était son bon plaisir d'être fouetté. Dans tous
les cas, la promptitude du radjah à punir l'insulte que
j'ai reçue est d'une grande importance pour ma sûreté
dans le reste de mon voyage. C'est un avis salutaire à
ceux que mes roupies pourraient tenter. Toutefois, l'autorité des princes asiatiques décroît comme le carré, et
peut-être comme le cube, de la distance du lieu où ils
se trouvent. Et, quoique je n'aie encore rencontré qu'un
Thean-Singh, j'ai vu, dans les montagnes que j'ai dû traverser pour venir ici, bien des figures suspectes, et plus
d'un chef s'est ri des ordres du radjah. Il en est de Cachemire comme du paradis terrestre, le chemin en est
bien âpre et bien difficile. Quelques-uns de mes amis
anglais, agents politiques dans la province de Delhi, et
qui se croient très au fait des habitudes de Rundjet-
Singh, m'avaient dit que, s'il m'accordait la permission
de visiter Cachemire, il saurait susciter autour de moi,
contre moi, tant d'obstacles, que je renoncerais à l'entreprise. Ils ne connaissaient pas Rundjet; ils en faisaient un profond machiavéliste, ce qu'il n'est pas. J'ai
été parfaitement reçu ici par le gouverneur, et le firman
d'hier qui lui ordonnait de me restituer, de la part de
Rundjet, l'argent volé par Thean-Singh, lui enjoignait
de nouveau de se prêter à tous mes désirs, et c'est ce
qu'il fait. La manière singulièrement amicale dont le

radjah s'exprime à mon égard, la grande considération qu'il témoigne pour moi dans le firman, opèrent ici merveilleusement. J'aurai toutes facilités pour faire des excursions dans ce joli petit pays afin d'en épuiser l'intérêt sous les rapports qui embrassent mes études. Je me flatte d'en rapporter de très-vastes collections. Mon quartier général est dans un beau jardin planté d'immenses platanes, orné de lilas et de rosiers qui ne sont pas encore fleuris. Il fait plus frais qu'à Paris au 11 mai. La végétation est moins avancée. Le climat et les productions sont absolument européens.

Comme je vous écris, le fort tire le canon, et l'on vient m'avertir, de la part du gouverneur, que Cheir-Singh, le fils de Rundjet, vient de livrer bataille au *syet* Achmed, près de Mozaffaabad, et qu'il a entièrement battu le fanatique et son armée. Je m'en réjouis fort, car je craignais que cet infatigable partisan ne vînt me troubler ici dans mes excursions scientifiques. Il menaçait Cachemire, depuis longtemps, et, s'il m'y eût trouvé, il eût fait de moi un musulman pour le moins.

Je compte rester ici quatre ou cinq mois. Écrivez-moi donc, mon ami, sans délai et longuement : *care of Captain Wade, Loodianah*. Adieu; il est minuit. Si vous êtes à Calcutta, rappelez-moi au souvenir de ceux que vous croirez devoir s'en soucier.

Je vous embrasse de tout mon cœur.

CXXXVI

TO SIR ALEXANDER JOHNSTON, LONDON[1].

Cachemyr, 6th. July 1831.

I have been very successful in my journey since I departed from your territory. Runjet-Singh has shown me every attention, and afforded to my peaceable and studious progress (I fear this is more american than english, but recollect that my scanty knowledge of your tongue originated in a travel in America) every facility. Notwithstanding his protection, I have found some obstacles in the way of my reaching Cachemyr, on account of the little settled state of any rule in some hill districts which I had to pass through. I have been there temporarily deprived of my liberty, and put to ransom to redeem it; but the severe justice of

[1] Cachemire, 6 juillet 1831.

Mon voyage a été très-heureux depuis que j'ai quitté votre pays. Rundjet-Singh m'a montré beaucoup d'attentions et m'a extrêmement facilité la marche paisible et studieuse que j'ai entreprise (je crains que cette expression ne soit plutôt américaine qu'anglaise; mais souvenez-vous que le peu de connaissance que je possède de votre langue, je l'ai acquis dans mon voyage en Amérique). Malgré sa protection, j'ai rencontré quelques obstacles sur ma route avant d'arriver à Cachemire, et cela, à cause du peu de précision des règlements de certains districts montagneux que j'avais à traverser. Je me suis vu un moment privé de ma liberté et mis à rançon pour la recouvrer; mais la justice sévère de Rundjet contre le coupable et le grand intérêt qu'il

Runjet against the offender, and the great concern he took in that affair, has made it quite a *bonne fortune* for me, inasmuch as it has convinced all the people that I am not to be trifled with without dreadful consequences. Nothing could throw more security, and more safety too, on the rest of my projected journey in his dominions, than the circumstance of its having been once compromised.

I have seen much of Runjet; and, being a private individual, I have seen him, and conversed with him with all the freedom of private relations. I have been, upon the whole, pleased with him. He is extremely intelligent, and, to use a familiar english expression, he is very much of a good fellow. I have not experienced that it was so difficult, and many say it is even impossible, to make these people *entendre raison.*

Of course, the maharajah did not at first understand very satisfactorily my character — it is too far from

prit à cette affaire ont été, je puis le dire, une bonne fortune pour moi, en ce sens que tout le monde a pu se convaincre que l'on ne pouvait me faire subir de vexations sans s'attirer de fâcheuses conséquences. Rien ne pouvait me donner plus d'assurance, m'offrir plus de garantie, pour continuer le voyage que j'avais entrepris dans les États du radjah, que ce fait de m'être trouvé une fois inquiété.

Je me suis souvent trouvé avec Rundjet, et, en ma qualité d'individu privé, je l'ai vu et je lui ai parlé avec toute la franchise qu'on apporte dans l'intimité Il m'a charmé. Il est extrêmement intelligent, et, pour me servir d'une expression anglaise familière, c'est un très-bon garçon Je n'ai pas trouvé que ce fût difficile, impossible même, au dire de quelques-uns, de faire entendre raison à ce peuple.

Le maharadjah avait tout d'abord peine à comprendre mon caractère. C'est tellement loin de tout l'échafaudage de la civilisation orien-

the whole system of eastern civilization; and he expressed some surprise at seeing me carried so far from my country, for the mere and self-interested love of بم. I told him : « You have made a desperate, dubious, and expensive war for the possession of a horse (alluding to his latter expedition against Paishaor); do you believe my بم is not worth a horse, and all the horses in your stables? » and I am satisfied that he does no more entertain the least suspicion about me. I feel perfectly free : indeed I have more than freedom; the well-known partiality of the rajah towards me gives me real power. I go wherever I please. I have but a desire to intimate, and every thing in the way of escorts, conveyance, supplies, etc., is in readiness. Men do their best to please me, that I may speak favourably of them to the rajah in my correspondance. Runjet has an extremely inquisitive

tale ! Il exprima quelque surprise à me voir transporté si loin de mon pays par amour pur et désintéressé de بم. Je lui dis: « Vous avez fait une guerre acharnée, incertaine et ruineuse pour posséder un cheval (faisant allusion à sa dernière expédition contre Paishaor); croyez-vous que mon بم ne vaille pas un cheval et tous les chevaux qui sont dans vos écuries? » Et je me flatte que son esprit ne nourrit plus à mon égard le moindre soupçon. Je me sens parfaitement libre; j'ai certes plus que de la liberté; la partialité fort connue dont le radjah fait preuve à mon endroit me donne un pouvoir réel. Je vais où bon me semble. Il me suffit de manifester un désir pour que, sur mon chemin, tout me soit accordé sur-le-champ, escortes, moyens de transport, secours de toute nature, etc., etc Chacun s'evertue à me plaire, afin que, dans ma correspondance, je parle en sa faveur au radjah. Rundjet a beaucoup de finesse d'esprit; il est très-vif. Les phrases lourdes et compassées de la conversation officielle lui causent un en-

turne of mind; he is very quick. The dull, slow big
phrases of official intercourse are death to him. He
asks me about the air, the water, the earth, of the
countries I visit. Curiosly prejudiced by some scanty
notions of arabic, *id est*, of greek, natural philosophy,
I indulge him in these theories, and so we go on, so-
mething like Seneca, in his *Questiones naturales*, a
book full of wit and non-sense.

There are in Cachemyr evident traces of great revo-
lutions of the earth, which are not to be observed in
the other parts of the Himalaya that I have visited: its
organic productions have a great analogy to those of
the Lower Kanaor, but the whole by far more European.
Its beauty has been much overpraised, I don't speak,
of course, by poets — it was their business, they feed
upon it; but even by Mr. Forster and my countryman
Bernier. It is still the Himalaya where nature appears
as aware of her greatest beauties, as she has been

n ii mortel. Il me fait des questions sur l'air, sur l'eau, sur la terre des
contrées que je visite. Il a l'esprit singulièrement faussé par quelques
faibles notions d'arabe, c'est-à-dire de grec, de physique; je le berce
dans ces théories, et ainsi nous conversons à la manière de Sénèque
dans ses *Questions naturelles*, ce livre si plein d'esprit et de folie.

A Cachemire, il y a des traces évidentes des grandes révolutions du
globe que l'on n'observe pas dans les autres parties de l'Himalaya que
'ai visitées. Les produits organiques présentent une grande analogie
vec ceux du bas Kannawar; mais la généralité se rapproche plus de
ceux de l'Europe. La beauté de cette montagne a été trop vantée, je ne
veux pas dire par les poëtes, c'était naturellement leur affaire, c'était
une pâture à leur imagination; mais M. Forster et mon compatriote
Bernier ont fait de même. C'est encore dans l'Himalaya que la nature
déploie ces grandes beautés dont elle s'est montrée si prodigue dans

prodigal of them in the Alps and in the Cordilleras. The far-famed lake is rather a large swamp, and it would disgrace any part of the Alps. The appearance of the city is very wretched; it is perhaps worse than in indian city. The country is sinking fast down to the utmost misery. Its fall is to be traced to the introduction of islamism; but it has never been so rapid as since the overtrow of the mogul dominion.

I am the only European in this remote part of the world; but, thanks to lord William Bentinck's kindness, I enjoy the greatest of european luxuries, I read the news-papers of my country, which he forwards regularly to me. You may easily fancy the interest I find in them; your Calcutta papers, that reach me also through the kindness of some friends, are scarcely intelligible to me in their french politics, whenever they try to go close to particulars.

les Alpes et dans les Cordillères. Le lac dont la réputation s'étend si loin est bien plutôt un grand marais, et ferait disparate dans les Alpes. La ville présente un aspect fort triste, pire encore peut-être que celui d'une ville indienne. Le pays s'affaisse et tombe dans la dernière misère. Cette décadence, due à l'introduction de l'islamisme, n'a jamais été plus rapide que depuis la chute du pouvoir mongol.

Je suis le seul Européen dans cette partie lointaine du monde; mais, grâce à l'amabilité de lord William Bentinck, je jouis du plus grand plaisir qui soit donné a l'Européen, je lis les journaux de mon pays, qu'il m'adresse régulièrement. Vous pouvez vous faire facilement une idée de l'intérêt que je prends à cette lecture; vos journaux de Calcutta qui me parviennent aussi par les soins obligeants de quelques amis, donnent sur la France des nouvelles politiques inintelligibles, chaque fois qu'ils veulent tenir quelque chose secret au public.

CXXXVII

A MADAME LEBRETON, A PARIS.

Dans les montagnes de Cachemire, le 31 juillet 1831.

J'ai été affligé, chère madame Lebreton, de ne pas
trouver une seule ligne de votre écriture amie dans la
masse énorme de lettres que j'ai reçues avant-hier
parmi ces solitudes. Ce qui a ajouté à ma peine, c'est
ce que j'ai appris par mon père des chagrins toujours
croissants de votre position. Je sais que vous avez pu
craindre de perdre Jules et de voir votre fille et son
enfant sans autres ressources absolument que les
vôtres déjà si restreintes. Enfin je connais tous les
sentiments de votre cœur, et je comprends la douleur
que doit vous causer l'état de maladie de votre fille.
Puissiez-vous au moins trouver des consolations dans
votre petite-fille !

J'étais resté un an sans nouvelles de France, je veux
dire sans lettres, car l'obligeance aimable du gouverneur général sait toujours me faire passer les journaux
anglais et français, même à cette grande distance des
possessions anglaises. M. Allard, à Lahore, est le dernier anneau de cette chaîne de mains amies qui m'apportent la manne du ciel dans le désert. Vous pouvez
donc penser combien d'émotions a excitées en moi la

lecture de tant de lettres, écrites à une telle époque[1], et si longtemps attendues. L'agitation nerveuse qu'elles m'ont causée est loin d'être calmée, et tout ce que j'ai écrit sous cette impression maladive doit n'avoir pas le sens commun. Mon père vous montrera sans doute son dividende de ma fièvre. Je regrette qu'il ne m'ait pas dit ce qui avait été fait pour votre neveu Grouvelle. Je crois que son dévouement lui donnait bien des titres à des récompenses. La fortune de Taschereau est toute simple, c'est le fruit non-seulement des services rendus, mais de la capacité. Nous le verrons peut-être un jour préfet de police; et je crois que nous n'en aurons jamais eu un meilleur auparavant. Si vous voyez les Cordier, parlez-leur de moi avec l'attachement que je leur dois et que je leur porte bien sincèrement. J'écrirai avant deux mois au mari et à la femme.

Adieu; j'ai été ce matin dans les nuages, et j'ai rapporté de ma course une foule d'objets qui réclament mes soins. Ce n'est pas assez de l'œil du maître quand les serviteurs sont Indiens. Mes gens sous mes yeux font ma besogne de travers. Il faut que je la recommence de ma main. Adieu donc encore, chère madame. Que vous dirais-je de mon tendre attachement que vous ne le sachiez comme moi? Amitiés à Jules, que j'espère depuis longtemps rétabli.

[1] A l'époque de la révolution de juillet.

CXXXVIII

A M. JOSEPH DE HEZETA, A CALCUTTA.

Jardin de Chalibagh en Cachemire, le 18 août 1831.

Mon cher Hezeta, j'ai reçu hier votre lettre du 20 juin dernier, et je ne comprends pas que vous m'accusiez de silence. Je vous ai écrit trois fois depuis que j'ai reçu votre lettre du 1er janvier. Informez-vous à la poste à Calcutta, et auprès du capitaine Frazer ; mais, de peur que mes lettres ne se soient égarées, — ce qui pourtant n'est pas probable, car je n'en perds aucune, même d'Europe,— sachez que je suis arrivé à Cachemire le 8 mai, que j'y jouis de tous les avantages possibles pour l'objet de mes études et que j'entreprends maintenant ma dernière campagne dans ce pays singulier. Avant que de reprendre le chemin de l'Inde anglaise, je visite la chaîne de montagnes qui la séparent du grand et du petit Thibet. Dans vingt ou vingt-cinq jours, je serai de retour à la ville, et, quinze jours après, je retournerai vers le Sutledje. Quelque diligence que je fasse, il me sera impossible de joindre lord William à Simlah : vous jugerez si je le regrette.

Je suppose qu'une de vos lettres s'est égarée ; du 1er janvier au 21 juin, je n'en ai reçu aucune. J'ignorais entièrement votre établissement. Acceptez, mon ami, mes vœux les plus sincères pour votre succès, et donnez-vous le plaisir de m'écrire que vous vous enrichissez, si vous le faites, car nul n'aura plus de satisfaction que moi à l'apprendre. J'admire votre courage et je doute si j'en aurais autant.

J'ai reçu, hier matin, de lord William les journaux de Paris du mois de mars, et, pour les lire à mon loisir, je me suis arrêté dans ces beaux lieux. C'est le seul palais mongol qu'ait respecté la brutalité des conquérants afghans et des Sykes, non moins ignoblement barbares que les Afghans. Je suis campé, avec mon lit (que vous vous rappelez peut-être), ma chaise et ma table, dans le salon où Thomas Moore a donné de si jolies fêtes à Jehanghir; mais il n'y a pas de *Nourmehal* [1] derrière les rideaux des deux cabinets adjoints. Ma caravane est campée dans le jardin. C'est une centaine de coquins qui ressemblent peu aux figures pittoresques que Moore a placées dans ses fantastiques tableaux.

Je suis profondément affligé de l'état politique de mon pays! Nous aurons sans nul doute la guerre civile au dedans. Elle sera horrible peut-être dans quelques départements du Midi, car chacun se battra pour son opinion! Votre pays et le Portugal sont bien à plaindre. Il est évident pour moi que la majorité numérique de la Péninsule est satisfaite de ses rois, et,

---

[1] Allusion au poëme de *Lalla Rook*, de Thomas Moore.

plus, de ses moines et de ses mendiants; puis vos compatriotes réfugiés en France n'ont fait que des folies!

Adieu, mon ami. J'ai le cœur bien triste. Je vous embrasse.

CXXXIX

A M. ADRIEN DE JUSSIEU, A PARIS.

Sabatho), le 1er décembre 1831.

Mon cher ami,

..... Mes observations barométriques portent à seize cent trente mètres environ (si j'ai bonne mémoire) le niveau de Cachemire au-dessus de la mer. Cette détermination est susceptible d'une approximation plus précise, et je la rectifierai, comme de raison, lorsque je posséderai-les moyennes barométriques mensuelles de midi, à Calcutta et à Bombay, pour l'année présente. Le climat de la vallée a une étonnante ressemblance avec celui de la Lombardie. C'est la même coupe des saisons, la même répartition du froid et du chaud, du sec et de l'humidité, dans les divers mois de l'année. Il va sans dire que cette similitude singulière du climat entraîne celle des productions végétales; cela est vrai des plantes aquatiques surtout. A l'exception d'un petit nombre d'espèces indiennes qui sont montées là je ne sais comment, tout le reste est européen.

La Flore alpine de l'Himalaya est fort pauvre. Cette pauvreté tient sans doute au peu de variété des sites alpins dans ces montagnes. A l'exception de Cachemire, je n'y ai pas vu une seule vallée qu'on n'appelât dans les Alpes une gorge étroite. Elles manquent également de plateaux. Les sols ont aussi peu de diversité que les sites. Ils sont maigres en général. Dans les régions les plus élevées, les graminées disparaissent presque entièrement, au lieu de s'y modifier, comme dans les hautes Alpes, sous une multitude de types particuliers à ces hautes stations. Plusieurs chênes, très-difficiles à distinguer les uns des autres, sont épars dans la région moyenne, depuis la hauteur de quinze cents mètres jusqu'à deux mille cinq cents. L'un d'eux, le seul qui soit facile à reconnaître, et qui ressemble à une des espèces d'Amérique à feuilles de châtaignier (mais persistantes), forme de basses forêts peu touffues, associé, au sud du Sutledje, à un très-grand *andromeda* et à un superbe rhododendron, l'un et l'autre aussi grands que lui. Les autres croissent plus haut et sont mêlés souvent au cèdre, tout à fait semblable, pour le port, à celui du Liban; à deux sapins qui représentent merveilleusement, s'ils ne sont même notre *abies excelsa* et *abies pectinata;* un pin assez semblable pour le port au *pinus strobus;* l'if; deux érables de port européen, et un *œsculus* non décrit dans le *Prodromus*, identique, pour le port et la stature, un marronnier d'Inde, dont il diffère par ses capsules lisses, la forme de ses fleurs, ses jeunes pousses glabres, etc., etc. J'omets le noyer et quelques autres.

Ces forêts expirent à trois mille ou trois mille cinq cents mètres. Il n'y a au-dessus que des bois de bouleaux, que dépasse seul un rhododendron, le plus beau de tous (*Rh. campanulatum*), puis des pâturages. Mais ce n'est pas le tapis de velours jeté sur les Alpes, entre leurs forêts et leurs neiges éternelles; de même que, dans les étroites vallées de l'Himalaya, vous chercheriez vainement les prairies fleuries de nos montagnes d'Europe.

Consolez-vous donc, mon cher ami, de ne voir qu'au coin du feu, entre les feuilles de mon herbier, les forêts et les herbages de l'Himalaya. Vous me parlez dans votre lettre d'un mélange de formes tropicales et de formes alpines qui pourraient se trouver associées dans la région inférieure de ces montagnes. Mais, à l'exception du *pinus longifolia* (qui ressemble beaucoup au *pinus pinea*), aucun type alpin ne descend dans les basses vallées. Les forêts de *shorea robusta*, de *bombox* et de cette quantité d'arbres nouveaux décrits par Roxburgh, habitent exclusivement les vallées appelées *dhoûnes*, célèbres par leur chaleur et leur humidité perpétuelles, par leur épouvantable insalubrité, qu'une faible rangée de collines très-basses sépare seule des plaines adjacentes, dont elles excèdent à peine le niveau. J'ai vu un de ces dhoûnes l'an passé au nord de Saharunpoor. C'est le plus septentrional de tous, et de tous, par conséquent, celui dont la végétation est le moins luxuriante. D'ailleurs, je le traversais au mois d'avril, avant la saison des pluies, et c'est dans cette saison qu'il faut y herboriser. Wallich, malgré son zèle, l'a fait peu lui-même. C'est un amusement trop dangereux. Il y a sept ou huit contre un à parier qu'un Européen y prendra la fièvre des jungles dans la plus formidable de ses variétés. Les Indiens eux-mêmes la contractent fréquemment, et, comme nous, souvent y succombent. Cela est si bien connu du gouvernement, que, pour se défaire des malfaiteurs condamnés aux travaux forcés, on les occupe à percer des routes dans ces dhoûnes, travail presque toujours mortel à ceux qu'on y contraint.

Ces forêts épaisses, si humides, si insalubres, sont la retraite des éléphants, des rhinocéros et des buffles sauvages. Au nord de Bénarès, en Oude, au nord de Patna, sous le Népaul, et, plus loin, au sud vers Silhet, ces animaux sont extrêmement communs. Dans les dhoûnes de Saharunpoor, et même ceux de Nahan, qui est sur la rive droite de la Jumnah, il y a encore quelques éléphants. Je le sais pertinemment, pour avoir vu, en herborisant, les traces les moins équivoques de leur passage très-récent. J'étais à pied, ce qui ne me rendit pas ma découverte plus agréable, car la rencontre de ces animaux est très-dangereuse. Ce qu'on dit, d'ailleurs, de leur vitesse est un conte. A cheval, je me soucierais fort peu d'en avoir une vingtaine à mes trousses. Peut-être est-ce l'éléphant d'Afrique qui a

fait au genre cette réputation de vitesse. J'ignore s'il
la mérite plus que celui de l'Inde, qui n'y a aucun
titre. L'éléphant le plus agile, qui fuit à la chasse
devant un tigre, ne fait pas plus de trois lieues à
l'heure, et il ne saurait garder cette allure une heure
entière. Il faut le forcer pour lui faire faire seulement
deux lieues à l'heure; il se déhanche et se fatigue
déjà beaucoup à ce train. Son pas naturel est celui
d'un homme qui marche bien, une lieue et demie à
l'heure, ou quelque peu davantage.

Jusqu'ici, depuis mon arrivée dans l'Inde, je n'y ai
encore vu aucune forêt qui réalisât ce qu'un botaniste
rêve du tropique, ce que j'avais admiré avec passion à
Saint-Domingue, à Bourbon et aux environs de Rio-
de-Janeiro. Le mot indien de *jungle*, que les Anglais
ont adopté, sonnait d'abord bien haut à mon oreille.
Ils faisaient de leurs jungles de si terribles descriptions, que je m'attendais à voir des forêts d'arbres
gigantesques, enlacés d'une manière inextricable par
des lianes épineuses retombant de leur cime en cas-
cades mouvantes de fleurs éclatantes et parfumées.
Les palmiers ne manquaient pas dans cette création
de mon imagination, et ils épanouissaient leurs gerbes
élégantes ou majestueuses au-dessus de la zone dense
des forêts. Derrière chaque tronc, j'avais embusqué
un tigre ou caché un serpent monstrueux, et peuplé
ma forêt des hôtes les plus pittoresques. On dit que,
vers Silhet, sur le Barrampooter, la nature m'eût
montré la réalisation de ma peinture imaginaire; mais

ce qu'il y a de certain, c'est que je n'ai encore reconnu nulle part aucun de ses traits.

..... Pour achever de vous surprendre, je vous avouerai encore que, malgré mon vif désir d'observer le choléra-morbus, je n'ai pas jusqu'à présent réussi à voir un seul cas de cette maladie, dont quelques-uns de mes amis, peut-être, m'ont déjà cru mort plusieurs fois, si quelques-unes de mes lettres se sont perdues et les ont laissés longtemps sans nouvelles de moi. On n'en voit presque jamais de cas isolés, et (dois-je m'en plaindre?...) il ne régnait endémiquement dans aucun des lieux que j'ai successivement traversés. Cet été, il faisait de grands ravages à Calcutta, à Bénarès, à Agrah, et dans quelques autres villes riveraines du Gange ou de la Jumnah. Depuis treize ans, on l'a vu aussi deux fois à Cachemire. Il y en a trois, il a prodigieusement éclairci le régiment de Gourkhas qui y garnisonne.

Tout mon bagage embarqué à Dehli, je prendrai la route de Bombay, où je tâcherai de me remiser dans la saison des pluies, qui n'est pas tenable (et que personne n'a fait l'expérience de tenir) sous une tente. J'irai ensuite, fouillant les forêts des Ghattes, vers le cap Comorin, où j'espère voir ce qui m'a fait faute jusqu'ici. Il y a, au reste, une raison fort satisfaisante pour que les traits d'une nature tropicale aient manqué aux tableaux que j'ai vus jusqu'ici dans l'Inde : c'est qu'en sortant, il y a deux ans, de la grande rivière du Bengale, je suis sorti aussi du tropique, et,

depuis, m'en suis éloigné constamment. La grande
étendue de la chaîne de l'Himalaya que j'ai parcourue
est comprise très-obliquement entre le trentième et le
trente-cinquième degré de latitude. En arrivant ce
matin ici, j'ai saluai en botaniste deux grands *borassus
flabelliformis* qui y semblent fort dépaysés. ·Cet arbre
est très-commun à Pondichéry et au Bengale; mais,
autour de Dehli, d'Agrah, il n'y en a déjà plus aucun.
A Bénarès même, ils sont fort rares dans la campagne.....

DIALOGUE VÉRITABLE [1]

La scène est à Calcutta, dans une salle à manger.

ELLE. — MOI.

MOI.

Mademoiselle, aurai-je l'honneur de vous donner le bras pour passer dans la salle à manger?

ELLE.

Volontiers, monsieur.

MOI.

Je suis bien reconnaissant envers lady William du plaisir qu'elle me procure aujourd'hui, de dîner avec des compatriotes. Depuis plus d'un mois que je suis

---

[1] Ce dialogue a été trouvé dans les papiers que Victor Jacquemont avait laissés à Bombay. Il offre un portrait frappant de cette espèce de miss que lord Byron détestait si cordialement, et qu'il a si bien ridiculisée. Le manuscrit de Jacquemont paraît avoir été écrit très-vite et de mémoire. Il n'est pas douteux que la conversation singulière qu'il rapporte n'ait eu lieu effectivement.

dans l'Inde, je n'ai pas eu occasion de parler ma langue...

ELLE.

Et vous n'en savez guère parler d'autre?

MOI.

Il est vrai. Je ne m'exprime pas avec facilité en anglais.

ELLE.

Cela est impossible aux Français; ils ne peuvent pas bien prononcer.

MOI.

Vous-même cependant, mademoiselle, que j'aurais prise, à vous entendre, pour une Anglaise, n'êtes-vous pas Française?

ELLE.

Non, monsieur.

MOI.

Monsieur votre père, je le sais, est Anglais; mais madame votre mère est Française. Vous êtes née en France; vous y avez passé votre enfance...

ELLE.

Monsieur, je vous ai dit, et je vous répète que je ne suis pas Française.

Un silence.

. . . .

ELLE.

Êtes-vous marié, monsieur?

MOI.

Non, mademoiselle.

ELLE.

Bien. Quelle est votre religion?

MOI.

Mais vous savez qu'en général, les Français sont catholiques. Je ne suis pas protestant.

ELLE.

Vous êtes donc catholique?

MOI.

Mais oui, sans doute. Ma famille est catholique.

ELLE.

Mais, monsieur, êtes-vous catholique? Expliquez-vous plus clairement, car je ne vous comprends pas.

MOI.

J'ai eu l'honneur de vous dire, mademoiselle, que ma famille était catholique, et je n'ai aucune raison de croire que je ne sois pas de la religion de mes parents.

ELLE.

Quelle est votre fortune?

MOI.

Peu considérable.

ELLE.

Mais, enfin, combien avez-vous à dépenser par an?

MOI.

En vérité, je ne saurais dire...

ELLE.

C'est singulier. Il me semble, monsieur, que je vous fais des questions assez claires pour avoir des réponses précises.

MOI.

Mademoiselle, je suppose que j'ai quinze mille francs par an.

ELLE.

C'est bien peu de chose !... Ce n'est que la paye d'un capitaine, dans ce pays.

MOI

Il se peut.

ELLE.

Avez-vous encore vos parents ?

MOI.

Mon père vit encore.

ELLE.

Est-il très-vieux ?

MOI.

Assez vieux.

ELLE.

Fort bien... A-t-il quelque chose à vous laisser ?

MOI.

Très-peu.

ELLE.

Vous avez peut-être de vieux oncles garçons, de vieux parents dont vous hériterez?

MOI.

J'y songe peu.

ELLE.

Il est pourtant fort agréable d'hériter, surtout quand on n'a que quinze mille francs par an.

MOI.

Mademoiselle, j'ai le bonheur d'avoir des goûts très-simples, et je me trouve très-satisfait de ce que je possède.

ELLE.

Je ne veux pas troubler votre joie ; mais votre satisfaction va à pied. A votre place, je chercherais une bonne sinécure pour avoir un carrosse.

MOI.

Je ne trouve pas, permettez-moi de vous le dire, mademoiselle, l'industrie des sinécuristes parfaitement honnête.

ELLE.

Pourquoi?

MOI.

C'est avec le nécessaire des malheureux qui travaillent qu'on fait le superflu pour des oisifs. Je me ferais un cas de conscience de jouir d'un bien si mal, si odieusement acquis.

ELLE.

Vous êtes philanthrope, à ce qu'il paraît, monsieur?

MOI.

Un peu, mademoiselle.

ELLE.

Non, monsieur, vous l'êtes beaucoup.

MOI.

Beaucoup, puisque vous le voulez.

ELLE.

Pourquoi n'êtes-vous pas marié?

MOI.

Sans doute parce que je n'ai pas eu le désir ou la
possibilité du mariage.

ELLE.

Quel âge avez-vous?

MOI.

Vingt-huit ans.

ELLE.

Il est temps cependant d'y songer.

MOI.

Oh! je suis bien jeune encore, pour un Français du
moins. Vous n'ignorez pas que nous nous marions
plus tard que les Anglais.

ELLE.

Cela est très-mal.

MOI.

Mal! et pourquoi?

ELLE.

Monsieur,... n'êtes-vous pas chrétien?

MOI.

Mademoiselle, j'ai déjà eu l'honneur de vous dire que j'étais non-seulement chrétien, mais sans doute encore catholique.

ELLE.

Je comprends!... et philosophe par-dessus le marché : tous les philanthropes le sont. Eh bien, monsieur, puisque vous êtes si philanthrope, pourquoi n'êtes-vous pas marié?

MOI.

Je ne vois pas quel rapport...

ELLE.

Vous avez la vue courte.

MOI.

Aussi voyez-vous que je porte des lunettes.

ELLE.

Il ne s'agit pas de cela.

MOI.

De quoi s'agit-il donc?

ELLE.

Du mariage.

MOI.

Il est vrai ; j'avais oublié.

ELLE.

Votre mémoire est donc comme vos yeux?

MOI.

Malheureusement !

ELLE.

C'est un grand malheur, de n'avoir pas de mémoire.

MOI.

Je ne m'en console pas.

ELLE.

Pour en revenir à ce dont nous parlions, pensez-vous que les femmes soient plus heureuses que les hommes ?

MOI.

Je ne sais.

ELLE.

Que savez-vous donc, monsieur?

MOI.

Je suis extrêmement savant, mais je ne sais pas cela.

ELLE.

Eh bien, monsieur, puisque vous êtes si savant, vous me direz s'il y a plus de bonheur pour les femmes dans le mariage que hors le mariage?

MOI.

Cela dépend.

ELLE.

De quoi?

MOI.

De mille circonstances.

ELLE.

Faites-m'en grâce, je vous prie, et dites-moi, sans
tant de circonlocutions, si vous ne pensez pas que ce
soit un malheur pour les femmes de n'être pas ma-
riées?

MOI.

Je le pense, généralement.

ELLE.

En ce cas, monsieur, vous êtes extrêmement coupable, extrêmement inconséquent à vos principes phi-
lanthropiques, puisque vous êtes garçon à votre âge.
Quand les hommes restent garçons, il faut bien que les
femmes demeurent filles. N'y a-t-il pas plus d'égoïsme
que de philanthropie à rester dans un état qui vous est
agréable, mais qui entraîne nécessairement le malheur
d'une autre personne?

Ici, je recule ma chaise.

MOI.

Ma conscience sera parfaitement tranquille tant que
je ne ferai de tort à aucun individu. D'ailleurs, il est
des hommes délicats, et je suis du nombre, qui attendent pour se marier que le sentiment les y sollicite, et

que la raison seule n'y déterminerait jamais. Or, ce sentiment est involontaire.

ELLE.

Croyez-vous, monsieur, que vous puissiez aimer une personne laide ?

MOI.

En vérité, je crois qu'il y en a dont l'amabilité ne saurait faire oublier la laideur.

ELLE.

Ainsi, dans votre système, celles qui ne sont ni belles, ni aimables, doivent rester filles.

MOI.

Je n'ai pas dit cela.

ELLE.

Vous l'avez dit ; mais peu importe, car ce cas est très-rare. Les femmes sont très-aimables.

MOI.

Mademoiselle, laissez-moi le dire.

ELLE.

Monsieur, que pensez-vous du chœur dans la tra-gédie grecque ?...

MOI.

Ce que je pense du chœur dans la tragédie grecque !

ELLE.

Oui. Qu'y a-t-il donc d'obscur dans ma demande?
C'est une absurdité que le chœur au théâtre... Les
anciens, au surplus, n'avaient pas de théâtre.

MOI.

Ils n'avaient pas du moins de théâtres à la façon des
nôtres.

ELLE.

Les pièces que je préfère sont celles de Voltaire.

MOI.

Il y en a quelques-unes de fort belles.

ELLE.

Comment! quelques-unes? Ne sont-elles pas toutes
belles?

MOI.

Il en a composé dans sa vieillesse plusieurs où se
montre l'affaiblissement de ses facultés, et qui sont
décidément très-ennuyeuses. On ne les joue jamais. Je
suppose que vous ne les avez jamais lues.

ELLE.

Je vous prie de croire, monsieur, que j'ai lu tout
Voltaire.

MOI.

Je vous en fais mon compliment, mademoiselle. Je
n'en saurais dire autant.

ELLE.

Comment, monsieur, vous êtes Français et vous n'avez pas lu Voltaire?

MOI.

Tout Voltaire... Mais il y a des ouvrages que j'ai lus plusieurs fois. Les *Romans philosophiques*, par exemple.

ELLE.

Je les aime aussi beaucoup, *Candide* surtout. C'est une grande et profonde composition.

MOI.

Bien triste.

ELLE.

Fort plaisante, je trouve!

MOI.

Ah! à certains égards, sans doute.

ELLE.

Est-ce que vos prêtres ne vous défendent pas de lire Voltaire?

MOI.

Je ne sais; mais on peut le lire sans leur permission.

ELLE.

Oh! certainement, ils vous le défendent comme la Bible.

MOI.

Cette association fait beaucoup d'honneur à Voltaire.

ELLE.

Elle lui en ferait, s'il n'avait attaqué que la religion catholique; mais Voltaire était athée, et ses ouvrages ne sont pas moins condamnables par nous que par les prêtres grossiers et superstieux de l'église de Rome.

MOI.

Comment donc n'avez-vous pas craint de les lire?

ELLE.

Fait-on le mal pour le voir? La supériorité de l'esprit et du jugement des femmes leur permet sans inconvénient beaucoup de lectures fâcheuses pour les hommes.

MOI.

Je ne l'avais pas entendu dire.

ELLE.

Je n'ai pas la prétention, monsieur, d'être dans mes opinions l'écho du public. Mais pouvez-vous sincèrement douter que les femmes ne soient très-supérieures aux hommes?

Je fais un signe d'incrédulité.

ELLE.

Ignorez-vous donc l'histoire? Alexandre est-il plus grand que Sémiramis? Énée que Didon? Pindare que Sapho? Et dans les temps modernes..., les règnes d'Élisabeth et d'Anne ne sont-ils pas les plus glorieux de l'Angleterre? Marie-Thérèse, Catherine II, ne prou-

vent-elles pas que les femmes sont faites pour le commandement? Votre loi salique est une des plus abomi-
nables coutumes de votre constitution? Qu'en pensez-
vous?

MOI.

Nos opinions sur les femmes, je le crains, ne s'accordent pas parfaitement.

ELLE.

Nullement, monsieur. Mais, quoique vous leur re-
fusiez le pouvoir de droit, en fait, ne l'auraient-elles
pas chez vous?

MOI.

Beaucoup trop.

ELLE.

C'est qu'il y a peu de bien à faire en France; l'action d'une femme peut difficilement y être utile; le
peuple est si ignorant! les catholiques sont si superstitieux!

MOI.

Le suis-je donc tellement?

ELLE.

Mais oui, sans doute, si vous êtes catholique. Il n'y
a rien de si honteux que le catholicisme. Les Français
sont notoirement inférieurs aux Anglais.

MOI.

Par exemple, ils font moins bien les couteaux.

ELLE.

Les Anglais battent les Français partout. Les Français ne sont pas même un peuple guerrier.

MOI.

Je croyais que, depuis trente-cinq ans, ils avaient donné des preuves en ce genre...

ELLE.

Comment cela a-t-il fini?... Qui a vaincu à Waterloo?

MOI.

Les Prussiens.

ELLE.

Non, monsieur; ce sont les Anglais.

MOI.

Je le croirai, s'il vous plaît ainsi.

ELLE.

Monsieur, quelle est la devise de vos armes?

MOI.

Je ne connais pas fort bien mes armoiries; mais je n'y connais pas du tout de devise.

ELLE.

Il n'y a pas d'armes sans devise! Ce que vous dites

là, monsieur, est inintelligible! Vous dites que **vous** ne connaissez pas vos armes!... Vous n'en avez donc pas?

Elle recule sa chaise.

MOI.

Je crois que si, et, de plus, qu'il y a trois tourteaux quelque part, sur une espèce d'écusson...

ELLE.

Moi, monsieur, il y a un ananas dans les miennes; c'est l'emblème de mon nom. Mais comment ferez-vous quand vous voudrez vous marier? Croyez-vous que personne consente à vous épouser sans connaître votre blason et l'ancienneté de votre noblesse? N'a-t-on pas le droit d'exiger de vous des preuves pareilles à celles que l'on établira devant vous?

MOI.

Alors, mademoiselle, j'étudierai cette matière; car je suis, comme vous, très-délicat sur l'article de l'égalité de la naissance dans les alliances; et, comme mes ancêtres étaient nobles au temps de Charles-Quint, je ne puis épouser personne qui ne me prouve au moins trois cents ans de noblesse. Je vous le demande, à vous-même, y a-t-il rien de si ridicule et de si méprisable que les parvenus?

23

II.

ELLE.

Je pense, monsieur, qu'on ne peut épouser raisonnablement qu'une personne excessivement riche.

MOI.

Mademoiselle, on passe au salon; voulez-vous accepter mon bras ?

ELLE.

Je prendrai celui de ma mère.

CORRESPONDANCE

DEPUIS MON DÉPART DE PARIS, LE 9 AVRIL 1828 [1]

1828

De Brest	14 août	A Porphyre	à Paris.
—	15-16 »	Au même	—
—	16 »	A mon père	—
—	» »	A Prosper Mérimée	—
—	» »	A Jules Taschereau	—
—	» »	A M. Évrat	—
—	» »	A madame Cuvier	—
—	» »	A madame de Laubespin	—
—	» »	A M. de Mirbel	—
—	» »	A Adrien de Jussieu	—
—	» »	A M. Paulin	—
—	» »	A Victor de Tracy	à Paray
—	» »	A Achille Chaper à Pinsot (Is·
—	» »	A J. de Charpentier à Bex (Suisse)
—	» »	A Zoé (mademoiselle Noizét de Saint-Paul)	à Arra
—	» »	A Amable de Grandval	—
—	» »	A J. Cambessèdes	à Paris.
—	» »	A M. Rousseau (conseils de botanique)	à Brest.

[1] Memento trouvé dans les papiers de Jacquemont.

De Brest	23 août	A M. Narjot, capitaine du génie	à Brest.
—	» »	A madame Fanny de Perey	à Paris.
—	» »	A M. Nicollet	à Brest.
De Ténériffe	9-16 sept.	A Victor de Tracy	à Paris.
—	10-16 »	A mon père	—
En mer	10-28 oct.	A Zoé	à Arras.
—	18-28 »	A Porphyre	à Paris.
De Rio-de-Janeiro	28 »	A M. Narjot	à Brest.
—	» »	A M. Nicolet	à Paris.
—	» »	A M. Charles Dunoyer	—
—	» »	A Jules Cloquet	—
—	» »	A madame Fanny de Perey	—
—	» »	A Zoé	à Arras.
En mer	5 nov.	A M. Sutton Sharpe	à Londres.
—	» »	A M. Hugh Maxwell	à New-York.
—	» »	Au docteur J.-B. Stevenson	—
—	6-14 »	A Jules Taschereau (avec une incluse pour le *Journal des Débats*)	à Paris.
—	» »	A mon père	—
—	6 »	A M. de Cazotte	à Rio-de-Janeiro.
—	1? »	A Achille Richard (lettre de recommandation pour M. Camescape)	à Paris.
—	14 »	A Jules Cloquet	—
—	» »	A M. Louis Camescape, chirurgien de la goëlette *l'Iris*	à Rio-de-Janeiro.

En mer	14 nov.	Au docteur J.-B. Ste-	
		venson	à New-York.
Cap de Bonne-			
Espérance	24 déc.	Aux professeurs admi-	
		nistrateurs du Muséum	à Paris.
—	10-28 »	A Chaper	à Chaillot.
—	11-28 »	A M. de Mareste (sur le	
		Brésil)	à Paris.
—	18-28 »	A mon père	—
—	28 »	A Adélaïde de Grandval	à Arras.
—	» »	A madame Fanny de Perey	à Paris.
—	» »	A Prosper Mérimée	—
De la rade de			
Saint-Denis	30 »	Au docteur Hoaraud	
(Bourbon)		aîné	à Saint-Paul.

1829

De la rade de			
Saint-Denis			
(Bourbon)	25 janv.	A M. de Humboldt	à Berlin
—	29 »	Au docteur Koreff	à Paris.
—	» »	A madame Lacuée	—
—	» »	Au docteur Edwards	—
—	» »	A madame Lebreton	—
—	» »	A J. Cambessèdes	—
—	1er fév.	A Victor de Tracy	—
—	3 »	A M. Cordier	—
—	» »	A mon père	—
—	» »	A Frédéric	à Port-au-Prince.
—	» »	A madame Ramond	à Paris.
—	8 »	A J.-A. Buchon	—

De la rade de Saint-Denis (Bourbon)	1er fév.	A M. de la Serve	à Bourbon.
—	15 »	Au docteur Hoaraud aîné	à Saint-Paul.
—	19 »	Au même	—
—	» »	A madame Évrat	à Paris.
—	10-24 »	A Porphyre	—
—	» »	Aux professeurs administrateurs du Muséum	—
—	24 »	A M. de la Serve	à Bourbon.
—	» »	A madame Victor de Tracy	à Paris.
—	25 »	A Adrien de Jussieu	—
—	» »	Au baron Gérard	—
De Pondichéry	11 avril	A M Martin de Lacroix	à Bourbon.
—	» »	A mademoiselle de Parny	—
—	» »	A M. Martin de Flacourt	—
—	» »	A M. de Tromelin	—
—	» »	A M. Joseph des Bassyns	—
—	» »	A M. de la Serve	—
—	» »	A M. Félix-Émile Taunay, professeur de peinture	à Rio-de-Janeiro.
—	21 »	A M. de Meslay (pour lui demander passage, avec un domestique, jusqu'à Calcutta)	à Pondichéry.
—	22 »	A M. Henri Martin de Flacourt	à Bourbon.
—	» »	A M. Georges de la Fayette	à Paris.

De Pondichéry	22 avril	A M. Hippolyte Joubert	à Givry.
—	» »	A M. Blin	à Pondichéry.
—	24 »	A M. de Meslay (rapport sur le Jardin du Roi)	—
—	» »	A M. de la Serve	à Bourbon.
—	· » »	A M. Émon fils	à Paris.
—	26 »	A mon père	—
—	» »	A madame de Sainte-Luce	
—	» »	A Victor de Tracy	à Paris.
—	» »	A M. Moiroud	
—	» »	A M. Rabourdin (avec une lettre de recommandation pour lui près de M. de la Serve)	
—	» »	A M H. de Parny	à Bourbon.
De Calcutta	mai	A M. Joseph de Hezeta	à Calcutta.
—	»	Au même	—
—	27 août	A madame Fanny de Perey	à Paris.
—	» »	A M. Charles de Saïlaberry	à Pondichéry.
—	» »	A M. de la Serve	à Bourbon.
—	» »	A M. H. de Parny	—
—	» »	A M. Henri Martin de Flacourt	—
—	» »	A M. de Tromelin	—
—	» »	A M. Achille Chaper	à Pinsot.
—	28 »	Au colonel Lafosse	
—	» »	A M. le duc de Broglie	à Paris.
—	» »	A M. Charles Dunoyer	—
—	29 »	Aux professeurs administrateurs du Muséum	—

De Calcutta	29 août	A M. J. Cordier à Chandernagor.
—	30 »	A Adrien de Jussieu à Paris.
—	» »	A M. de Mirbel —
—	31 »	A sir Charles Metcalfe
		(demande de graines) à Calcutta.
—	1er sept.	A Victor de Tracy à Paris.
—	2 »	A Prosper Mérimée —
—	» »	A M. Georges de 'la
		Fayette —
—	» »	Au baron Gérard —
—	3 »	A Adélaïde de Grandval à Arras.
—	» »	A madame Lebreton à Paris.
—	» »	A mon père —
De Tittaghur	6 »	A M. de Meslay (lettre
		officielle, qui doit être
		envoyée au ministre,
		pour de l'argent) à Pondichéry.
De Chandernagor	oct.	Au même —
De Calcutta	»	A M. Joseph de Hezeta à Calcutta.
—	19 »	Aux professeurs admi-
		nistrateurs du Muséum à Paris.
De Tittaghur	23 »	A M. de Meslay à Pondichéry.
—	»	Au même —
De Calcutta	15 nov.	Au colonel Fagan
—	» »	Au colonel Lafosse
—	» »	A madame Fanny de Percy à Paris.
—	17 »	A M. de Sallaberry à Pondichéry.
De Tittaghur	» »	A M. Joseph de Hezeta à Calcutta.
—	18 »	A M. Potter (pour recevoir
		les plantes au jardin
		botanique) à Pondichéry.

De Barrackpoor 21 nov.   A Frédéric (commencée
                          le 5)   à Port-au-Princ⸗
—   »   »   A Porphyre (commencée
                          le 8)   à Paris.
—   »   »   A mon père (commencée
                          le 10)   —
—   »   »   A madamé Mérimée   —
De Keendha   3 déc.   A M. de Meslay   à Pondichéry.
De Ramigung   5   »   Au capitaine Vetch   à Burdwan.
—   6   »   A sir Alexander John-
                          ston   à Calcutta.
—   »   »   Au docteur Cheesk   à Bankhoor.
De Hararubary 16 »   A M. Pearson   à Calcutta.
—   »   »   A M. de Meslay   à Pondichéry.
—   »   »   A M. J. Cordier   à Chandernagor.
—   »   »   Au capitaine Vetch (avec
                          une introduction près
                          de M. de la Serve) à Burdwan.
—   »   »   A lady Ryan   à Calcutta.
De Monir   28 »   A Zoé   à Arras.

1830

De Bénarès   1er janv. A mon père (commencée
                          le 24 décembre)   à Paris.
—   »   »   A madame Lebreton   —
—   »   »   Au capitaine Vetch   à Burdwan.
—   2   »   A M. J. Cordier   à Chandernagor.
De Delhi   11 »   Au capitaine Turner   à Agrah.

De Delhi	11 janv.	Au grand maître de la poste (pour avoir mes lettres de Bombay, Madras, Calcutta) à Calcutta.
—	12 »	Au colonel Skinner
En Bundelkund	14 »	A M. Joseph de Hezeta à Calcutta.
De Kythul	16 »	Aux professeurs admi- nistrateurs du Muséum à Paris.
—	» »	A Victor de Tracy —
—	» »	A madame Victor de Tracy —
—	» »	A mon père —
—	» »	A Zoé à Arras.
—	» »	A Prosper Mérimée à Paris.
—	» »	A madame Fanny de Perey —
—	17 »	A M. J. Cordier à Chandernagor.
De Saharunpoor	. . .	A M. Trevelyan à Delhi.
—	. . .	Au docteur Duncan à Agrah.
De Tchini	15 avril	A mon père à Paris.
—	» »	Aux professeurs admi- nistrateurs du Muséum —
—	17 »	A sir Edwards Ryan à Calcutta.
—	» »	A lady Ryan —
—	» »	A M. J. Cordier à Chandernagor.
—	18 »	A M. Théophile Metcalfe à Delhi.
De Dheïra	20 »	Au colonel Arnold à Meerut.
—	21 »	A M. Joseph de Hezeta à Calcutta.
—	» »	Au capitaine Troyer —
De Bounássa	14 mai	A M. de Meslay à Pondichéry.
De Simlah	15-25 »	A Porphyre à Paris.
—	15 juin	Au major Youne à Dheïra.
—	17 »	A sir Charles Grey à Calcutta.

De Simlah	17 juin	A M. Joseph de Hezeta à Calcutta.
—	» »	Au capitaine Turner à Agrah.
—	» »	Au docteur Royle à Saharunpoor.
—	» »	Au colonel Arnold à Meerut.
—	» »	Au capitaine Mac Dowell —
—	20 »	A lady William Bentinck à Calcutta.
—	» »	A M. Pearson —
—	» »	A sir Edwards Ryan —
—	» »	A M. Bacon
—	» »	A M. de Meslay à Pondichéry.
—	21-22 »	A mon père à Paris.
—	» »	A Porphyre —
—	23 »	A Victor de Tracy —
—	24 »	A M. J. Cordier à Chandernagor.
—	» »	A M. de la Serve à Bourbon.
—	» »	A madame de la Serve —
—	» »	A madame Victor de Tracy à Paris.
—	25 »	A Achille Chaper à Pinsot.
—	» »	A M. Trevelyan à Kotah.
—	» »	A sir Edwards Ryan à Calcutta.
—	» »	A M. Sutton Sharpe à Londres.
De Tchini	15 juillet	A mon père à Paris.
—	» »	Aux professeurs administrateurs du Muséum —
De Tassigung	23 août	A madame Fanny de Perey —
—	24 »	A Zoé à Arras.
De Nâkô	25-26 »	A Porphyre à Paris.
—	26 »	A mon père —
—	» »	Au docteur Royle à Saharunpoor.
—	» »	Au brigadier Castwrigth à Delhi.

De Lari en Ladak	1er sept.	A Adélaïde de Grandval à Arras.
—	2 »	A M. de Tromelin à Bourbon.
—	» »	A M. Félix Taunay à Rio-de-Janeiro.
De Guimul	3 »	A M. Joseph de Hezeta à Calcutta.
De Dankar	5 »	A sir Alexander Johnston à Londres.
—	» »	A Frédéric à Port-au-Prince.
De Lari	9 »	A M. Élie de Beaumont à Paris.
De Soonjnum	15 oct.	A M. Allard à Lahore.
—	17 »	A M. Joseph de Hezeta à Calcutta.
—	» »	A lord William Bentinck au quartier général.
—	» »	A lady William Bentinck —
De Simlah	19 »	A M. Joseph de Hezeta à Calcutta.
—	» »	A sir Charles Metcalfe —
—	» »	A M. Packenham —
—	23 »	A M. Charles Dunoyer à Paris.
—	» »	A madame Lebreton —
—	24 »	A M. Narjot à Brest.
—	» »	A M. Élie de Beaumont à Paris.
—	» »	A miss Parry à Calcutta.
—	25 »	A M. Cordier à Chandernagor.
—	» »	A M. Amédée Tabourcau à Paris.
—	» »	A M. Augustin Tabourcau —
—	» »	A lady Ryan à Calcutta.
—	» »	A M. de la Serve à Bourbon.
—	» »	A M. de Tromelin —
—	» »	A M. Henri Martin de Flacourt —

De Simlah	26 nov.	سیکندر زوی کانم	
—	27 »	A sir Edwards Ryan	à Calcutta.
—	» »	Au capitaine Nicholson à Kolghur.	
—	» »	A Victor de Tracy	à Paris.
—	» »	A M. Hugh Maxwell à New-York.	
—	» »	A M. J.-B. Stevenson	—
—	» »	A mistress Maxwell	—
—	28 »	A M. J. Cordier à Chandernagor.	
—	28-31 »	A mon père	à Paris.
—	29 »	A Victor de Tracy (lettre d'introduction pour le capitaine Kennedy)	—
De Sabathoo	30 »	A Prosper Mérimée	—
—	» »	Au capitaine J. Scott	à Simlah.
—	31 »	A madame Fanny de Perey à Paris.	
—	1er nov.-9 fév.	A Porphyre	—
—	1er nov.	A J.-J. Metcalfe	à Delhi.
De Saharunpoor	23 »	A M. de Meslay	à Pondichéry.

1831

De Delhi	1er janv.	A M. de la Fayette	à Paris.
—	» »	A M. Joseph de Hezeta à Calcutta.	
—	10 janv.-3 fév.	A mon père	à Paris.
—	12-28 »	A Victor de Tracy	—
—	18 »	A Zoé (avec quelques fleurs)	à Arras.
—	25 »	A M. Georges de la Fayette	à Paris.
—	» »	A M. J. Cordier à Chandernagor.	

De Delhi	25 janv.	A sir Edwards Ryan	à Calcutta.
De Samalkah	28 »	A M. Wiiliam Fraser	à Delhi.
—	» »	A madame Victor de Tracy	à Paris.
De Paniput	29 »	A Zoé	à Arras.
De Kurnaul	1er fév	Aux professeurs administrateurs du Muséum	à Paris.
—	2 »	A M. J. Cordier	à Chandernagor.
—	» »	A sir Edwards Ryan	à Calcutta.
—	» »	Au grand maître de la poste à Bombay (pour qu'il envoie toutes mes lettres à M. Cordier, à Chandernagor)	à Bombay.
—	3 »	A Frédéric	à Port-au-Prince.
—	4 »	A lord William Bentinck	à Calcutta.
De Shahabad	7 »	A M. le ministre de l'intérieur	à Paris.
—	» »	A Victor de Tracy (contenant la précédente)	—
D'Umbalah	9 »	A M. J. Cordier	à Chandernagor.
—	» »	A M. Robert-John Inglis	à Kurnaul.
—	» »	A sir Edwards Ryan	à Calcutta.
—	» »	Au capitaine Wade	à Loodianah.
—	» »	Au capitaine Mac Dowell	à Meerut.
De Kunnah	12 »	A M. de Meslay	à Pondichéry.
—	» »	A M. William Fraser	à Delhi.
—	» »	Au capitaine William Murray	à Umbalah.
De Sirhind	» »	A Victor de Tracy	à Paris.
De Kunnah	» »	A M. J. Cordier	à Chandernagor.

De Delhi	12 fév.	Aux professeurs administrateurs du Muséum	à Paris.
De Doohahel	13 »	A sir Charles Grey (politique de France; parlé de mon projet de restreindre mon voyage à l'Himalaya)	à Calcutta.
De Loodianah	14 »	A M. le général Allard	à Lahore.
—	16 »	Au capitaine Kennedy	à Sabathoo.
—	» »	A Adélaïde de Grandval	à Arras.
—	» »	A M. J. de Charpentier	à Bex.
—	» »	Au général César de la Harpe	à Lausanne.
—	» »	A mon père	à Paris.
—	» »	A M. J. Cordier	à Chandernagor.
—	» »	A sir Edwards Ryan	à Calcutta.
—	» »	A M. de Tromelin	à Bourbon.
—	» »	A M. de la Serve	—
—	» »	Au docteur Royle (accusant réception des baromètres, et contenant un billet à vue pour 66 roupies)	à Saharunpoor.
—	18 »	A M. le général Allard	à Lahore
—	» »	Au docteur Royle	à Saharunpoor.
—	20 »	A M. Cambessèdes	à Paris.
—	» »	A Adrien de Jussieu	—
—	» »	A M. J. Cordier	à Chandernagor.
—	21 »	A M. de Mirbel	à Paris.
—	» »	A M. Cordier	—
—	» »	A M. Élie de Beaumont	—

De Loodianah	21 fév.	A M. J. Cordier à Chandernagor.
—	» »	A sir Edwards Ryan à Calcutta.
—	22 »	A M. Charles Dunoyer à Paris.
—	» »	A M. Victor de Tracy —
—	» »	A M. le duc de Broglie —
—	» »	A M. Robert-John Inglis à Kurnaul.
—	» »	A madame Fanny de Perey à Paris.
—	» »	A Porphyre —
—	» »	A M. J. Cordier à Chandernagor.
—	24 »	A M. le général Allard à Lahore.
—	» »	Au chevalier Ventura —
—	» »	A Achille Chaper à Paris.
—	26 »	Au capitaine Kennedy à Sabathoo.
—	» »	Au colonel Arnold à Meerut.
—	» »	Au brigadier Castwrigth à Delhi.
—	» »	A mon père à Paris.
—	» »	A M. J. Cordier à Chandernagor.
—	27 »	A M. William Fraser à Delhi.
—	28 »	Au capitaine Kennedy à Sabathoo.
—	» »	A sir Charles Metcalfe à Calcutta.
—	» »	A M. le général Allard à Lahore.
—	2 mars	Au docteur J. Gérard à Sabathoo.
De Philloar	» »	A M. le général Allard à Lahore.
De Ponwara	3 »	Au capitaine Wade à Loodianah.
De Djellinder	4-18 »	A mon père à Paris.
De Kupoortalah	5 »	Au capitaine Wade· à Loodianah.
—	» »	Au docteur Murray —
—	» »	A M. le général Allard à Lahore.
De Byrowal	6 »	Au même —
D'Umbritsir	7 »	Au même —
—	8 »	Au même —

De Lahore	14 mars	Au capitaine Wade	à Loodianah.	
—	15 »	Au docteur Murray	—	
—	» »	Au capitaiue Kennedy	à Simlah.	
—	17 »	Aux professeurs administrateurs du Muséum	à Paris.	
—	» »	A MM. Eyriès frères	au Havre.	
—	» »	A M. William Fraser	à Delhi.	
—	18 »	A M. Trevelyan	—	
—	» »	A M. J. Cordier	à Chandernagor.	
—	» »	A M. Clerck	à Kotah.	
—	» »	Au capitaine William Murray	à Umbalah.	
—	» »	A M. Court	à Lahore.	
—	19 »	A M. Benjamin Allard (avec une lettre d'introduction en duplicata pour Georges de la Fayette)	à Calcutta.	
—	» »	A M. Georges de la Fayette (annonçant la précédente)	à Paris.	
—	» »	A Zoé	à Arras.	
—	20 »	Au capitaine Wade	à Loodianah.	
—	» »	Au chevalier Ventura	à Lahore.	
—	21 »	A Porphyre	à Paris.	
—	» »	A sir Edwards Ryan	à Calcutta.	
—	23 »	Au capitaine Kennedy	à Simlah.	
—	» »	Au capitaine Wade	à Loodianah.	
De Bari	31 »	A M. J. Cordier	à Chandernagor.	
—	» »	Au capitaine Wade	à Loodianah.	
—	» »	Au docteur Murray	—	

De Bari	31 mars	A M. William Fraser	à Delhi	
—	»	»	A M. le général Allard en marche.	
De Pindaden-				
Khan	6-11 avril	A mon père	à Paris	
—	, 6	»	A M. le général Allard (en lui envoyant les journaux reçus ce jour de lord William Bentinck) en marche.	
De Djellapoor	11	»	A Porphyre	à Paris.
—	»	»	A M. Morlot	au Havre.
—	»	»	A Prosper Mérimée	à Paris.
—	»	»	A Amable de Grandval	à Arras.
—	»	»	A Amédée Taboureau	à Paris.
—	»	»	A Jules Taschereau	—
—	»	»	A Victor de Tracy	—
—	»	»	A madame Lebreton	—
—	»	»	A M. de Mareste	—
—	»	»	A M. Élie de Beaumont	—
—	»	»	A M. J. Cordier à Chandernagor.	
—	»	»	A sir Edwards Ryan à Calcutta.	
—	12	»	Au capitaine Wade à Loodianah.	
—	»	»	Au docteur Murray	—
—	»	»	A M. William Fraser	à Delhi.
—	»	»	Au capitaine Kennedy à Simlah.	
—	»	»	Au général Allard en marche.	
—	»	»	Au docteur Royle à Saharunpoor.	
—	17	»	Au capitaine Wade à Loodianah.	
—	18	»	Au général Allard en marche.	
De Tolotchi	22	»	Au général Allard (pendant que j'étais prisonnier de Néal-Singh) à Lahore.	

Entre Buâli et Koteli	23 avril	Au général Allard (par l'intermédiaire de Nour Mohammed)	à Lahore
De Koteli	24 »	Au même	—
—	» »	Au capitaine Wade	à Loodianah.
De Cachemire	10 mai	Au général Allard	à Lahore.
—	» »	Au capitaine Wade	à Loodianah.
—	11 »	Au capitaine Kennedy	à Simlah.
—	» »	A M. Joseph de Hezeta	à Calcutta.
—	» »	Au colonel C. Fagan	à Simlah.
—	» »	A M. Robert-John Inglis (longue lettre)	à Canton.
—	» »	Au colonel Arnold	à Meerut.
—	» »	A M. William Fraser	à Delhi.
—	» »	Au brigadier Castwrigth	—
—	» »	A M. Joseph de Hezeta (longue lettre)	à Calcutta.
—	12 »	Au capitaine Wade	à Loodianah.
—	» »	Au général Allard	à Lahore.
—	» »	A M. William Fraser	à Delhi.
—	» »	A M. Trevelyan	—
—	» »	Au docteur Murray	à Loodianah.
—	13 »	Au général Allard	à Lahore.
—	» »	A sir Edwards Ryan	à Calcutta.
—	» »	A M. J. Cordier	à Chandernagor.
—	» »	A mon père (commencée le 22 avril, à Berâli)	à Paris.
—	» »	A Frédéric (commencée le 17 avril, à Mirpoor)	à Port-au-Prince.

De Cachemire	16 mai	A Zoé		à Arras.
—	22 »	Au général Allard		à Lahore.
—	» »	A Rundjet-Singh		—
—	25 »	A M. Clerck		à Kotah.
—	» »	Au capitaine Kennedy		à Simlah.
—	26 »	Au général Allard (avec une lettre pour Rundjet-Singh demandant une autre *tabedar*)		à Lahore.
—	» »	Au grand maître de la poste à Calcutta (réclamation contre les frais de poste)		à Calcutta.
—	» »	A madame Victor de Tracy		à Paris.
—	» »	A madame de Laubespin		—
—	» »	A Prosper Mérimée		—
—	» »	A M. de la Serve		à Bourbon.
—	» »	A mon père		à Paris.
—	» »	A Adélaïde de Grandval		à Arras.
—	27 »	A M. de Tracy père		à Paris.
—	» »	Au docteur Murray		à Dinanaghur.
—	» »	Au capitaine Wade		—
—	» »	A M. Trevelyan		à Delhi.
—	» »	Au général Allard		à Lahore.
—	28 »	A Victor de Tracy		à Paris.
—	» »	Aux professeurs administrateurs du Muséum		—
—	» »	A madame Fanny de Percy		—
—	» »	A Adélaïde de Grandval		à Arras.
—	» »	A sir Edwards Ryan		à Calcutta.

De Cachemire	28 mai	A Adrien de Jussieu	A Paris.
—	29 »	Au général Allard ·	à Lahore.
—	» »	A Porphyre (commencée sur la route de Mirpoor à Cachemire)	à Paris.
—	» »	A M. J. Cordier	à Chandernagor.
—	30 »	Au général Allard	à Lahore.
—	» »	Au capitaine Wade	à Dinanaghur.
—	2 juin	Au général Allard	à Lahore.
—	3 »	Au docteur Murray	à Dinanaghur.
—	» »	Au général Allard	à Lahore.
—	5 »	Au capitaine Kennedy	à Simlah.
—	» »	Au capitaine Wade	à Dinanaghur.
—	» »	A M. Félix Taunay	à Rio-de-Janeiro.
—	» »	Au docteur Wilfrid Edwards	à Paris.
—	6 »	A Henry Beyle	—
—	7 »	Au général Allard	à Lahore.
—	11 »	A mon père	à Paris.
—	12 »	A M. Noizet de Saint-Paul	à Arras.
—	17 »	Au docteur Murray	à Loodianah.
—	» »	Au colonel C. Fagan	à Simlah.
—	» »	A M. Th. Packenham	—
—	» »	Aux professeurs administrateurs du Muséum	à Paris.
—	» »	A M. de la Serve	à Bourbon.
—	» »	A M. Henri Martin de Flacourt	—
—	» »	A Victor de Tracy	à Paris.

De Cachemire	17 juin	Au général Allard	à Lahore.
—	» »	A M. J. Cordier à Chandernagor.	
—	» »	A Rundjet-Singh	à Lahore.
—	juillet	A sir H. Hadow	à Poonah.
—	2 »	A M. Trevelyan	à Delhi.
—	6 »	A MM. Cuttenden, Mac-killop et Cie	à Calcutta.
—	» »	A sir Alexander Johnston	à Londres.
—	» »	A M. Leighton	
—	» »	Au capitaine Wade à Dinanaghur.	
—	7 »	Au général Allard	à Lahore.
—	8 »	A M. William Fraser	à Delhi.
—	» »	Au docteur Royle à Saharunpoor.	
—	» »	Au capitaine Kennedy	à Simlah.
—	» »	Au docteur Allemand	à Lahore.
De Vernâgen	19 »	A Porphyre	à Paris.
—	» »	A mon père	—
—	» »	A madame Fanny de Percy	—
—	» »	A M. le chevalier Ventura	à Lahore.
—	» »	Au général Allard	—
—	» »	A M. J. Cordier à Chandernagor.	
—	» »	Au capitaine Kennedy	à Simlah.
—	» »	Au colonel C. Fagan	—
—	» »	Au capitaine Wade à Dinanaghur.	
—	20 »	A Porphyre	à Paris.
—	» »	A Zoé	à Arras.
—	21 »	A Frédéric	à Port-au-Prince.
—	» »	A Achille Chaper	à Paris.

De Vernâgen	21 juillet	A M. Charles Dunoyer	à Paris.
—	» »	A J. Cambessèdes	—
—	» »	A madame Mérimée	—
—	25 »	A M. J. Cordier	à Chandernagor.
Sur le Bohatle	27 »	Au colonel C. Fagan	à Simlah.
—	» »	Au docteur Murray	à Loodianah.
—	» »	Au capitaine Wade	—
—	» »	A M. Clerck	à Umbalah.
—	» »	Au capitaine Kennedy	à Simlah.
—	» »	Au capitaine Turner	—
—	» »	A M. Trevelyan	à Delhi.
De Cachemire	28 »	A M. de Meslay	à Pondichéry.
—	» »	Au docteur Haslan	à Guzerat.
—	29 »	Au capitaine Herbert (sur mon voyage, avec promesse d'une autre lettre)	
—	» »	A M. Begbie	à Bandah.
—	» »	Au brigadier Castwrigth	à Delhi.
—	» »	A M Person	à Calcutta.
—	» »	A lady William Bentinck	—
—	» »	Au général Allard	à Lahore.
—	» »	A M. J. Cordier	à Chandernagor.
—	31 »	A madame Lebreton	à Paris.
—	5 août	A Porphyre (commencée le 14 mai)	—
—	» »	A M. J. Cordier	à Chandernagor.
—	» »	A Auguste Taboureau	à Paris.
—	» »	Au colonel Arnold	à Simlah.
—	» »	Au capitaine Kennedy	—
—	» »	Au capitaine Wade	—
—	» »	Au général Allard	à Lahore.

De Cachemire	5 août	A Georges de Saint-Paul à Arras.
De l'île des Pla-		
tanes	8-16 »	A mon père à Paris.
—	» »	Au général Allard à Lahore.
—	» »	Au capitaine Kennedy à Simlah.
—	» »	Au capitaine Wade —
—	» »	A M. Toby Prinsep (lui demandant un ordre spécial pour une escorte) —
De Cachemire	16 »	A M. J.-B. Stevenson à New-York.
—	» »	A M. Calder
—	» »	A M. J. Cordier à Chandernagor.
—	» »	Au général Allard à Lahore.
—	» »	Au capitaine Wade à Simlah.
—	» »	Au capitaine Kennedy —
De Chalibagh	18 »	Au général Allard à Lahore.
—	» »	A M. Joseph de Hezeta à Rungpoor.
—	» »	A lady William Bentinck à Simlah.
—	» »	Au docteur Murray à Loodianah.
—	» »	Au capitaine Kennedy à Simlah.
De Pundje-		
gamme	19 »	A M. Joseph de Hezeta à Calcutta.
De Goumdeh	24 »	Au général Allard à Lahore.
De Safapour	26 août	A Porphyre à Paris.
—	30 août	Au docteur Ranken à Delhi.
—	1er sept.	Au général Allard à Lahore.
—	» »	Au capitaine Wade à Simlah.
—	» »	Au capitaine Kennedy —
—	» »	A M. J. Cordier, à Chandernagor.
—	» »	A Rundjet-Singh à Lahore

De Bandickpoor	4 sept.		Au radjah du petit Thibet	
—	7	» .	A Rundjet-Singh (avec des pilules)	à Lahore.
—	»	»	Au général Allard	—
De Sôpoor	10	»	Au même	—
—	»	»	A Rundjet-Singh	—
—	»	»	Au capitaine Kennedy	à Simlah.
—	»	»	Au docteur Murray	à Loodianah.
—	»	»	A mon père (commencée le 6)	à Paris.
—	»	»	A M. J. Cordier	à Chandernagor. ·
De Cachemire	14	»	Au général Allard	à Lahore.
—	»	»	Au même (annonce de mon départ)	—.
—	18	»	A M. de Meslay	à Pondichéry.
De Pyr en Pund- jâb	22	»	Au général Allard	à Lahore.
—	»	»	A M. William Fraser	à Delhi.
—	»	»	A M. C.-E. Trevelyan	—
—	»	»	Au capitaine Wade	à Simlah.
—	»	»	A M. Clerck	à Umbalah.
D'Umbitsir	12 oct.		Au docteur Murray	à Loodianah.
—	»	»	A M. J. Cordier	à Chandernagor.
—	»	»	Au docteur Haslan	à Guzerat.
—	»	»	A MM. Cruttenden, Mac-killop et Cᵉ	à Calcutta.
—	»	»	A MM. Delaroche et Cⁱᵉ	au Havre.
—	14	»	A M. de Meslay	à Pondichéry.
De Nagaah	24	»	Au même	—
Sur le Sutledje	11 nov.		Au même	—
De Simlah	13	»	Au même	—

De Simlah	13 nov.	A M. Pearson	à Calcutta.
—	» »	A M. Gordon	—
—	» »	A madame Fanny de Perey	à Paris.
—	» »	A Porphyre	—
De Sabathoo	20 »	A Victor de Tracy	—
—	22 »	A mon père (énorme lettre, commencée à Djumon, le 3 octobre)	—
—	24 »	A M. Joseph de Hezeta	à Calcutta.
—	25 »	A Zoé	à Arras.
—	28 »	A Prosper Mérimée	à Paris.
—	1er déc.	A Victor de Tracy	—
—	» »	A Adrien de Jussieu	—
—	» »	A madame Victor de Tracy	—
De Busseh	5 »	A Porphyre	—
—	» »	A mon père	—
De Paniput	13 »	A M. Pearson	à Calcutta.
—	» »	A miss Pearson	—
—	» »	A sir Edwards Ryan	—
—	» »	A lady Ryan	en Angleterre.
De Samalkah	14 »	Au capitaine Troyer	à Calcutta.
—	» »	A M. J. Cordier	à Chandernagor.
De Sonniput	15 »	A Prosper Mérimée	à Paris.
De Delhi	20 »	Au capitaine Kennedy	à Sabathoo.
—	» »	A MM. Cruttenden, Mackillop et Cie	à Calcutta.
—	» »	A M. J. Cordier	à Chandernagor.
—	» »	A lady William Bentinck	à Calcutta.
—	» »	A madame Fanny de Perey	à Paris.
—	» »	A Zoé	à Arras.
—	» »	A Adélaïde de Grandval	—

De Delhi	20 déc.	Au capitaine Wade	à Simlah.
—	» »	Au général Allard (avec la traduction de la lettre de lord William Bentinck)	à Lahore.
—	21 »	A Virginie Mihon à Port-au-Prince.	
—	» »	A Tinette Chapeau	—
—	» »	A Frédéric	—
—	» »	A M. Fouchard	—
—	22 »	A M. Narjot	à Brest.
—	» »	Au colonel C. Fagan (avec incluses de recommandation pour MM. de Tracy, Mérimée, etc.) à Simlah.	
—	23 »	Au docteur Gérard	à Sabathoo.
—	» »	Au docteur Murray	à Loodianah.
—	» »	Au général Allard	à Lahore.
—	» »	A M. de Meslay	à Pondichéry.
—	» »	A M Narjot	à Brest.
—	» »	A Victor de Tracy	à Paris.

1832

De Delhi	1er janv.	Au colonel Arnold	à Cowerpoor.
—	» »	A Rundjet-Singh	à Lahore.
—	» »	A MM. Cruttenden, Mackillop et Cie	à Calcutta.
—	» »	A M. J. Cordier à Chandernagor.	
—	2 »	Au chevalier Wittingham à Meerut.	
—	» »	A M. G. Bacon	à Allighur.

De Delhi	2 janv.	A Mohammed Châb Sa-heb	à Cachemire.
—	» »	A Mirza Hede	—
—	10 »	A Porphyre (commencée le 23 décembre)	à Paris.
—	» »	A mon père	—
—	» »	A madame Lebreton	—
—	» » -	A madame-de Grandval	à Arras.
—	» »	A M. Nicollet	à Paris.
—	» »	A Augustin Taboureau	—
—	» »	A Prosper Mérimée.	—
—	» »	A M. Narjot	à Brest.
—	» »	A Achille Chaper	à Paris.
—	» »	A Frédéric	à Port-au-Prince.
—	11 »	A Victor de Tracy	à Paris.
—	» »	A madame Victor de Tracy	—
—	» »	A M. J. Cordier	à Chandernagor.
—	16 fév.	A M. de Mareste	à Paris.
— 19 fév.-25 avril		A mon père	—
D'Alwar	21 fév.	A Zoé	à Arras.
De Bhinnaï	17 mars	A M. J. Cordier	à Chandernagor.
D'Oudjni 29 mars-5 avril		A Victor de Tracy	à Paris.
—	30 mars	A M. Joseph de Hezeta	à Calcutta.
— 31 mars-24 avril		A Porphyre	à Paris.
D'Indore	12 avril	A M. de Meslay	à Pondichéry.
De Mundlevsir 22	»	A M. J. Cordier	à Chandernagor.
—	24 »	A Adrien de Jussieu (longue lettre, com-mencée en décembre)	à Paris.
—	» »	A J. Cambessèdes	—
—	» »	A Frédéric	à Port-au-Prince.

De Mundleysir	24 avril	A MM. Cruttenden, Mac-killop et Cie	à Calcutta.
—	» »	A Victor de Tracy	à Paris.
—	» »	A madame Victor de Tracy	—
—	25 »	A M. de Tracy père	—
—	» »	A M. de Meslay (lettre officielle : demande de promotion dans la Légion d'honneur pour M. Allard)	à Pondichéry.
—	27 »	Au même	—
—	» »	A Prosper Mérimée	à Paris.
D'Yedlabad	10 mai	A Porphyre	—
D'Arungabad	18 »	A M. Joseph de Hezeta	à Calcutta.
D'Ellora	22 »	A mon père	à Paris.
—	24 »	A Zoé	à Arras.
De Poonah	6 juin	A mon père	à Paris.
—	7 »	A Zoé	à Arras.
—	12 »	A M. de Meslay	à Pondichéry.
—	18 »	A M. Joseph de Hezeta	à Calcutta.
—	26 »	A M. J. Cordier	à Chandernagor.
—	28 »	A M. Joseph de Hezeta	à Cacutta.
—	6 juillet	A M. Charles Dunoyer	à Moulins.
—	7 »	A mon père	à Paris.
—	» »	A M. de Meslay	à Pondichéry.
—	10 »	Au même	—
—	11 »	A M. de Mareste	à Paris.
—	12 »	A M. J. Cordier	à Chandernagor.
—	16 »	A Prosper Mérimée	à Paris.
—	27 »	A M. J. Cordier	à Chandernagor.
—	11 août	A M. de Meslay	à Pondichéry.

De Poonah	21 août	A Zoé	à Arras.
—	23 »	A M. de Meslay	à Pondichéry.
—	25 »	A madame Fanny de Percy	à Paris.
—	3 sept.	A M. de Meslay	à Pondichéry.
—	» »	A M. J. Cordier	à Chandernagor.
—	6 »	Au même	—
—	14 »	A mon père	à Paris.
—	» »	A Porphyre	—
—	» »	A Frédéric	à Port-au-Prince.
—	» »	A Prosper Mérimée	à Paris.
—	» »	A madame Mérimée	—
—	» »	A madame Fanny de Percy	—
De Tannah	23 »	A M. de Meslay	à Pondichéry.
—	8 oct.	Au même	—
—	11 »	Au même	—
—	13 »	A M. Joseph de Hezeta	à Calcutta.
—	14 »	A Porphyre	à Paris.
—	18 »	A M. J. Cordier	à Chandernagor.
—	» »	A M. de Meslay	à Pondichéry.
—	» »	A M. J. Cordier	à Chandernagor.

TABLE

DU TOME DEUXIÈME

1830

1831

1832

FIN DE LA TABLE DU TOME DEUXIÈME ET DERNIER

P. ALRFAU. — IMPRIMERIE DE LAGNY.